Plan of Upper *Deck*

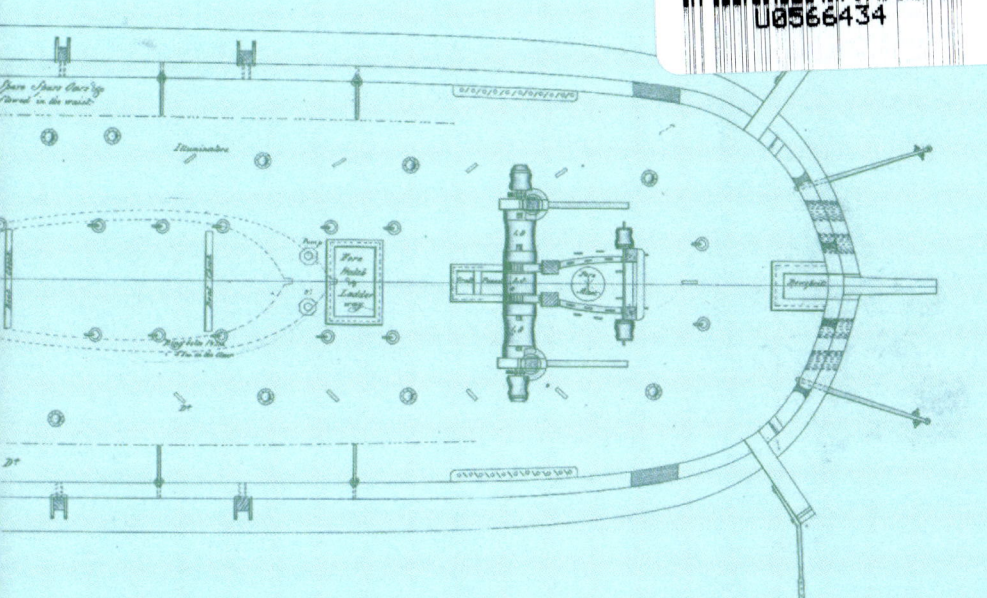

Plan of Lower Deck.

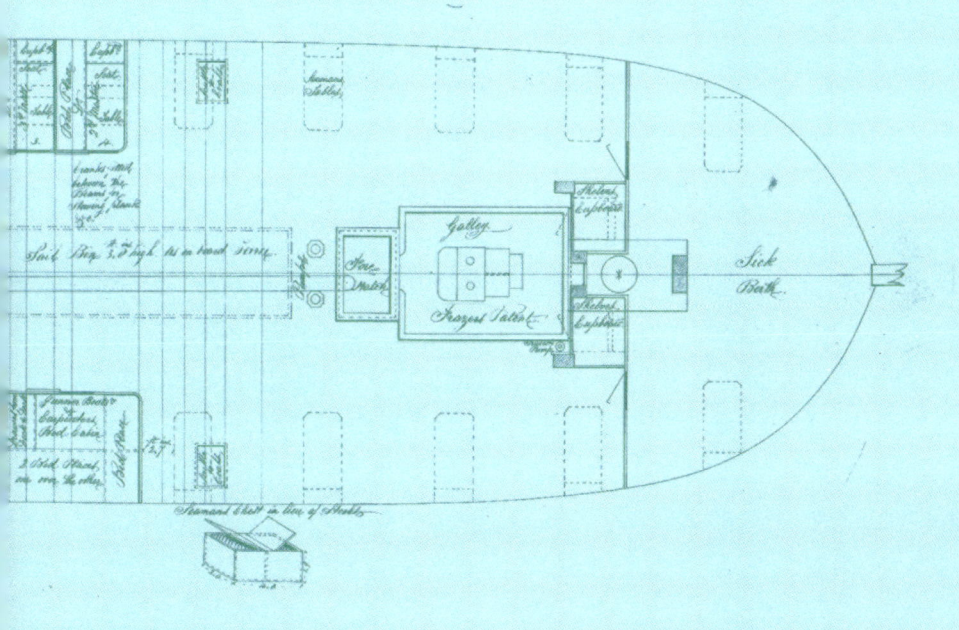

Erebus

地平线系列

MICHAEL PALIN

EREBUS

幽冥号

致命航路的历史之旅

[英]迈克尔·佩林 著

冯永勇 王大鹏 郭鹏程 译

商务印书馆
The Commercial Press

Michael Palin

EREBUS: THE STORY OF A SHIP

Copyright © Michael Palin，2018

First published as EREBUS: THE STORY OF A SHIP

by Hutchinson an imprint of Cornerstone.

Cornerstone is a part of the Penguin Random House group of companies.

All Rights Reserved

据 Hutchinson 出版社 2018 年英文版译

序

冯永勇老师邀请我为他的最新译作《幽冥号：致命航路的历史之旅》写一点文字的时候，我正航行在冰封雪漫的北冰洋之上。我所乘坐的是世界上最先进的破冰船之一——"雪龙2"号，它正在执行中国第十四次北冰洋科学考察任务。这不由得让我想起眼前这片冰封的海洋正是幽冥号（HMS Erebus）和它的姊妹船恐怖号（HSM Terror）以及两船上的129名探险队员的宿命之地。

1845年5月19日，满载的幽冥号和恐怖号离开英格兰，在富兰克林的率领下开启了北极西北航道的探险之旅。1845年7月26日，幽冥号和恐怖号消失在格陵兰岛西侧的兰开斯特海峡上的迷雾之中，自此杳无音讯。此后的15年间，一支支探险队从英国、美国、加拿大出发，他们的使命从开始搜救可能的幸存者逐渐演变成试图揭开悲剧的真相。富兰克林的这次探险可以说是极地探险历史上最让人震惊、损失最惨痛的一次。这次探险以及围绕营救和搜寻的探险活动，极大增进了人类对北极区域的认识。进入21世纪，有关这次探险悲剧的探究仍未停止。2014年和2016年，加拿大政府通过先进的水下声呐设备先后确定了幽冥号和恐怖号沉船的位置，并派出潜水员从残骸中回收了不少珍

i

贵的文物。围绕着悲剧发生的过程和背后的原因，探险家、科学家和艺术家们创作了一系列的纪录片、小说和影视剧等文艺作品，使得富兰克林个人、其探险队员的形象以及其承载的精神深入人心。

幽冥号和恐怖号在执行北极西北航道探险之前，就已经是极地探险领域的明星船。1839年至1842年，英国探险家詹姆斯·罗斯带领这两艘船完成了南极探险之旅。从某种程度上说，罗斯此次探险所取得的成就远超此前库克船长的环南极探险，这次探险不仅确定了南磁极点的位置，而且发现了大片的南极新大陆："维多利亚地"、"维多利亚冰障"（即今天的"罗斯冰架"）、"罗斯岛"、"富兰克林岛"、"罗斯海"等，无一不是这次南极探险的遗产。罗斯岛上的两座火山也被罗斯用这两艘船的名字分别命名为"埃里伯斯山"和"特罗尔山"（Erebus 和 Terror 的音译）。

冯永勇老师的这部译作把读者带入19世纪中叶前后的极地探险时代。读者能够从这一次次伟大的探险活动中——无论成功或是失败——洞悉活动组织者、领导者乃至每一位参与者的不同动机，并能够一窥当时社会、经济、人文和科技等多种因素的发展及其影响。伴随着探险故事的展开，读者或生荡气回肠之感，或有蹙眉凝思之劳，或发扼腕叹息之憾，或启寰宇人生之思。

历史是最好的教科书。围绕着幽冥号的这些故事构成了历史的一部分，这是人类探索自身生存环境及其运转规律的历史，也是人类文明不断进化的历史。它又不仅仅是极地探索的历史，也是帝国主义、殖民主义发展的一部分（恐怖号参加过美国独立战争，这两艘船的部分船员还参加过鸦片战争）。对于身处新时代的我们，需要从古今中外一切优秀的文化中汲取养分，全面、辩证地对待和分析历史或许是应该采取的一种方法。假使如此，相信读者从这本译著中的收获会更加丰富。

张体军

中国极地研究中心副主任

2024 年 7 月 31 日

于"雪龙 2"号破冰船，北冰洋

对于一个曾经怀着敬畏和热忱去"追随大海"的人来说，的确没有什么可以比下游的泰晤士河更能唤起那些已成过往的雄心壮志了。潮起潮落，满载着关于人类和船只的记忆，奔流不息。那些记忆中，既有背井离乡的颠沛流离，也有无情的海上厮杀；既有满载财宝凯旋归来的金鹿号，也有壮志未酬，一去不返的幽冥号和恐怖号……

——《黑暗之心》作者约瑟夫·康拉德

目　录

引　言　　　　　　　　　　　　　　　　　　　i
原书序　　　　　　　　　　　　　　　　　　　ix

第一章　　威尔士造船　　　　　　　　　　　　1
第二章　　北极往事　　　　　　　　　　　　　15
第三章　　南极往事　　　　　　　　　　　　　31
第四章　　遥远的海岸　　　　　　　　　　　　45
第五章　　南部家园　　　　　　　　　　　　　69
第六章　　人类未抵达过的更南方　　　　　　　86
第七章　　与船长们共舞　　　　　　　　　　　111
第八章　　"海洋朝圣者"　　　　　　　　　　　119
第九章　　"这个地方糟糕得超出想象"　　　　　147
第十章　　"离开吉林厄姆的三年"　　　　　　　161
第十一章　归航　　　　　　　　　　　　　　　175
第十二章　"马上准备就绪"　　　　　　　　　　185
第十三章　西北偏北　　　　　　　　　　　　　210
第十四章　杳无音讯　　　　　　　　　　　　　235
第十五章　真相显露　　　　　　　　　　　　　250

第十六章　生与死	266
第十七章　因纽特人说	279
第十八章　重生	293
尾声　重返西北航道	305
附录　事件年表	314
致　谢	317
参考书目	320
参考文章	323

约瑟夫·道尔顿·胡克（Joseph Dalton Hooker）年仅22岁时，作为一名助理外科医生加入皇家海军的幽冥号。其后来成为19世纪最伟大的植物学家之一。

引 言
胡克的袜子

我曾对航海故事非常着迷。十一二岁的时候我就看过塞西尔·斯科特·弗雷斯特（C. S. Forester，即 Cecil Scott Forester，Cecil Louis Troughton Smith 的笔名）的《霍恩布洛尔船长》(*Horatio Hornblower*) 系列小说，为此我甚至翻遍了谢菲尔德市的图书馆。后来我还拜读了尼古拉斯·蒙萨特的《沧海无情》(*The Cruel Sea*)，它是在童年时代对我影响最大的书籍之一，即使我只被允许阅读它的"军校生版"（无色情描述版本）。20世纪50年代，大量与海军和战争有关的电影涌现，比如《海上救援纪实》(*The Sea Shall Not Have Them*)、《威震大西洋》(*Above Us the Waves*)、《轻舟英雄》(*Cockleshell Heroes*)。这些都是关于英雄主义、勇气和努力求生的故事。当然了，如果当时你真的在船舱里，那可能就是另一番景象了。

巧的是，我后来真的在船上待了好长时间。那些日子里我常常远离家乡，只有英国广播公司（BBC）的摄影人员和帕特里克·奥布赖恩的小说相伴。我曾在一艘驶往埃及海岸的意大利游船上，疯狂翻阅着《阿拉伯语入门》，也曾在波斯湾上的一艘船上腹泻不止，而船上唯一的厕所是挂在船尾的桶。我曾在维多利亚瀑布下泛舟漂流，也曾在墨西哥湾流（海明威提及的"伟大的蓝河"）上垂钓（尽管始终没有钓到鱼）。我曾在新西兰乘坐一艘喷气式推进艇在峡谷间横冲直撞，也曾在孟加拉湾的一艘南斯拉夫货轮上擦洗过甲板。这一切都未能让我退缩，皆因跟船和水的接触让我觉得极其自然舒适。毕竟，我们人类起源于海洋，就像肯尼迪总统曾经说的："我们的血液里有盐，我们的汗水里有盐，我们的眼泪里有盐。我们和大海息息相关。当我们回到大海时……我们只是回到我们最初的所在。"

2013年，我受邀在伦敦的雅典娜俱乐部发表演讲，我可以任意选择一位俱乐部成员（无论是否在世），讲述他的故事，时长一小时。我选择了约瑟夫·胡克，他在19世纪的大部分时间负责管理英国皇家植物园。在巴西拍摄时，我听说他奉行的是"植物帝国主义"政策，鼓励植物猎人将外来的、可用于商业开发的标本带回伦敦。胡克在亚马孙获得橡胶树种子，引入英国邱园，并成功地将其培育发芽，又把幼芽出口到了英国的远东殖民地。二三十年后，巴西的橡胶工业灭亡，但英国的橡胶工业却得到了蓬勃的发展。

出乎意料的是，甫一深入研究，我就发现了胡克不为人知的一面。1839年，青涩的胡克年仅22岁。这位留胡子戴眼镜的绅士就被任命为助理外科医生和植物学家,加入了为期四年的皇家海军南极考察队伍。那艘他所乘坐的探索未知世界的船叫作"幽冥号"。随着对这段行程研究得越多,我就越惊讶于自己以前居然对这件事知之甚少。一艘帆船在地球最遥远的地方航行了18个月,最终在恶劣的天气和冰山中幸存下来,这本身就是一个非凡的成就,值得好好回顾和好好庆祝,而这是属于幽冥号的史诗赞歌。

骄兵必败。1846年,这艘船和它的姊妹船恐怖号连同船上的129个人,在探索西北航道的路途中消失于地球表面。这是英国极地探险史上损伤人员最多的一次。

我写了关于胡克的文章,做了演讲。但幽冥号的历险从此在我的脑海挥之不去,直到2014年的夏天。那时,我在格林威治O2体育馆(亦称北格林威治体育馆)与一群老人家度过了10天——约翰·克莱泽、特里·琼斯、埃里克·艾多尔和特里·吉利姆,遗憾的是格雷厄姆·查普曼没来。我们一起表演了《巨蟒剧团现场秀——一个倒下,剩余五个继续》(Monty Python Live – One Down Five to Go,亦称《巨蟒剧团伦敦O2告别演出》) 的舞台剧。这是一部相当了不起的舞台剧,但当我卖掉最后一只死掉的鹦鹉,唱完最后一首伐木工人的歌后,一阵失落袭来。接下来要做什么呢?有一点是肯定的:我不能再重复之前的路;接下来无论做什么,都必须是完全不同的。

两周后,我有了答案。9月9日晚间新闻的一篇报道,直接让我怔住了。加拿大总理在渥太华举行的新闻发布会上向世界宣布,一支加拿大水下考古队在北极某处海床上发现了一艘沉船,他们认为那就是消失了近 170 年的沉船——幽冥号。船体几乎完好无损，里面的东西也被冰冻保存着。听到这条消息，我知道那里一定有一个传奇的故事。这不仅仅是一个关于生死的故事，而且是一个关于生，关于死，关于复活的故事。

幽冥号到底经历了什么？它长什么样？有哪些成就？它是怎样九死一生，又是怎样神秘消失的呢？

尽管我不是海军历史学家，可我对历史很感兴趣。我虽没当过海员，但大海深深地吸引着我。如果仅凭一腔热情，我对这段历险是无从着手的。恰好有一家机构可以作为故事的开端，是它促成了自 19 世纪 30 年代以来的众多极地探险。这家机构我可不陌生，毕竟我曾在那当了三年的会长。

于是我前往位于肯辛顿的皇家地理学会（Royal Geographical Society），找到负责企业与资源部门的阿拉斯代尔·麦克劳德，向他提出了我的困惑和设想：幽冥号有什么新发现吗？

他眉头紧蹙，思索片刻："幽冥号……嗯……幽冥号？"他的眼睛一亮。"没错，"他得意地说，"是的，当然有！我们找到了胡克的袜子！"

还有很多发现，不过由于这是我第一次涉足海洋研究，所以从那时起，我就把胡克的袜子视为一个精神护身符。尽管它并没有什么特别之处——奶油色、长及膝盖、厚针织、表面发硬——但我还是要感谢胡克的袜子，感谢它把我带到这段非凡的旅程中来。在过去一年的时间里，我追随着幽冥号的足迹周游世界，与其相关的书籍、信件、方案、图画、照片、地图、小说、日记、船长日志和司炉账本，凡此种种，关于它的一切，浩如烟海，几乎要把我淹没了。

迈克尔·佩林

伦敦

2018 年 2 月

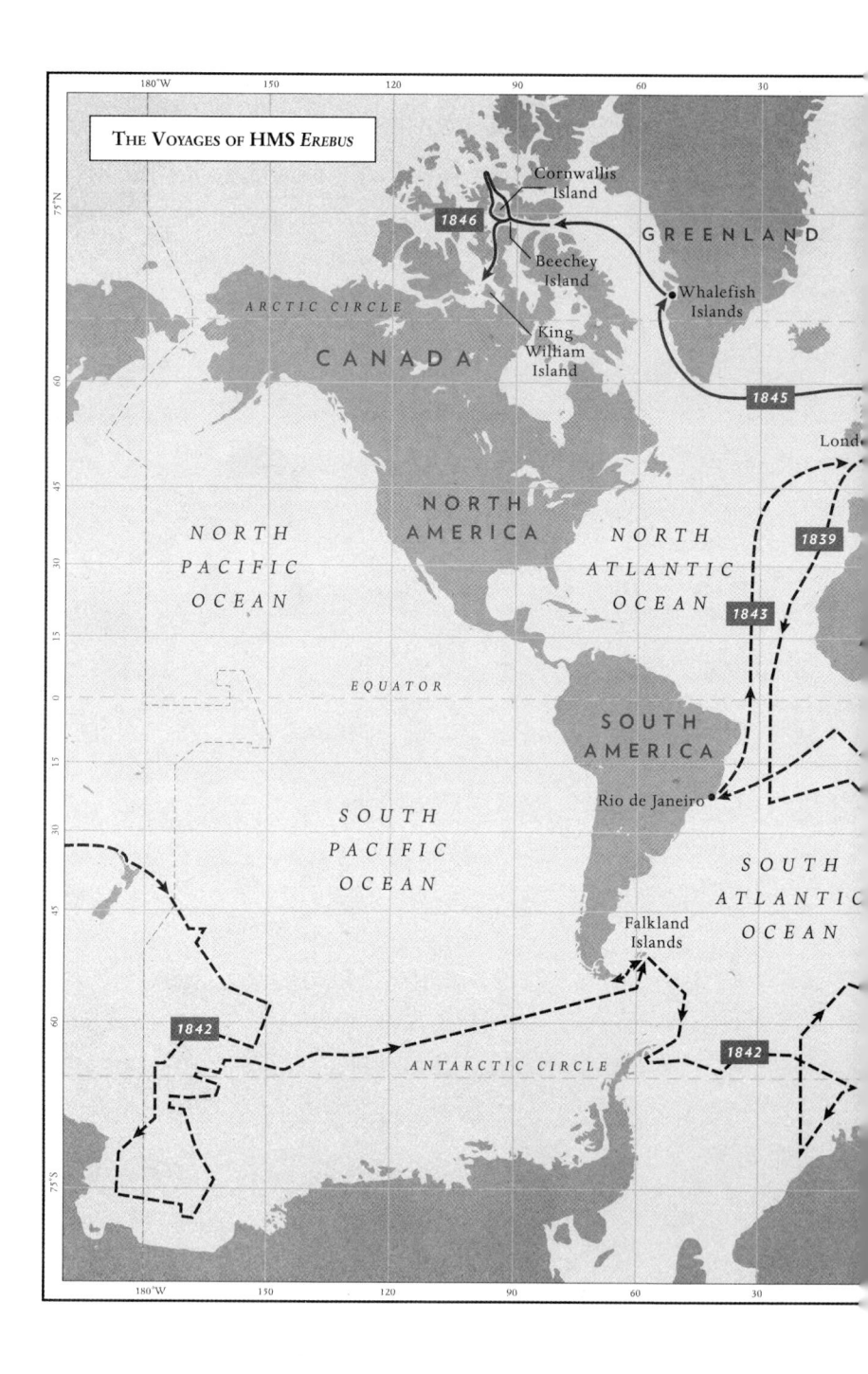

The Voyages of HMS *Erebus*

ARCTIC
OCEAN

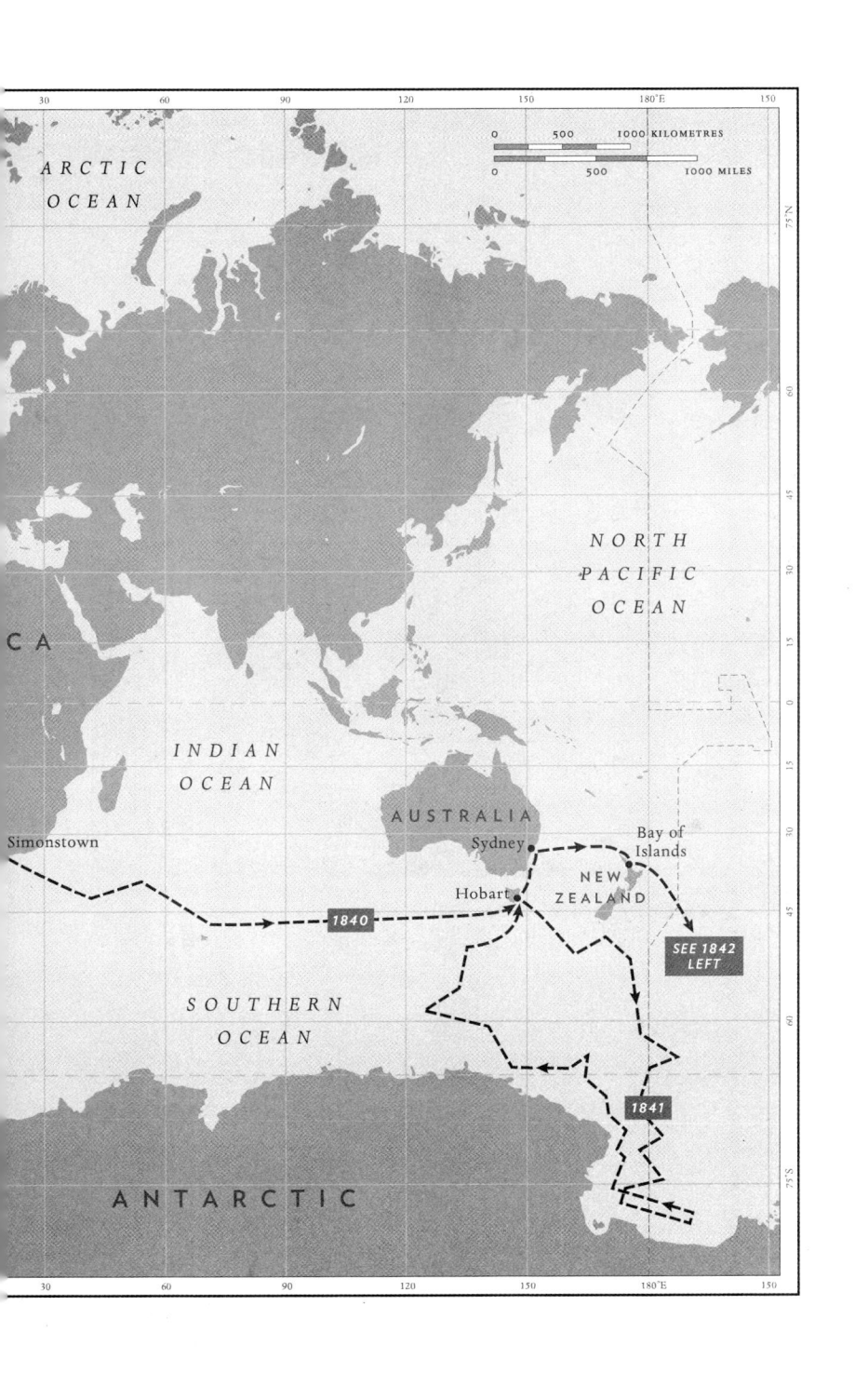

NORTH
PACIFIC
OCEAN

INDIAN
OCEAN

AUSTRALIA
Sydney
Hobart

Bay of
Islands

NEW
ZEALAND

Simonstown

1840

SEE 1842
LEFT

SOUTHERN
OCEAN

1841

ANTARCTIC

幽冥号沉船的声呐图像，拍摄于 2014 年。

在距离海平面相当近的地方被发现，由于海床较浅，桅杆都暴露在海平面之上。

原书序

幸存者

2014年9月2日,加拿大努纳武特区(Nunavut)的威尔莫特和克兰普顿湾(Wilmot and Crampton Bay)。在加拿大北极地区数千座岛屿中有一个荒凉单调、毫不起眼的岛屿,在它的海岸附近,一艘名为"探索者"的铝壳小船一如既往缓慢而谨慎地行驶在冰蓝色海面上。灰蒙蒙的天空与海洋和陆地完美地衔接在一起,在海平面下,船在身后拖着一个细长的银色圆筒——叫作"拖鱼",它的长度一般不超过3英尺(不到1米),内置了一个可用来发射并接收声波的装置。声波从海底反弹,返回到拖鱼,然后通过拖缆传输再转换成显示海底的图像。

除了发动机在嗡嗡作响,探索者显得很安静。阳光轻柔地照耀在玻璃般平和的海面上,没有一丝风,天空静谧,万籁俱寂,只有时间在静静地流逝。

突然，一阵骚动打破了宁静：拖鱼差一点就撞上了浅滩；船上的每一个人都担心那昂贵的声呐设备。海洋考古学家瑞恩·哈里斯在前去帮忙时，瞥了一眼屏幕，看到了某些东西，那绝非什么海底的沙子或石头。他一下子愣住了。

屏幕上呈现出一个黑色的轮廓：一个坚实而陌生的东西，就躺在离他只有36英尺（11米）的浅海床上。他叫喊着让同事们来看电脑屏幕：在探索者的银色拖鱼下面，出现了一艘木质的船壳，细节虽然有些模糊不清，但轮廓十分清晰。船尾折断了——就像是被什么咬了一口，甲板上的梁裸露出来，全身被一层绒状的海底植物覆盖。这是一艘船，168年前连同所有船员一起诡异失踪，是一艘在英国海军历史上有着最离奇生死经历的船。从这天起，它将成为一艘最举世瞩目的船——亡者归来之船。

它高傲地伫立在那里，距离水面很近，以至于两根最高的桅杆都露出海平面。船身非常坚固，仅有船尾被撞塌了一部分。大片海藻和褐藻团簇着，就像一条条松垮的绷带缠绕着整个木结构的船体。三根桅杆和船头斜桅已经断开，碎片散落在周围的废墟中。残骸之中还有两个半掩在海沙里的螺旋桨、八个锚和一部分舵轮。三层甲板的很多部件都因破损而叠落在一起，尽管贯穿船体的主梁看上去依然坚固，但上面的大部分木板都已逐渐剥落。从上方看，整条船看起来就像一条被切片切到一半的鱼。

巨大的铸铁锚机矗立在上层甲板上，完好无损，周围还有两个铜合金梅西（Massey）牌的泵。部分天窗和用于照明的普雷斯顿专利（Preston Patent）照明器也都得以保存完整。

甲板再往下就是船的生活区，它的一部分暴露在外，一部分还被掩埋着。在堆积的泥沙和死海带的下面，依稀可以辨认出水手存放物品用的箱子——他们曾坐在这些箱子上面进餐。甲板的横梁上记有许多数字，用来标记吊床的位置。通往甲板的梯子和舱口敞开，透出些许阴森恐怖。厨房里做饭用的炉子依旧保存完好，医务室的轮廓也在船头影影绰绰。

透过一堆横七竖八倒塌的木头，在船尾可以看到部分船长舱、餐厅和几个军官舱。其中有一间是卧室，地上散落着一些抽屉。尾梁受损最为严重，船长舱在它旁边，里面还有储物柜和炉子。三层甲板中，底层是受损最少的，但也是最难深入探索的。尽管如此，还是发现了一只鞋、些许芥末罐和几个储物箱。潜水员还找到了一套印有杨柳图案的盘子、一支酒杯的杯脚、一座船钟、一门六磅重的青铜大炮、各种装饰性的纽扣、一个皇家海军陆战队的肩章——上面有一只站在王冠上、头戴皇冠的狮子浮雕，还有一个厚玻璃药瓶——瓶上刻着"塞缪尔·奥克斯利（Samuel Oxley），伦敦"，里面曾装着"药"——奥克斯利利用牙买加姜精制成。他声称这是一种药，能治疗风湿病、消化不良、牢骚症、神经性头痛和头晕、疑心病（治疗疑心病的这个想法我觉得挺妙的）、情绪低落、焦虑、颤抖、痉挛以及瘫痪。对我来说，这是"幽冥号"上最令人心酸的发现之一，它提醒着我们，即使参与了史诗般冒险的人们仍然无法摆脱这些本应属于平凡生活的脆弱。

在一年中近八个月的时间里船上的秘密会被冰封起来。每当冰消融时，像瑞恩这样有过 200 多次潜水经历的人，以及其他水下团队成员，就会到水下探索更多的珍贵细节。我梦寐以求可以像他们那样亲密地了解幽冥号，哪怕只有一次。我最想要的是胡克的潜水服。

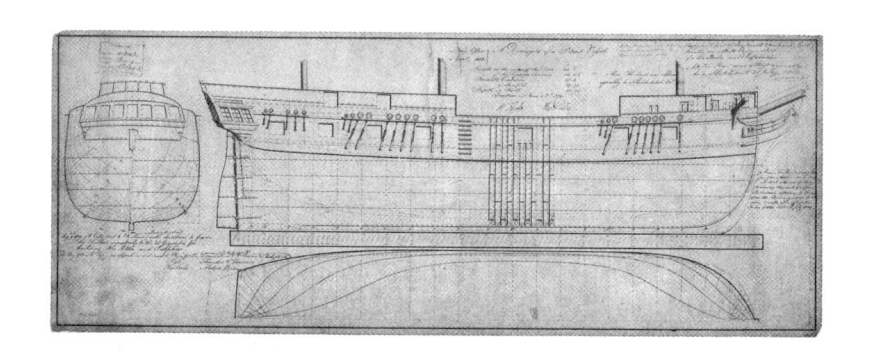

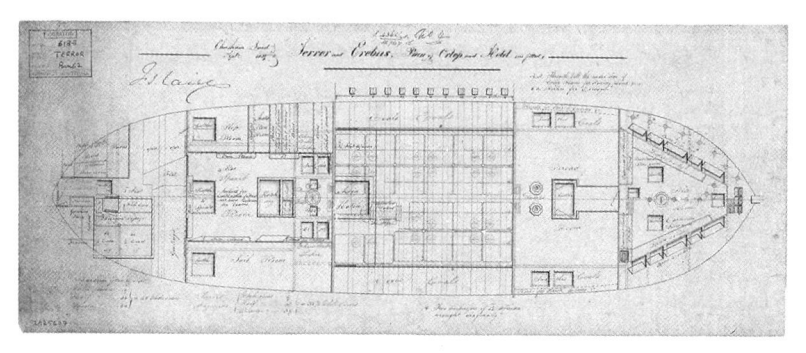

这两份同时代的平面图展示了典型的炸弹船的侧面（上图）和下层甲板（下图），幽冥号及其姊妹船恐怖号都属于这一类。

第一章　威尔士造船

1826年6月7日，英国威尔士彭布罗克（Pembroke）市，正值乔治四世执政第六年。乔治四世是乔治三世和夏洛特王后的长子。63岁的他对建筑和艺术倍感兴趣，过着奢靡的生活，但也饱受婚姻的烦恼。罗伯特·詹金森是第二位利物浦伯爵，托利党人，自1812年起担任英国首相。那时伦敦动物学会刚刚成立，英国探险家除了探索北极，在整个世界范围内都十分活跃。1812年8月，亚历山大·戈登·莱恩抵达廷巴克图（Timbuktu），一个月后因拒绝放弃基督教信仰被当地部落族人杀害。身处北方的威尔士区在庆祝两项伟大的工程成就——世界上最早的两座吊桥，梅奈桥（the Menai Bridge）和康威桥（the Conway Bridge）——将在几周内相继开放。

在威尔士另一头的古老要塞彭布罗克，6月初的一个清晨，人们聚集在附近的河口，举行了一个小规模的庆祝活动。过去两年里他们一直在建造一艘质地坚固、体型宽阔的战船。在工程师、木匠、铁匠、办事员和亲友们的欢呼雀跃声中，这艘战舰船尾朝下沿着彭布罗克造船厂的下水滑道缓慢滑入水中。当船体接触到米尔福德港的水面时，人们高声欢呼，甚至近乎咆哮。这艘船宛如一只新生的水鸟在水里荡起、回落、起伏、摇摆，它就是幽冥号。

这不是一个欢快的名字，当然它也并非为了欢庆而建；它生来的使命就是震慑，这个名字也相当契合。古典神话里认为地狱是充满混乱和破坏的地方，而混沌之子幽冥则通常被认为是地狱的黑暗之心。幽冥这个名字就是在警告敌人，这艘船将伴随着浩劫，引来地狱的无边恶火。幽冥号从1823年开始入编服役，是倒数第二艘"炸弹船"军舰，有时也被称为"炸弹"。这种船是法国人发明的，随后在17世纪末被英国人改进装载了迫击炮，炮弹可以从空中越过海岸防御，不必冒武装登陆的风险就可以造成极大的破坏。同级别的船中，有两艘是以火山命名的——赫克拉号（Hecla）和埃特纳号（Aetna），其他的命名都充斥着各种愤怒和毁灭的味道——地狱号（Infernal）、狂怒号（Fury）、流星号（Meteor）、硫磺之火（Sulphur）和雷霆号（Thunder）。虽然它们还不算是战斗军舰中的翘楚，但它们的最后一战——1812年巴尔的摩港麦克亨利堡之战，被永远地记录在了美国国歌《星条旗》中，"火炮闪闪发光，炸弹轰轰作响"反映的正是英国炸弹船发起的进攻。

对于彭布罗克的造船工人来说，幽冥号的下水日是值得骄傲的一天。它平稳地停靠在港口的岸边，它的命运却渐渐模糊，是属于未来，还是注定成为过去呢？

1815年6月18日，拿破仑的军队在滑铁卢战败，拿破仑战争宣告结束。欧洲因为这场战争陷入长达16年之久的紧张局面，这期间只有1802年的《亚眠和约》（Peace of Amiens）带来了短

2

暂的和平。英国作为同盟军的核心力量,在战争结束时,已经累积了高达 6.79 亿英镑的国债,是其国内生产总值的两倍。英国皇家海军付出了巨大的代价,尽管战斗力超越了法国,成为当时无可争议的海上王者。同时却也意味着需要担负更多的责任,比如英国恢复了 1807 年本已废除的对奴隶贸易的海上巡逻,开展打击北非海岸海盗的行动,尽管都还达不到战争的规模。正因如此,从 1814 年到 1817 年的四年时间里,英国皇家海军的人数从 14.5 万人锐减到了 1.9 万人。许多个人也遭受了巨大的损失,大量水手因为失业不得不沿街乞讨。布莱恩·拉韦里在他的《帝国的水手》(*Royal Tars*)中描写约瑟夫·约翰森就头顶纳尔逊中将的胜利号(*Victory*)模型走在伦敦的大街上,他时而抬起头,时而又低下头来,模仿胜利号在波浪中的样子,期望能从路人那赚到几个硬币。作为曾依靠军舰过活的雇佣兵海军,他悲痛欲绝:"当我看到这个畸形的模型,想到它将是我今后几年的衣食所在,我平生第一次感到无以言表的悲伤与痛苦。"

关于英国皇家海军的未来,人们曾进行过激烈的争论。有些人认为结束敌对行动有助于削减国防开支和逐步偿还战争所致的巨额债务。也有一些人认为和平只是暂时的。虽然战败的拿破仑已经被流放到圣赫勒拿岛,但他曾经越狱成功,人们对他这次流放能否彻底地终结拿破仑的一生持很大怀疑,认为应该采取预防措施,加强海军的战斗力以防万一。

总的来说,卡珊德拉(Cassandra,常用于暗喻预言不幸的人)们的观点占据了上风。因此政府批准出资建造一批新船厂,其中有一处大型综合船厂就建在了肯特郡的希尔内斯,而另一处规模小得多的船厂则建在了威尔士的彭布罗克。四艘战船——勇敢者（*Valorous*）、阿里阿德涅号（*Ariadne*）、阿瑞图萨号（*Arethusa*）和西蒂斯号（*Thetis*），很快就在米尔福德港岸边仓促搭建的船厂里生产建造了起来。

当年建造幽冥号的造船厂如今依然存在，尽管早已不再用于造船，而是为下游几英里处的米尔福德港的大型炼油厂提供服务。幽冥号在1826年夏天下水的滑道，如今已经被掩埋在混凝土地板下，成为连接彭布罗克和爱尔兰的罗斯莱尔（Rosslare）的现代渡轮码头的一部分。

参观的时候，我仍然能感受到它曾经的景象。道路的原始布局给人留下了深刻的印象，那里还难得地保留着19世纪20年代的工人们修建的灰白石板露台。这些露台看起来就像伦敦乔治王朝时期修建的城镇房屋一样坚固并令人自豪。监督建造幽冥号的造船大师，汤玛斯·罗伯茨也曾住在这里。1815年他来到了这个威尔士西南部的偏僻角落，那时这里的造船厂才刚刚起步两年。

与罗伯茨共同合伙经营这家新企业的是木材大亨理查德·布雷克和记账员詹姆斯·麦凯恩。他们的合作不算愉快。麦凯恩的助手爱德华·赖特在法庭上声称自己曾被理查德·布雷克殴打，他指控布雷克"三番五次拧伤我的鼻子，威胁恐吓我并用他的雨伞殴打我"。罗伯茨与麦凯恩互相指控对方贪腐和渎职，争吵不断。直到1821年，忍无可忍的麦凯恩去了希尔内斯造船厂。爱德华·劳斯接替了他的职位。然而，一则消息的出现彻底冲淡了原本尴尬的氛围——海军委员会为彰显军威，在1823年1月9日向彭布罗克船厂订购了一艘372吨的炸弹船，这艘船由前海军测量员亨利·皮克设计,名为幽冥号。

这艘船并不算大,身长 104 英尺(32 米),还不到标准主力战舰长度的一半,重 372 吨,与 2141 吨的纳尔逊中将的胜利号相比简直就是一条小鱼。但它异常坚固,看起来更像是一艘拖船,而非一个光滑精致的双桅船。甲板和船体足以承受两个巨大的船载迫击炮——口径分别为 13 英寸(33 厘米)和 10 英寸(25 厘米)——的反冲力。建造时,采用斜铁条以螺栓固定在船舱里的木板上的方法,实现既加固船体又减轻自重的目的。船体足够宽,纵深足够深,可以储存沉重的迫击炮弹。此外,它还可以配备 10 门小型大炮,用于水上应敌。

幽冥号几乎是纯手工打造的。龙骨很可能是由几段榆木拼接然后用木块加固而成,与之相连的是船头立木和船尾支撑舵用的艉柱。整个框架由采自格洛斯特郡(Gloucestershire)迪安森林(Forest of Dean)的橡木制成,这些木材用驳船沿着塞文河(River Severn)运抵,之后再由人工挑选组装。这项任务需要极高超的技术,因为造船者必须精确地找到树的最佳部分来匹配船的曲率,同时还要考虑到木材在未来可能发生的膨胀或收缩。

一旦框架准备就位,就需要花时间让木头干燥。随后再在龙骨上面铺设 3 英寸(7.5 厘米)厚的木板,装上甲板的横梁和木板。

幽冥号的建造不是一蹴而就的。与未来的搭档恐怖号不同——恐怖号仅耗费不到一年的时间就在德文郡的托普瑟姆(Topsham)建成,幽冥号花了 20 个月才准备下水。工程竣工后,记账官向海军委员会寄去 14603 英镑的账单——相当于今天的

125万英镑。

累计有260艘船在彭布罗克建造出港。在幽冥号下水后百年，正值英国爆发大罢工，海军认为该船厂已经是累赘，于是将3000名工人直接裁员，只留下4个人。第二次世界大战期间，船厂因为建造桑德兰水上飞机获得了短暂的喘息机会，但那时的旧飞机库如今也已多被用作仓储和物流。当我最后一次穿过船厂的巨石大门时，内心倍感痛惜——那些过往的荣耀已经一去不复返了。

幽冥号在彭布罗克下水之后，按照惯例被送到别处的海军基地做军事装备。由于全套的桅杆和船帆还没有配齐，它很可能被拖到西南方，沿海岸绕过兰兹角，穿过英吉利海峡，再驶向普利茅斯。在那儿有一处热闹的新船坞，即后来的英国皇家海军德文波特总部所在地。它在那被改造成战舰，配备全套武装：2门迫击炮，8门24磅大炮和2门6磅大炮，以及完备的弹药储存和输送装置。船上的三根桅杆也都竖了起来，其中主桅高出甲板整整140英尺（42米）。

不过在经历过种种之后，幽冥号又沉寂了一段时间。即使配备了武器，幽冥号还是被闲置，未投入使用。在德文波特停泊了18个月，翘首以盼那个需要它的人。

我猜想当时是否有人去参观：学童们拿着笔记本和铅笔，在船厂里记录来来往往的船只，就像我记录谢菲尔德进出的火车那样。我想他们会爱上那艘崭新的、困在那里但却又坚固十足的三桅船。它是如此的别具一格：船头有华丽的雕刻，上层甲板排着许多炮眼，船尾有诸多装饰，集中在横梁上的窗户附近，还有极具特色的配有抽水马桶的船尾瞭望台。

假如在1827年年底那个昏暗的冬日清晨登上幽冥号就会发现，幽冥号上沉寂多时的景象终于被打破了：遮挡被掀开，油灯被点亮，驳船就位，桅杆装配，帆桁吊高，船帆卷起。记录所有皇家海军船只的动向的《进步录》(Progress Book)中写道，1828年2月，它"被拖出水面，解除保护，船底包铜，满载试水"。这是在为服役做准备。具体来说就是将船拖出水面，放到船台上，再将船身上的保护木板移走，取而代之的是一层铜皮，最后进行装载，直到水位线达到指定安全高度为止（也就是后来人们所说的载货吃水线）。自18世纪60年代以来，英国皇家海军一直尝试用铜板覆盖船底，以防治蛀船虫（Teredo）——通常被称为"海洋白蚁"的破坏。它们会钻入木头，然后由内到外地吃掉整块木头，船包铜皮意味着出航的日子不远了。

1827年12月11日，皇家海军中校乔治·海伊登上幽冥号，成为这艘船的第一任船长。

在接下来的六周里，海伊详细地记录了船上的粮食储备：12月20日，购置1680磅面包，23½加仑的朗姆酒，61磅可可和154加仑啤酒。船上的甲板被擦得一尘不染，帆和索具也已备齐，60多名船员都在熟悉新船。

幽冥号服现役的第一天被简短地记录在了船长的航海日志上："8点半，引航员登轮。轮船起锚，船体微侧后浮起。"那天是1828年2月21日。

次日清晨，幽冥号经过了埃德斯顿（Eddystone）灯塔，这意味着它正位于普利茅斯西南方向的一处满是残骸的浅滩,正驶向海浪汹涌、臭名昭著的比斯开湾。可是,出师不利,好多地方——包括船长的住处——都在漏水,船长在航海日志中抱怨:"每隔两个小时就去船舱里舀一次水,""整个下午都在舀水。"

对于一艘吃水如此重的船来说,幽冥号的航程进展很顺利。出发四天后,他们就穿过了比斯开湾,看见了西班牙北海岸的菲尼斯特雷角(Cape Finisterre)。3月3日,他们抵达特拉法加角(Cape Trafalgar)。船上的许多人肯定都挤在横杆那里,凝视英国海军最血腥的一次胜利发生的地方①。也许还能看到一两位曾经和纳尔逊一起并肩作战的资历比较深的老兵。

接下来的两年里,幽冥号一直在地中海巡逻。我仔细翻阅了英国国家档案馆里的日志记录,它并未接到什么行动的指令。在标题为"航海日志"的记录里,都是些辛苦而认真的记载,包括天气状况、罗盘读数、航行距离和每一次调整船帆的情况:"设置艏三角帆和后纵帆","挂起主帆开始航行","设置上桅帆","收上主帆和主帆"。让人感觉真的不忙。不过,那时也确实没有什么可着急的。当时的国际竞争还处于休整期——拿破仑刚被击败,尚未有人敢继承他的衣钵。当然,就在1827年10月,也就是幽冥号完工的几个月前,为了支持希腊摆脱奥斯曼帝国的控制,英国、俄罗斯和法国的军舰与土耳其海军在纳瓦里诺湾(Navarino Bay)打了一场血腥但决定性的胜仗。毕竟,这类事件很罕见,大国之间只有这么一次算是合作多于冲突。地中海的

---

① 即著名的特拉法加海战。——译者注

商船最头疼的还是那些来自巴巴里海岸（Barbary coast）的海盗。不过当海盗们的基地经历了几次海军打击后，他们也没那么明目张胆了。

幽冥号的任务就是亮出国旗，向所有人展示它代表国家的海上霸权，顺便尽可能地激怒土耳其人。

幽冥号从丹吉尔（Tangier）出发，沿着北非海岸一路航行到阿尔及尔，那里的英国守备军用 21 响礼炮迎接它的到来，幽冥号用自己的大炮回敬对方。有趣的是，根据海伊中校的记录，当时船上还有 6 个袋子，"据说里面有 2652 块金片和 1350 美元，要托运给突尼斯的几位商人"。当他们离开阿尔及尔时，首次提到了船上实施的惩罚，约翰·罗宾逊因为"在本应举手的时候将双手藏在下面"被鞭打了 24 下。

在船上，懒惰或违抗命令被认为是严重的违法乱纪行为。罗宾逊当着全体船员的面被作为典型接受惩罚，他的衬衫被脱下，鞭打时手腕被绑在舷梯的横栅栏上。水手长很可能会用一种很可怕的九尾鞭来执行鞭刑，这种鞭子由九根带结的绳索组成，打在身上就像被猫挠一样难受。

但有些人以经历过鞭笞而自豪，他们认为忍受十分钟的痛苦要比在甲板下被禁闭十天好过。迈克尔·刘易斯（《海军的转折 1814—1864》（*The Navy in Transition 1814—1864*）的作者）甚至认为，"鞭打是一种艺术……如果一名优秀的海军陆战队队员近期表现出色，为了让他能保持不卑不亢，就会将他鞭打 48 下。这样就将鞭打行为与施加痛苦而进行的惩罚和警告区分开来，使人们把它看作一种常规和惯例。"但时代在进步，仅仅几

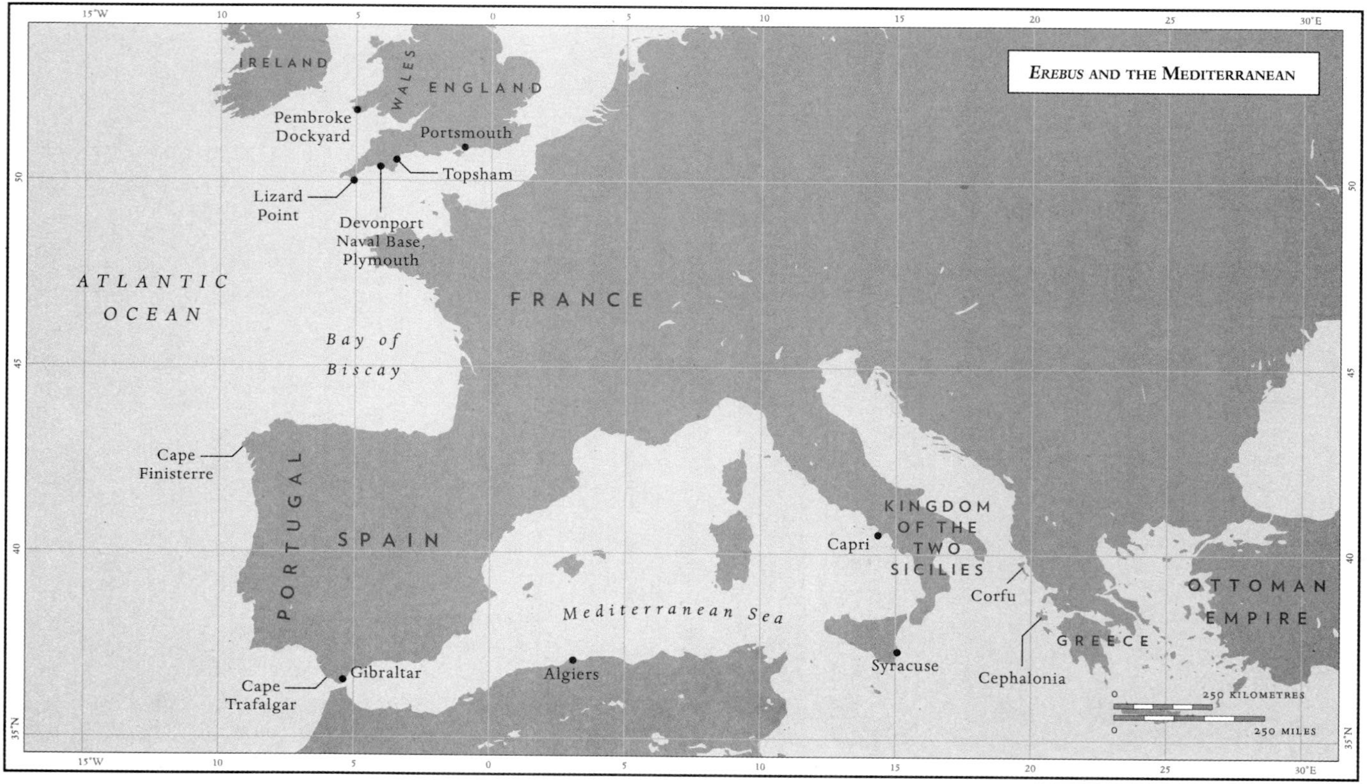
Erebus and the Mediterranean
IRELAND
WALES
ENGLAND
Pembroke Dockyard
Portsmouth
Topsham
Lizard Point
Devonport Naval Base, Plymouth
ATLANTIC OCEAN
FRANCE
Bay of Biscay
Cape Finisterre
PORTUGAL
SPAIN
Gibraltar
Cape Trafalgar
Algiers
Mediterranean Sea
Capri
KINGDOM OF THE TWO SICILIES
Syracuse
Corfu
Cephalonia
GREECE
OTTOMAN EMPIRE
0 250 KILOMETRES
0 250 MILES
15°W
10
5
0
5
10
15
20
25
30°E
50
45
40
35°N

年后,即 1846 年,在议员约瑟夫·休谟的不懈努力下,规定海上的每一次鞭打都必须上报众议院。效果立竿见影。1839 年有超过 2000 人遭受鞭打;而到了 1848 年,这个数字就减少到了 719 人。大约在 1880 年前后,海军开始明令禁止使用九尾鞭,因此直到第二次世界大战后的很长一段时间里,体罚的主要工具改为了藤条。

罗宾逊的体罚结束后,日子就变得平淡起来。每天都是吃饭、睡觉、甲板警戒,以及无止尽的擦洗。当然,之所以沉迷于"吊床和衣服的清洗",不仅仅是简单的卫生问题。这虽然只是日常安排,但如果连日常安排都做不好还谈什么纪律?

偶尔也会发生一些有趣的事情。根据船长的航海日志描述,1828 年 4 月 7 日,他们登船检查了一艘从的里雅斯特(Trieste)驶往纽约的船。6 月 24 日,他们遇到了一艘俄国战舰和一艘双桅帆船,并互相致敬了 13 声礼炮,船长乘坐一艘随船的带篷小艇前往,后来证实这是一位俄海军上将的战舰。同一天,航海日志上写道:"随船小艇回归,开酒一桶,175 号,24⅛ 加仑。"

每当幽冥号停驻在希腊和爱奥尼亚群岛周围时,航海日志读起来就像一本度假手册。每天的记录都是"今天是个微风和煦的好天气",航行旅程包括凯法利尼亚岛(Cephalonia)、科孚岛(Corfu)、锡拉库萨(Syracuse)、西西里岛(Sicily)和卡普里岛(Capri)。幽冥号停驻的地方都是些悠闲度日的好去处。除非你是海军炮兵部队的凯莱布·雷诺兹——因为"不讲卫生和违抗命令"被鞭打 24 下,或一等志愿兵莫里斯——因为"屡次玩忽职守和违抗命令"被鞭打 12 下,否则结合幽冥号所在的地方,这真是一艘度假的幸福船。

在地中海执行任务的第二年，菲利普·布洛克被任命为中校，形势发生了变化。菲利普·布洛克的父亲是海军少将菲利普·鲍尔斯·维尔·布洛克爵士，曾因俘获美军军舰切萨皮克号而声名显赫，因此菲利普·布洛克的行事方式似乎与海伊船长截然不同。某些惯例一如既往地进行——航海日志里依然记录着诸如洗刷、清洁、磨甲板、补给状态、风向和收帆之类的琐碎小事——但鞭打的次数似乎减少了。布洛克向船员灌输纪律的方式截然不同，或者至少在他的船上很多事情的轻重缓急有所不同。航海日志里每周都记录着炮兵演习，后来甚至演变成几乎每天都有。1829年4月13日，"进行了一个师的水手和携带轻武器的海军炮兵演习。"4月20日，在九头蛇岛附近，"进行了一个师的水手近身战演习。"5月6日，"进行一个师的水手手枪射击演习。"布洛克似乎比他的前任更热衷于把幽冥号看作是一部战斗机器，这可能是他消磨打发无聊时间的一种方式，也可能是接到了海军部某些明确指示后所采取的措施。不过他从来没有展示的机会，因为直到1830年5月，幽冥号已经在回程的路上了，还没能真枪实弹地打一仗。

随后有两条记录相当暖心："放船让船员们下去洗澡，"以及5月27日到达直布罗陀的时候，"顶风停船漂航，去洗澡。"看来这位新船长更喜欢洗澡，而不是鞭打。

三周后，幽冥号进入了蜥蜴灯塔（Lizard Lighthouse）的范围。6月18日，幽冥号在布洛克的指挥下大炮和枪火最后一次出场，1830年6月26日早上，国王乔治四世去世，幽冥号抵达朴次茅斯（Portsmouth）后卷帆降旗致哀。(《泰晤士报》的讣告中曾对这位国王冷嘲热讽："世上还没有人像这位国王一样，死时得不到人民的惋惜。试问这世上有谁会为他落泪呢？又有哪颗心为他悸动，为他真挚哀悼呢？")那天，他的弟弟威廉四世接替了他的王位。威廉曾在海军服役十年，曾获得过纳尔逊的称赞，被称为"水手之王"。

随着王位易主，布洛克中校和幽冥号的船员们也最终功成身退。尽管它的船长曾经积极地召集士兵们演习大炮发射，磨炼近战，但幽冥号再也没有作为战舰出征。

极地探险的重大里程碑：詹姆斯·克拉克·罗斯在 1831 年发现磁北极。

第二章　北极往事

对皇家海军来说，虽然幽冥号在地中海上巡逻的那几年比较清闲，却也有一定的好处。拉帮结派已是过去式，如今的人们可以自主选择自己的船，皇家海军也变得更加专业化和职业化。随着拿破仑战争的结束，非军事的海上活动逐渐活跃起来，那些精明能干、资历丰富又富有冒险精神的人们抓住机会，利用英国海军的优势来追求新的目标——通过探索和发现来拓展人类的地理和科学知识。

有两位杰出的人物在积极地推进着这个新兴方向。一位是知识渊博的约瑟夫·班克斯，被称为"启蒙运动的化身"，另一位是班克斯的门生约翰·巴罗。班克斯是一位作家、旅行家、植物学家和自然历史学家，1768年，与库克船长一起环游地球，带回了大量的科学信息，并把那些地球上之前不为人知的角落绘制进了地图。巴罗是一位精力旺盛且富有雄心壮志的公务员，1804年，时年40岁的他被任命为海军部的二等秘书。

在巴罗和班克斯的周围逐渐形成了一个由积极进取的科学家和航海家们组成的圈子，他们深受德国博物学家亚历山大·冯·洪堡工作的激励，旨在协助国际社会对地球在地理学、自然史、动物学和植物学方面进行绘制、记录或标识，以及科学探索。非军事荣誉正是他们开启了英国全球探索的黄金时代。

巴罗的首要任务是进一步探索北极地区。自从约翰·卡博特——一位定居在布里斯托尔的意大利人——在1497年发现了纽芬兰，人们就对是否存在一个能媲美南部路线（经过好望角的南部路线，当时正处于西班牙和葡萄牙的控制中）的通往中国的北部路线抱有浓厚的兴趣。约翰·巴罗依仗自己在海军部的地位，利用尽可能多的资源和人脉推进这件事。他认为，如果海军能够发现一条连接大西洋和太平洋的西北航道，那么英国将能更快更安全地来往于能带来丰厚利润的东方，这对英国来说将是一个巨大的优势。

1815年，滑铁卢战役那年，捕鲸者——被人们遗忘的极地探险家，却也是唯一定期观察北极和南极海域的人群——从北方归来，带来了格陵兰岛周围冰层破裂的消息。其中一个名为威廉·索克斯比的探险者宣称，如果能穿过北纬70°至80°之间的冰层，就会不再有冰区，纯海水的海面会直通北极。这一说法向人们展现出一个通向太平洋的海上通道的诱人希望。为证实他的说法，索克斯比拿出证据——在格陵兰岛被鱼叉击中但侥幸逃脱的鲸出现在了白令海峡以南，被发现时鱼叉还插在相同的位置。

巴罗被不结冰的极地海洋这一说法所吸引，他说服英国皇家学会制定探索北极水域的奖励办法。从第一艘到达西经110°的船只奖励5000英镑，到发现西北航道可奖励20000英镑等各种金额不等的奖励。在约瑟夫·班克斯爵士的支持下，巴罗随后和英国皇家学会一起见了英国海军大臣梅尔维尔子爵二世罗伯特·邓达斯，希望政府能资助委派两支北极探险队：一支寻找从大西洋到太平洋的海上通道，一支前往北极调查冰层另一边是否存在无冰的海面。

对于罗伯特·邓达斯来说，这个建议简直是天赐良机。他是苏格兰人，其父亲是首位因滥用公款被弹劾的大臣，他在海军部待了六年，大部分时间都在抵制削减海军开支。巴罗的建议提供了一个让现有船只都忙碌起来的方法，还能避免有些人对海军数量远远超过其应有规模的批评。他欣然接受了巴罗的新提议。

海军部委托苏格兰水手约翰·罗斯带领其中一支探险队。约翰·罗斯是安德鲁·罗斯教士的三儿子，来自威格敦郡的斯特兰莱尔镇，那里的天然良港是皇家海军船只的固定停靠港。很多家庭都会让孩子们加入海军，并视其为常规教育的一部分。约翰9岁时就成为了一等志愿兵。13岁时，身强体壮的他被调到配有98门大炮的军舰无敌号上。随后，他在战场内外都表现突出。1818年年底，在收到海军探险队队长任命通知时，他已经40岁了，他的一生大部分时间都在海军服役，因而备受尊敬。探险队在海军的支持下，将负责探索西北航道。

罗斯被任命为皇家海军伊莎贝拉号的指挥官，他还利用关系把他那18岁的侄子詹姆斯·罗斯（为了方便和他的叔叔区分，他后来给自己的名字加上了"克拉克"，即詹姆斯·克拉克·罗斯）带上了船。在叔叔的鼓舞下，詹姆斯在11岁时就加入了海军，并在俄罗斯北部波罗的海和白海跟着叔叔当学徒。他以海军军官候补生的身份加入了伊莎贝拉号，这也是传统上成为一名军官的第一步。

詹姆斯身材高大，体格健壮，在海军服役期间他接受了良好的教育，学习了许多最新的科学知识，尤其是在航海和地磁领域。19世纪初，理解并利用地球磁场的能力是难能可贵的，詹姆斯·罗斯便是其中之一。

另一艘被派往北极探险的船只是特伦特号，指挥官是一位专业的水手——32岁的约翰·富兰克林。和约翰·罗斯一样，他也曾经历过拿破仑战争，在哥本哈根战役中，年仅15岁的他就被调入波吕斐摩斯号（*Polyphemus*），在被选为海军军官候补生之前，他和马修·弗林德斯一起绘制了澳大利亚（当时的新荷兰）的大部分海岸线。年轻的富兰克林因为弗林德斯的指导而受益颇丰，毕竟弗林德斯曾跟随库克船长出海学到了很多。不到20岁的富兰克林在特拉法加战役中，担任英国皇家海军柏勒罗丰号（*Bellerophon*）的信号官，积累了丰富的战斗经验。22岁时他已是副官。1818年5月，当伊莎贝拉号和特伦特号准备出发去北极时，英俊非凡的詹姆斯·罗斯在设得兰群岛的勒威克小镇第一次见到圆脸、胖乎乎、过早谢顶的约翰·富兰克林，他一定把对方当成了某个英雄。他不可能知道，未来他们还会再次相遇，他更不知道他们将会是与幽冥号的传奇戏剧经历最密切的两个人。

和当时许多高级海军军官一样，富兰克林是一个受过良好教育、知识渊博的人，他对磁学特别感兴趣。此次探险是他的第一个北极任务，他非常重视。他的传记作者安德鲁·兰伯特描述他当时的心理时写道："他可能没有大学背景，也没有英国皇家学会会员的身份，但他曾环游世界，见多识广，还曾与国王的敌人作战。他算得上是个人物，如果这次探险成功了，他就有望得到提拔。"虽然曾期望这次航行最终能到达俄罗斯的远东地区，不幸的是，他最终只止步于斯匹次卑尔根岛（Spitsbergen）附近的冰山。约翰·富兰克林不到六个月就回到了英国。

约翰·罗斯的西北航道探险一开始非常顺利。在到达北纬76°并安全越过巴芬湾（Baffin Bay）后，伊莎贝拉号和它的同伴亚历山大号在海湾的西北边发现了一个小湾口。这是兰开斯特湾（Lancaster Sound）的入口，也就是后来所谓的西北航道入口。罗斯在这里犯了一个严重的错误，以至于给他的声誉留下了难以抹去的污点。当他沿着兰开斯特湾往西看时，他判断前面似乎有高山阻拦，此路不通。而事实上，那只是厚厚的云层。他是如此确信不疑，以至于他不仅没有让他的部下们来甲板上确认一下他所看到的（他们当时在下面打牌），甚至还以海军部一等秘书的名字给这座想象中的山脉命名——克罗克山脉。真是匪夷所思。随后罗斯更是直接下令掉头返航回家，还把想象中的海湾命名为"巴罗湾"（Barrow's Bay），只能说这一举动也谈不上雪上加霜了。得知真相的巴罗勃然大怒，从此不再信赖约翰·罗斯。

然而，西北航道的诱惑力依然很强。巴罗把希望寄托在罗斯探险队的第二艘船亚历山大号的船长威廉·爱德华·帕里身上，他被任命带队进行一次新的尝试。威廉·爱德华·帕里通常被人们称为爱德华·帕里，他时年30岁，比约翰·罗斯和约翰·富兰克林都更年轻。他13岁加入了海军，在海军度过大半人生。詹姆斯·克拉克·罗斯被再次任命为海军军官候补生。他在亚历山大号上有一位颇受尊敬的北爱尔兰人同事弗朗西斯·罗登·莫伊拉·克罗齐尔，二人后来成为了终身挚友。与罗斯一样，弗朗西斯·罗登也在幽冥号和它的姊妹船恐怖号的坎坷命运中扮演了重要的角色。

帕里这支探险队出行配有两艘船，一艘是赫克拉号，另一艘是格力珀号（Griper），这次是众多北极航行中收获最多的一次。他们不仅穿过了兰开斯特湾，将克罗克山脉从地图上删除，还深入西北航道，在遥远的西部荒无人烟的岛上度过了冬天——这是史无前例的一件事。他们用赞助人的名字将这个荒岛命名为梅尔维尔岛（Melville island）。幸运的是，他们之前准备得十分充分，每个人在晚上都会领到一张狼皮毯子，以及齐全周到的物资，包括麦芽和啤酒花精华、柠檬汁、醋、泡菜和咸菜，用来预防坏血病。1820年11月，当帕里和他的船队回到泰晤士河口时，他们已经深入探索了数百英里曾经未知的土地。

与此同时，尽管约翰·富兰克林在北极探险中并未取得出彩的成就，但巴罗却给了他另一个机会。他受命指挥一支陆地探险队，与乔治·巴克和约翰·理查德森博士一起负责绘制铜矿河（Coppermine River）向北经入海口流入北冰洋的地图。那是片蛮荒而艰苦的地方，由于富兰克林的职业生涯一直都是在海上度过的，因此他并不适合这种高要求的陆地探险，那些为了科学任务所携带的重型设备也经常让他头疼不已。

在这次探险任务中，他们沿着河流和北极海岸，将许多新的陆地都绘制了下来。但是返程太晚，随着冬天的临近他的部下因恶劣的天气条件陷入了困境。食物耗尽，他们只能四处寻找能用于果腹的浆果和地衣。富兰克林后来回忆道，有一天，"所有人都在吃自己的旧鞋子（未鞣制的软皮鞋）用来果腹，应对一天旅

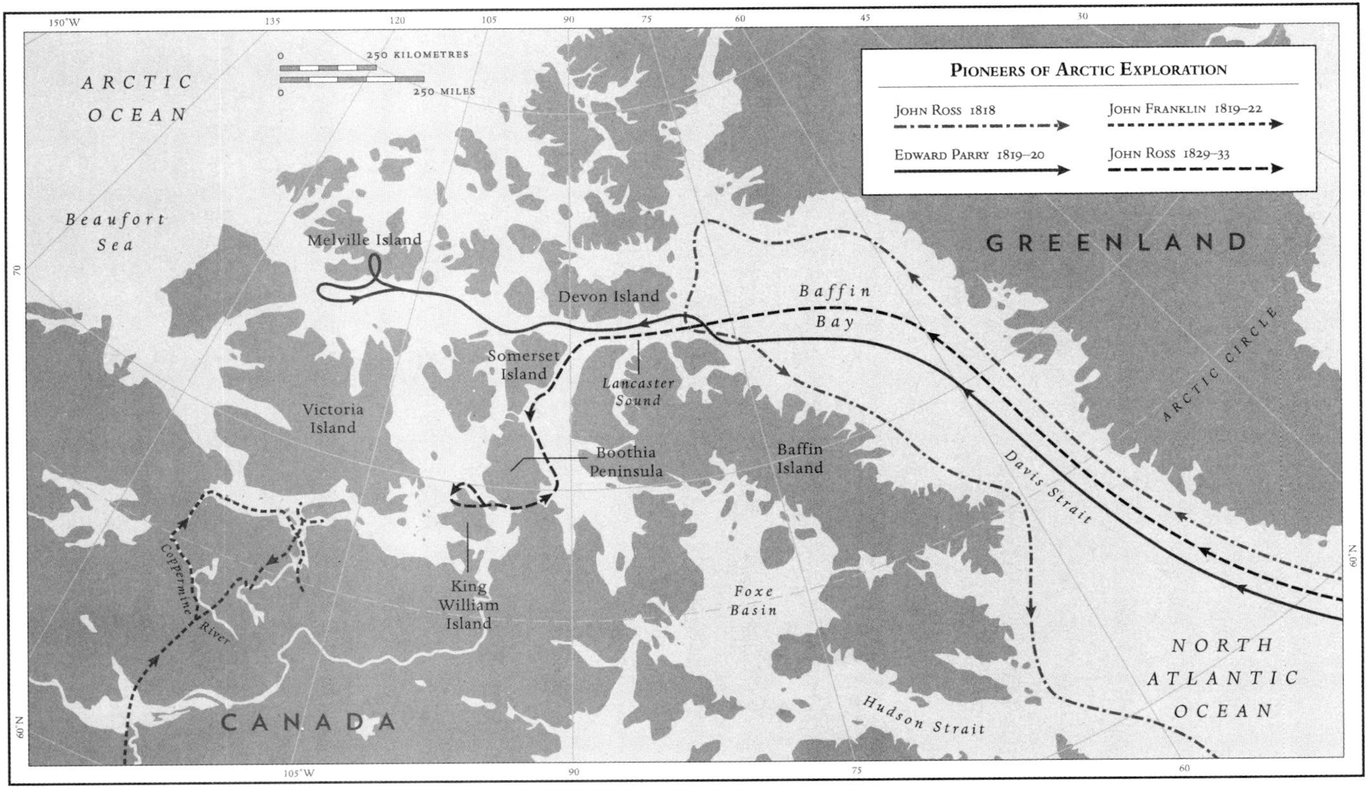
Pioneers of Arctic Exploration
John Ross 1818
John Franklin 1819–22
Edward Parry 1819–20
John Ross 1829–33
0 250 kilometres
0 250 miles
ARCTIC OCEAN
Beaufort Sea
Melville Island
Devon Island
Somerset Island
Lancaster Sound
Victoria Island
Boothia Peninsula
Baffin Island
King William Island
Coppermine River
CANADA
GREENLAND
Baffin Bay
ARCTIC CIRCLE
Davis Strait
Foxe Basin
Hudson Strait
NORTH ATLANTIC OCEAN
150°W
135
120
105
90
75
60
45
30
70
60°N
105°W
90
75
60

途的疲劳"。恶劣的条件导致团队严重不和。随行的加拿大船夫（毛皮商，同时也负责侦察和搬运）中有10人在返航途中死亡，其中一位名叫米歇尔·泰罗霍特的人一开始勉强活了下来，但大家都猜测他曾吃过人。后来，在他射杀了探险队中一名英国成员——海军军官候补生罗伯特·胡德后，随即也被探险队的副指挥官约翰·理查德森射杀。

有人认为，当时探险临近结束时局面混乱，要归咎于富兰克林的固执以及拒绝听从航海者或当地因纽特人的意见。后来，富兰克林日记在1995年出版，编者评价他是"帝国文化的典型代表，优点众多却不够大度"。回到家乡的一年后，他从自己的视角讲述了探险队伍顽强求生的故事，他的书也成为了畅销书。他非但没有因为让整个队伍陷入危险受到批评，反而迅速成为一个受众人爱戴的英雄——敢于吃自己靴子的勇士。

巴罗对开拓西北航道的各种努力逐渐产生了回报，即便有些尝试失败了，但他牢牢抓住了公众的期待。一时间，每个男人都希望像帕里、富兰克林和詹姆斯·罗斯一样，在一片全新的天空中闪耀——这是一个充满英雄的世界，人们渴望与大自然抗衡。

1824年，在威尔士西南部一个安静的角落里，幽冥号正渐成型，与此同时，它的另外两个同伴——赫克拉号和狂怒号则再一次开始了破冰行动。当时的探险家爱德华·帕里被坚固的设计和加固的船体吸引，选择了它们作为进军西北航道的先锋。

年轻的詹姆斯·克拉克·罗斯在这次征程中成长了很多。他身材高大，后背挺拔，还有一头狮子般浓密的黑发，被任命为狂怒号第二副官。这次探险本身并不顺利。起先,船只在巴芬湾被厚厚的冰层阻挡。他们试图把锚钉进冰里,借助船上的缆绳拽着船前进。但正如帕里自己承认的那样,这是一种危险的行为,甚至会酿下大错。记录显示,"有三名赫克拉号的海员被突然飞起的锚击倒,就像被枪炮击中一样。"后来,狂怒号被迫上岸,并被遗弃在萨默塞特郡(Somerset Land)的海岸。仅仅过了一个冬天,大家就决定返航。

然而,巴罗仍然相信帕里是不会犯错的。在皇家学会的汉弗莱·戴维爵士的大力支持下,他再次委托帕里去北极探险。詹姆斯·克拉克·罗斯这次则被任命为帕里的副手。当时罗斯的朋友弗朗西斯·克罗齐尔和新晋助理外科医生罗伯特·麦考密克也在船上。

探险队在6月时到达斯匹次卑尔根岛。从那里开始,他们乘坐驯鹿拉着的雪橇继续前进,目标是每天前进大约14英里(22千米)并到达北极。他们一路向北,晚上行进白天休息以避免雪盲。不幸的是,由于驯鹿不太适合拉雪橇,被杀掉作为探险队的口粮;到7月底,他们的行进速度逐渐放缓到五天只能前进1英里(1.6千米)。于是众人决定返程。他们喝掉了原本的庆功酒,升起了原本应该插在北极点的旗帜(插旗是为了标记探险队所抵达最远的位置)。

尽管他们没有达到目标,但帕里和他的队员们还是取得了相当大的成就。他们创下了82°43′的最北探索纪录,距离北极点仅差约500英里(800千米),这一纪录保持了近50年。至于罗斯,他在天寒地冻的环境里生存了长达48天,甚至还射杀了一只北极熊。这次北极探险的又一次尝试实际上还是失败了,《泰晤士报》也因此发表了一篇很有预见性的社论:"在我们看来,南半球才是一个更值得探索的领域;我们衷心希望能有一支远征队探索那片区域。"然而,那将是一个漫长的过程。

1827年10月,詹姆斯·罗斯回国后被提拔为海军中校,但由于没有下一步的工作安排,他的薪水被缩减了一半。多亏了他的叔叔,他没有坐冷板凳太久。受"克罗克山脉"大乌龙的影响,包括巴罗在内海军部的大多数人都对约翰·罗斯十分冷淡,但几个月后,他还是在他朋友费利克斯·布思的资助下,开始了新一轮的极地探险。布思的条件之一就是希望能让罗斯的侄子也参与其中——尽管约翰还没征询他侄子詹姆斯的意见,虚张声势、脾气暴躁的约翰很快就同意了这个条件。他承诺詹姆斯将担任他的副手。幸运的是,詹姆斯当时也正值壮年,加上急需用钱,便痛快地接受了邀请。布思同意从他的杜松子酒资产中拿出1.8万英镑来投资胜利号——这不是纳尔逊勋爵的那艘传奇旗舰,而是一艘85吨的蒸汽船,曾在利物浦和曼岛之间的轮渡进行服役。罗斯认为胜利号并不完全依靠风力驱动,所以它将更容易通过厚厚的冰层。这个听起来很有道理,但船在离开伍尔维奇(Woolwich)的第二天早上就开始出现引擎故障,即使马力全开,也只能跑三节[①]。在打算离开北海之前,他们又发现锅炉系统出现了严重的泄漏问题(其中的一位设计者建议他们混合动物粪便和土豆来堵住这个洞)。甚至还没出苏格兰地界,一个锅炉就爆裂

---

① 1节等于1海里/小时。——译者注

了,得知这一消息的约翰·罗斯也心态崩溃:"这仿佛是命中注定一般,这台机器就是一个彻头彻尾的废物,一个只会带来各种麻烦的绊脚石,令人恼怒的万恶之源。"直到1829年冬天,他们决定彻底放弃这台发动机,所有人才松了一口气。

尽管前期遇到了种种问题,但他们最终还是取得了一定的成果。约翰·罗斯驾驶着胜利号,穿过那座并不存在的克罗克山脉,驶过兰开斯特湾的一侧,或许当时他还有几分尴尬。途中,他绘制了南部半岛的西海岸,并把它命名为"布西亚·费利克斯"(Boothia Felix),后来简称为布西亚半岛(Boothia Peninsula),至今它仍是世界上唯一一个以杜松子酒命名的半岛。他们与岛上的因纽特人交流,其中一位因纽特人对罗斯的木匠为罗斯打造的那条木制假腿印象特别深刻,那是为了代替罗斯在遭遇北极熊攻击时所失去的一条腿而造,上面还刻着"胜利"二字和日期。

最大的成就还在后面。1831年5月26日,预计四年的探险已经过半,詹姆斯·罗斯乘坐雪橇开始了为期28天的布西亚半岛探险,这次的目的是确定地磁北极的位置。仅仅五天后,也就是6月1日,他成功地测量到了89°90′的倾角。这已经非常非常接近磁极点的位置了。"我们长途跋涉来此的所有目标似乎都已经完成了。"约翰·罗斯后来写道,"貌似我们的航程到了尾声,所有辛勤劳作也画上了圆满的句号,现在我们唯一需要做的就是返程回家,然后安享之后的幸福生活。"

冉冉升起的英国国旗,正式宣告大不列颠占据了北极,本来英国国王威廉四世准备欢迎英雄凯旋,但变幻莫测的北极天气却不太配合。北极冰封了，探险队的生存处境开始变得愈发危险。一想到这个冬天（本次探险的第三年）要被困在北极，大家原本喜悦的心情变成了一种煎熬的苦涩。同年6月詹姆斯·罗斯还意气风发，而仅仅几个月后，他的叔叔约翰就感慨道："对我们来说，看着眼前的冰就像看到灾难、烦恼、折磨、不幸和绝望。"

情况比大家预料得更糟糕。如果不是因为他们与当地因纽特人的关系亲密，并且适应富含油脂的饮食习惯，死亡将难以避免。事实上，差不多两年后，罗斯叔侄和他们的同伴"穿着各种野兽皮毛和破衣烂衫……瘦得皮包骨头"，奇迹般遇到一艘捕鲸船而获救。这艘捕鲸船是来自赫尔的伊莎贝拉号，也就是约翰·罗斯15年前指挥过的那艘船。伊莎贝拉号的船长简直不能相信他的眼睛，他以为这对叔侄在两年前就已经去世了，许多人都对他们的生还不抱希望。1833年10月12日，当他们驶进奥克尼群岛（Orkney Islands）的斯特罗姆内斯港（Stromness）时，全国都震惊了。一周后他们抵达伦敦，受到了隆重的接待。他们在冰天雪地里所坚持的四年，以及他们的科学成就和探险技巧获得了极高的赞赏。这场近乎灾难的经历，非但没有阻碍未来的探险，反而使北极地区成为海军部野心勃勃的必争之地，而且在未来的几年里，深刻地改变了很多人的人生轨迹。

约翰·罗斯疗养康复后被授予骑士爵位。不过这份胜利的喜悦却因为与侄子的争吵而被破坏。他们争吵的焦点是谁应该因为地磁北极的发现而受到褒奖。詹姆斯因为准确地指出了它的位置而声称自己是唯一的功臣。但他的叔叔坚持说，如果当时知道他的侄子的目的是磁极点，他也一定会参与其中。在官方看来，詹姆斯才是真正的后起之秀。相比他那冲动易怒的叔叔而言，他显得更为可靠和果断——很适合作为接班人。1833年年底，他荣升船长，并受命对不列颠群岛的地磁北极进行第一次勘查。

他的工作才刚刚开展，就传来消息说有12艘捕鲸船和600人被困在格陵兰岛和巴芬岛之间的戴维斯海峡的冰层里。英国海军部同意执行营救任务。不出所料地，詹姆斯·克拉克·罗斯被任命为领队。他选择了一艘建造于惠特比（Whitby）的船，名为科夫号（Cove），任命弗朗西斯·克罗齐尔作为他的首席副官。

当罗斯和克罗齐尔从赫尔向北驶往斯特罗姆内斯进入北大西洋时，海军部还在四处努力寻找合适的备用船只。在帕里为北极探险而改装的炸弹船中，狂怒号在萨默塞特岛（Somerset Island）触礁沉没，赫克拉号几年前被卖掉了，只剩下恐怖号——作为建造于1813年的维苏威级战舰之一，有过很多出色表现，以及没有经验，尚未经过考验的幽冥号。1836年2月1日，一名有经验的船员被派往朴次茅斯，把尘封已久的幽冥号拖到查塔姆（Chatham），等候调用。与此同时，科夫号遭遇恶劣天气，狂风猛烈地袭击着它，人们普遍认为，是当时冷静沉着的詹姆斯·罗斯船长才使它避免了沉没的厄运。在回到斯特罗姆内斯港进行修复后，罗斯、克罗齐尔又乘坐科夫号出发前往戴维斯海峡。当他们到达格陵兰岛时，得知除了一艘捕鲸船外，其余所有的捕鲸船都已从冰层中被解救出来。

尽管如此，这次救援行动仍被视为英勇之举。弗朗西斯·克罗齐尔荣升为海军中校（令人困惑的是，居然不是海军上校），詹姆斯·罗斯被授予了骑士爵位。但令他的拥护者们失望的是，他拒绝了这份荣誉，因为他觉得詹姆斯·罗斯爵士这个头衔会让他被误认为是他那位争强好斗、近期刚被授予爵位的叔叔。

据约翰·富兰克林后来的妻子珍·格丽芬所说，这位"海军里最帅的男人"在个人生活上就没那么顺利了。在旅行中，罗斯遇见了安妮·库尔曼并陷入爱河，这位18岁的姑娘是约克郡一位功成名就的地主的女儿。罗斯非常正式地写信给安妮的父亲，表达了他对安妮的爱意，希望允许他去安妮的家里看望她。库尔曼先生愤怒地回绝了他，并表示罗斯居然"对一名女学生"心怀不轨，他感到分外震惊。他的反对是多方面的。"跟我女儿相比，你的年龄（罗斯当时34岁）、你的职业、你的不稳定以及随时都可能处于危险之中的境遇，都不允许我们对这种交往抱有一丝希望。"

幸而，安妮对詹姆斯的爱毫不逊色。在接下来的几年里，他们经常偷偷私下见面。因为库尔曼家坚决反对他们的关系，使得罗斯在给安妮写信时显得十分恼火："我难以想象，俗世的情感会有如此大的影响力，以至于能够破坏这世间最美好的感情，以至于让一个父亲对他的孩子如此冷酷无情。"幸运的是，詹姆斯·罗斯的优点之一就是他有决心，一旦下定决心，他就不会轻言放弃。他继续与安妮保持联系，而安妮也坚持与他在一起。最终，这份坚持得到了回报。

1836年6月，离开梅德韦（Medway），恐怖号开始执行另一项任务，作为乔治·巴克最新一次北极探险队的旗舰船，以期进一步探索北极西北地区。9月，恐怖号被移动的冰层困住，整个冬天承受了各种猛烈的冰层撞击。虽然最终摆脱了冰层的束缚，但仍然被浮冰包裹着，一直漂流到哈德逊海峡。由于船体受损，恐怖号不得不用一条铁链绑着，在几乎到达爱尔兰海岸时不幸搁浅。

天气不好时，乔治·巴克如此形容恐怖号（其评价同样适用于所有炸弹船）："它吃水深、吨位重，每一次下水，船头的斜桅都会浸到水里去，还非常容易倾斜，几乎很难拉紧绳子。"① 天气好时，巴克对它的描述仿佛青蛙变王子一般："顶桅和所有的侧帆都在第一时间配置好，这艘威风凛凛的船高傲地展开了它那丰满的羽毛，庄严肃穆地漂浮在波光粼粼的水面上。"

幽冥号就没有这样的展示机会了。虽然它总是眼看着就要参与一些行动，但最终它只是从一个船坞换到了另一个。在查塔姆，它解开帆缆，又恢复了闲置状态，它正在成为英国海军的"正备舰"（"near ship"）。②

---

① 强风天，若不能拉紧升帆索——主帆配合下拉角使用——褶皱的帆前缘会令整个帆的受力中心点向后移动，会直接影响风作用帆面的横向力加大，导致船体更加倾斜。——译者注
② 嘲讽它没有实际用途，只是闲置着。——译者注

在整个19世纪早期,南极仍然是一片未知领域。詹姆斯·威德尔在1822年曾进行了四次南极探险之旅,在他1825年的回忆录中有这样一段描述:(我们)比任何一艘船都要更向南挺近了,但却依然看不到陆地。

第三章 南极往事

1838年夏天，刚成立不久的英国科学促进协会在纽卡斯尔召开会议，将地磁学作为重要议题。此时正是抓住机遇建功立勋的好机会。一旦地球磁场能被人类理解并编码应用，那么罗盘和航海仪就可以实现精准定位，导航就不再是一种受制于天气和依赖猜测的不稳定工具。它的应用可以等同于19世纪的GPS。

爱德华·萨宾就是极力推动这方面研究的人士之一。作为一名皇家炮兵军官，他曾与罗斯和帕里一起到北极航行。在之前的十年里，他以海军部科学顾问的身份，极力主张英国应该利用海上优势收集有用的关于地球磁场的信息。他十分认同著名普鲁士贵族亚历山大·冯·洪堡的观点。洪堡曾在1802年参与过一次著名的南美洲航行，并对地磁进行了初步研究。他认为，只有各国通力合作，人类才能归纳总结出一套明确的、实验性的科学原则。

哥廷根大学的天文学家卡尔·费里特立奇·高斯也曾提出相关理论，提出地磁和导航之间的关系。为了进一步验证这些想法，萨宾联合其他人主张在全球建立一个观测站网络，共同记录。詹姆斯·克拉克·罗斯发现了地磁北极，并确定了它与地理北极不同。接下来探索的目标自然而然地转向地球上那些尚未被探索的广袤区域，尤其是遥远的南半球。

当时南极探险尚未受到人们的重视。关于南极大陆的大部分认知都来自库克船长。库克船长曾在18世纪70年代两次穿过南极圈，然而他对南极探索并未表现出满腔热情。他描述道，那是一片"充满浓雾、暴雪、严寒和各种潜在威胁"的地域。在大多数情况下，这片地区只有一些猎捕鲸或者捕海豹的人。

尽管如此，这样的描述还是激发了民众的幻想。对于浪漫主义者来说，南极代表着未知的神秘和尚未被驯服的野性。1798年发表的《古舟子咏》（The Rime of the Ancient Mariner）中，塞缪尔·泰勒·柯勒律治描绘了一艘被诅咒的船无助地漂流到南方海洋的情景：

> 惠风吹拂，白浪飞溅，
> 船儿轻快地破浪向前；
> 我们是这里的第一批来客，
> 闯进这一片沉寂的海面。
>
> ——引自顾子欣译文

在柯勒律治的诗中，航行最终的结果是悲惨的灾难。在埃德加·爱伦·坡唯一的一部长篇小说《亚瑟·戈登·皮姆的故事》（The Narrative of Gordon Pym of Nantucket）中，主人公最后发现南部海洋是一个邪恶和充满各种危险的地方，那里船舶失事、同类相残；那里是一个极度寒冷和黑暗的地方；那里备受煎熬的灵魂最终将走向毁灭。希腊人用一个词形容这种地方——幽冥。

当艺术家和诗人正忙着吓唬自己及公众时，科学家们秉持着科学的原则正向另一个方向前进——认知并找寻规律，探求未知并阐释。在启蒙精神的影响下，是否存在一个南方大陆俨然成了一个待解开的谜团。此时，科学研究的需求和民众不断涌现的好奇心正交织在一起，推动着即将发生的探险。

而推动探险的因素不仅是这些。在伯明翰的一次会议上，著名天文学家约翰·赫歇尔爵士指出南下探险的实践意义，他强调这不是单纯为了科学。他认为，"伟大的物理理论及其一连串的实质影响，无论是从荣誉角度还是从实用角度来看，都是国家的重要目标。"在这种沙文主义的推动下，赫歇尔的委员会撰写了一份决议报告，呈交给首相墨尔本勋爵。

争论持续了整个冬天。直到1839年3月11日，海军部第一大臣明特勋爵通知赫歇尔，前往南极探险的申请终于通过了批准。这将是一项扬名立万的事业。因此，它需要一位一流的领导者。幸运的是，有两位著名的极地探险家具备领导此次探险资格——詹姆斯·克拉克·罗斯和约翰·富兰克林，二人中一位拒绝了爵士头衔，一位曾吃掉自己的靴子。

罗斯彼时的职业生涯可谓顺风顺水。富兰克林也过得挺成功，尽管他的声望会稍微弱一点点。1825年，在富兰克林结束首次北极航行的三年后，他再次发起了一次陆地探险。在冬天的几个月里，他全神贯注地进行着艰苦的科学观测。当天气条件好转时，他则带领部下探索麦肯齐河（Mackenzie River）以西400英里（640千米）未测量的海岸线。根据以往经验，富兰克林会在换季前让他的队员停止冒险，不再继续前进，返回伦敦。

富兰克林在1829年被授予爵位，作为航海家和探险领袖他声名卓著。1830年8月，他受命指挥彩虹号——一艘28门炮、500吨重的皇家海军舰艇——驶往地中海。富兰克林完成了一次安全、稳健、成功的航行任务，经过了众多当时幽冥号返程并路过的海域。彩虹号共有175名船员，比富兰克林以往指挥过的任何一艘船的规模都要大，也更引人注目。富兰克林为人和蔼可亲、善于交际，大家都认为他是一个平易近人、富有人情味的船长。船上的生活是如此惬意，以至于这艘船享有"富兰克林的天堂"和"星际彩虹"的美名。

富兰克林的社交能力也缓和了英国与刚刚独立的希腊国家之间的关系，避免了地方派系的纷争。当时原本是英法两国盟友的俄国，选择支持一个不受欢迎的临时政府，而其他盟友却想扶持自己人作为这个国家的新国王。经过长期的寻找，英法两国找了一个名叫奥托的18岁巴伐利亚王子。巴伐利亚国王的儿子是毫无建树之人。无论如何，这位王子最终授予了富兰克林"救世主"勋章，以表彰他的贡献。

富兰克林在执行任务期间十分欣赏古希腊，但对新希腊却没什么好印象，他认为新希腊政府腐败无能。在努力解决了当地的各种纠纷后，他于1833年年底赶在圣诞节前回到了朴次茅斯，这让他有机会稍事休息一下。艰辛的付出总会有回报：为了感谢他的努力，新上任的国王威廉四世授予其汉诺威圭尔夫勋章。

那些年，富兰克林的感情生活也颇为坎坷。1823年，他与诗人埃莉诺·安妮·波登结婚，育有一女，也叫埃莉诺。但就在他第二次出海前往北极探险的五天后，他的妻子就因肺结核不幸去世。人们形容他的妻子是一位非凡、令人钦佩的女子，即使她知道自己命不久矣仍坚持让丈夫继续他的计划。四年后，1828年11月4日，富兰克林迎娶了珍·格丽芬。珍是一位律师的女儿，她聪明机敏，精力充沛，也是埃莉诺的好朋友。富兰克林的传记作者安德鲁·兰伯特推测在珍的眼里，这位发福的探险家的形象："在她心目中，他是一位浪漫的英雄，一种文化的象征，或许也是她心目中结婚对象应有的样子。"的确，珍的余生也一直致力于保护和提升富兰克林的形象。

自地中海归来后，富兰克林备受人们尊敬，他沉浸在幸福的新婚生活中，但也变得整天无所事事。由于没有新的任务，他在随后的三年里一直处于失业状态。对他来说，一定是一段非常沮丧的时期。直到1836年，机会来了。他被邀请担任范迪门斯地（Van Diemen's Land）的副总督。不得不说，这次机会更像一杯充满诱惑的毒酒。因为前任总督乔治·亚瑟推行社会改革，得罪了当地的众多小社区，导致不满和分裂情绪蔓延。但对于富兰克林和他雄心勃勃的妻子来说，这个职位简直是天赐良机。几年的无业生活之后，他终于有了施展才华的机会。他欣然接受了这份工作，偕夫人一同起航，于1837年1月抵达霍巴特（Hobart）。

然而富兰克林始料未及的是，仅仅一年后，海军部就开始物色经验丰富的极地探险家主导南极探险。如果他预先知道的话，他还会接受范迪门斯地岛的职位吗？实际上，由于他本人当时不在英格兰，自然就被排除在了候选名单之外。詹姆斯·克拉克·罗斯在北极的经历和发现地磁北极的创举，完全满足海军部对航海经验和科学素养的要求，最终英国海军部毫不犹豫地将这项工作委任给了罗斯。最关键的是他当时还正好有时间。

* * *

为了确保罗斯探险有足够的保障，海军部的大臣们开始四处物色适合这次冒险的船只。早在1773年，炸弹船就已经是皇家海军进行极地探险的首选，当时就有两艘炸弹船被改装成了北极探险船：赛马号（Racehorse）和骸骨号（Carcass，名字取自一种燃烧弹）。它们曾到达巴伦支海，之后由于遭遇冰层而折返。那时，还有两艘炸弹船可以作为南极任务的候选。一艘是恐怖号，它跟随乔治·巴克进行了1836年和1837年的北极探险，曾在冰天雪地里长达10个月，后来做了加固和重建。另一艘是当时正在查塔姆的梅德韦河上行驶、从未离开过温暖的地中海的幽冥号。它比恐怖号规模更大，建造时间更晚，被大家一致推选为旗舰。14年前在彭布罗克，它伴随着欢呼声入水，而今经过了9年退休般的悠闲生活，幽冥号作为历史上最著名的船只之一正式登上了舞台。1839年4月8日，詹姆斯·克拉克·罗斯被任命为幽冥号船长。

一直在地中海巡逻的幽冥号终于物尽其用，在探险任务被确认后两周，它就被转移到查塔姆的干船坞里，做了船体铜皮替换。传统装饰被拆除，这让它变得更干净、实用和抗风。三层上甲板被拆减为一层，去除了原本升高的后甲板和艏楼，只留下了平甲板。这将为幽冥号保留更多的存储空间来装载另外九艘辅船，包括30英尺（9米）长的捕鲸船、28英尺（8.5米）长的帆船、两艘快艇和一艘船长个人出行专用的12英尺（3.6米）小艇。余下的空间大部分用来存储幽冥号的武器。12个炮台被缩减到2个，多余的炮口也都被堵上。

在查塔姆船坞莱斯先生的监督下，幽冥号实现了从军舰到冰区航行船的改造。改造进行得很彻底，詹姆斯·克拉克·罗斯对此印象十分深刻，他还将莱斯在幽冥号的工作记录收录在他日后出版的探险日志中。我们也因此才能知道，当时的船体用6英寸（15厘米）厚的橡木板加固，舷缘增加到了8英寸（20厘米），船身上缠绕着3英尺（91厘米）宽的绳索；从船头到船尾的甲板都铺设了3英寸（7.5厘米）厚的木板用来加固，还将多余的木板斜铺在船顶。"浸过热油脂的粗绒"（粗绒是一种厚厚的毛毡，可用来隔热保温）作为夹层被铺设。船底的一部分用了一层3英寸（7.5厘米）厚的英国榆木防护板来加固，包括龙骨在内的其他部分则采用了3英寸（7.5厘米）厚的加拿大榆木。船头从吃水线到龙骨的部分都贴上了一层很厚的铜。船尾上的突出部分都被拆走，包括船尾瞭望台。船头上雕刻的华丽图案（尽管低调），但作为战舰的重要特征也被拆除了。为了更加坚固耐用，所有的装饰都被舍弃了。

1839年夏天，查塔姆船坞里的锯匠、制绳工、制帆工、木匠和铁匠热火朝天地工作着，这时的詹姆斯·克拉克·罗斯也在忙着组建他的团队。他不出所料地选择了北爱尔兰人弗朗西斯·罗登·莫伊拉·克罗齐尔作为他的副手和恐怖号船长。克罗齐尔和他一起经历了多次残酷的北极探险，据说罗斯是为数不多的几个可以直呼克罗齐尔为"弗兰克"的人之一。

克罗齐尔比罗斯大三岁，来自贝尔法斯特（Belfast）南几英里邓恩郡的班布里奇小镇（Banbridge in County Down），有12个兄弟姐妹。他出生在一幢漂亮的乔治亚式联排别墅里，建于1796年，至今仍完好无损。他的父亲在爱尔兰靠亚麻生意起家，弗朗西斯应该是在舒适而又严格的宗教氛围下长大（随着时间的推移，他的父亲从长老会转向爱尔兰新教，从激进主义转向当权派）。

弗朗西斯的一位兄弟成为了牧师，另外两位则踏足法律界。由于他的父亲希望有一个儿子能从军，以便能为他在海军部牵线搭桥，13岁的弗朗西斯在1810年6月12日那天被送进了皇家海军。

多年来，所有与他共事的人都对他印象十分深刻。约翰·巴罗曾这样热情赞赏他："是一位积极热心的年轻军官，凭借他的才能、专注力和精力，足以称得上是军队中的佼佼者。"令人感到迷惑的是弗朗西斯·克罗齐尔始终没有成为领军人物。他的性格中似乎有某种东西阻碍了他的发展：或许是不够老练，或许是缺乏自信，也可能是他意识到自己的正规学历存在局限。他的传记作者迈克尔·史密斯曾形容他"意志坚定，值得信赖"，但他补充道，"克罗齐尔生来就适合作为二号人物。"

37岁的爱德华·约瑟夫·伯德被选为了幽冥号的首席副官。他曾和罗斯一起航行过，后来在与帕里的一次探险中担任奋力号（*Endeavour*）的副指挥官。长期担任皇家地理学会主席的克莱门茨·马卡姆爵士是一位维多利亚时期的地理学家、探险家，他形容伯德是"一位优秀的水手，为人低调，生性腼腆"。伯德脸上胡子拉碴，头发往前梳用来掩饰后退的发际线，还有着与约翰·富兰克林极为相似的肥胖身材。罗斯对他极为信任。

在6月写给罗斯的信中，克罗齐尔沮丧地表示他还没有找到合适的人任恐怖号的首席副官。他似乎不想自己做决定。"我周围认识的人中还没发现合适的，尽管肯定有，"他这样写着，然后又神秘地补充道，"但肯定不能是一个哲学家。"那个时期的人们常常混用"哲学家"和"科学家"这两个词，所以我们不清楚克罗齐尔只是在表达对海军的偏爱，还是在影射对知识分子的不满。最后，才华横溢的苏格兰人阿奇博尔德·麦克默多被选为恐怖号的首席副官。他非常了解恐怖号，在1836年巴克北极探险途中，他担任恐怖号第三副官（Third Lieutenant），在冰天雪地中侥幸逃过一劫。而查尔斯·塔克被选为幽冥号的航海长，负责领路导航。

船上有北极探险经验的还有大副亚历山大·史密斯和会计托马斯·哈利特，两人都曾在科夫号上与罗斯和克罗齐尔共事。托马斯·阿伯内西被任命为炮手，他是一位十分可靠的家伙，令人放心。虽然炮手的职责主要是名义上的，但身材魁梧、体格健壮的他在陪同罗斯进行多次北极探险的过程中成为了罗斯最亲密、最值得信赖的伙伴之一。在罗斯到达地磁北极时，他都一直跟随左右。

不过对于未来的历史学家和研究人员来说，最值得感谢的是两位详细记录下幽冥号探险经历的人：罗伯特·麦考密克和约瑟夫·道尔顿·胡克。麦考密克曾与查尔斯·达尔文一同乘坐比格尔号[①]，是船上的外科医生和博物学家。这事在今天看可能有些奇怪，但在那个制药还不够普及的时代非常正常。那时的医生都要自己制药，各种植物就是主要原料——事实上，1815年的药剂法案规定了植物学是研究医学的必修课。麦考密克十分有个性，自命不凡。在比格尔号上的时候，麦考密克对于菲茨罗伊船长对达尔文的纵容感到恼火，因为达尔文不是正规的海军出身，却经常被允许上岸采集异域植物，而麦考密克却只能留在船上。最终，麦考密克离开了探险队，但没人对此感到失望。显然，这种恼怒是相互的。"他故意惹船长不高兴，"达尔文嘟囔着，又补充说，"……他的很多想法太过陈旧保守了。"

当然，麦考密克在博物学、地质学和鸟类学方面都造诣颇深，或多或少地给罗斯留下过深刻的印象——也没准儿是烦恼——所以答应给他留一个职位。他来了，带着他的书、仪器和标本登上了幽冥号。尽管他可能有些固执己见，但他的日记中记录了很多关于幽冥号在四年南极探险中的宝贵信息。

约瑟夫·道尔顿·胡克是诺威奇市的威廉·杰克逊·胡克的儿子，受无所不能的约瑟夫·班克斯爵士关照，他成为了格拉斯哥大学的植物学教授。威廉很早就意识到自己儿子有天赋。因为约瑟夫在6岁的时候，就能正确地识别出一种生长在格拉斯哥墙上的苔藓是银叶真藓（*Bryum argenteum*）。13岁时，他已经称得上是一名植物学家，能够背诵长串的拉丁语植物名。

[①] 比格尔号（*Beagle*），1831—1836年环球航行游历南美、加拉帕戈斯群岛、澳大利亚，最后又回到英国。这一旅程改变了达尔文对生物学的理解，并促进了他关于进化的思想的发展。——译者注

威廉·胡克通过他的关系，打听到了这次南极考察计划，并且意识到对约瑟夫这个初出茅庐的植物学家来说是一个崭露头角的机会。于是到处找关系把儿子安排了进去。毕竟无论是从科学角度还是从商业角度来看，当时都是属于植物学的黄金时代。正如胡克的传记作者吉姆·恩德斯比所写，"大英帝国的大部分财富都来源于植物"——从造船用的木材和大麻，到船上装载的靛蓝染料、香料、茶叶、棉花和鸦片。了解那些植物是如何生长的、生长在何处及原因，对政府有着难以估量的好处。因此，带一位植物学家参加这次探险是很有必要的。

当时的情况是，胡克能够争取到的唯一官方职位就是助理外科医生，他也为此很快取得了医生资格。他真正的兴趣显而易见。他在给父亲的信中写道："未来的植物学家可能永远都不会到访我即将要去的地方，而这对于我有着莫大的吸引力。"1839年5月18日，在22岁生日的六个星期前，约瑟夫·胡克接到通知，被任命为幽冥号上的第二外科医生。他将是这艘船上最年轻的人。

在整个探险过程中，胡克像他的上司麦考密克一样，也留下了大量的日记，可能是受到了达尔文的启发（他告诉父亲，他睡觉时枕头下还放着一份比格尔号航行的校稿）。公有资金所赞助的探险中，船上所有的日记和笔记都被视为海军部的财产，在航行结束时必须上交。正如詹姆斯爵士的曾孙、传记作家 M. J. 罗斯所指出的，这次探险没有专业的科学家，所有的军官和船员都是皇家海军的成员，因此会受到很多限制。但家信不在检查之列，年轻的胡克与家人的通信显得尤为珍贵，正因为它有着官方报告所缺少的一种非正式性和开放性。

接到委任安排后，胡克便前往查塔姆船坞报到，他在日记中写道，"我在那里度过了乏味的四个月……一直等到船只准备就绪，装备齐全。"他被安排住在一艘叫作鞑靼号（*Tartar*）的老旧护卫舰上，人们甚至都称它为"废船"。在当时，使用这种退役军舰作为临时住所很普遍。有些船，比如特纳著名画作中的战舰无畏号（*Fighting Temeraire*）还曾被当作监狱船，这种船就更加地脏乱差了。

鞑靼号上也有其他船员在住，其中包括威廉·康宁汉中士，他所负责的海军陆战队（包括一名下士和五名士兵）被分配到了恐怖号上。在幽冥号上也有一支类似的分队。皇家海军陆战队在这里扮演着类似警察的角色，负责维护船上的秩序和纪律；搜寻和遣送逃兵；执行惩罚措施；收发邮件；提供酒的限额供应；在港口停驻时守卫船只；为来访的达官显贵提供警卫。除了上述职责之外，康宁汉中士还在航行过程中记录了日志，或者说备忘录。从他最初的记录可知，他和船员们在1839年6月15日到达梅德韦，马上就投入到船只的装配工作中。

9月初，幽冥号上的船员已经全员到位，包括12名军官、18名海军士官、26名优秀的海员和7名海军陆战队队员，共63人。其中有大约一半的人员都是新手——没在皇家海军服役过的新兵，但很多人都有在捕鲸船上航海的经验。船上还储备了很多物资和设备，包括质量上乘的保暖衣物。最后装船的是这次航行所需食物，包括15000磅牛肉和2618品脱①的蔬菜汤。

9月2日，海军司令明特勋爵和三位海军高级将领视察了幽冥号和恐怖号。16日，海军部下达了最终启程指令，三天后，幽冥号和恐怖号顺流而下，到达了下游的吉林厄姆河段（Gillingham Reach），在那里，他们校准罗盘，储备最后一批上船食物。罗斯的父母特意从苏格兰赶来为他送行，并在船航行在泰晤士河河段时陪同在船上。不幸的是，这两艘船刚到希尔内斯时就搁浅了。直到第二天早上，才靠着赫卡特号轮船把它们拖到了马尔盖特（Margate）。在那里等待西北风力减弱后更换了船上的一个锚。罗斯为此大发雷霆，虽然不无道理，却略显啰嗦——"有些人太过粗心大意，怎么能犯这种致命的错误呢，这种事件可是会影响整艘船，甚至我们每个人的生命。一定要注意安全，一定要重视起来，尤其是那些身在其职的人！"真是出师不利。

对于马尔盖特来说，人们对这支偶然停在自家门口的知名探险队非常感兴趣。他们成群结队地来参观这些船，有的人还会被邀请登船参观。海军在工资发放方面十分大气、贴心，船员们在25日就提前收到了三个月的工资，剩余的工资将被直接交给他们的家人，直到船员们安全返航。

1839年9月的最后一天，风向转变为向东，他们终于可以向着英吉利海峡出发。在遭遇了一次被麦考密克称为"狂风暴雨"的恶劣天气后，他们在迪尔（Deal）放下了引航员，继续向西南航行。等到他们下一次再看到英国海岸线的时候，差不多要到四年之后了。

---

① 品脱，英国以前常用的容积度量单位。1品脱约为0.57升。——译者注

在过去，船只穿越赤道时，那些之前从未越过赤道的水手会举行一种传统仪式。恐怖号上的威廉·康宁汉曾生动地描述了他在1839年12月的一次经历："我被迫坐在理发用的椅子上，被人用油漆刷恶搞似的乱刮，刷子上还沾着肥皂泡——泡沫里包含船上能搜集到的各种令人恶心的东西。"

第四章　遥远的海岸

幽冥号从来就不是一艘优雅的船。作为一艘功能性三桅帆船，其前桅和主桅上都是横帆，后桅上则是一个纵帆，所以速度不快。顺风的情况下，最大航速可以达到7—9节[①]。不过海军少将M. J. 罗斯（罗斯船长的曾孙）以专业人士的身份评价这艘船是"一艘优秀的远洋船"，它可以"轻松应对各种剧烈的晃动和颠簸，绳索和桅杆也不会承担太大的压力"。

很快，它就开始面临考验。1839年10月4日，航行的第四天，在接近德文郡南端的斯达特岬角（Start Point）时，它遭遇了浓雾，随后是接连不断的狂风骤雨。第二天早上，恐怖号不幸失联。本来海军部要求两艘船必须时刻待在一起，然而现在还不到一个星期这个规矩就被破坏了。但罗斯似乎对此并不太担心。随着英格兰海岸最后的景色——蜥蜴角（Lizard Point）消失在船尾，他感到十分振奋。"我们当时所感受到的喜悦和轻松之情，是很难用语言表达的"，他后来写道，"……伴随着海风的吹拂，我们荡漾在碧波之上，顺利地开始了期盼已久的航程，之前长期

---

① 1节=1海里/小时=1.852公里/小时。——译者注

的筹备工作所带来的焦虑和乏味，也随之消逝。"

詹姆斯·克拉克·罗斯是一位做事认真并且经验丰富的航海者，为人谨慎又不失人情味。他以前也经历过很多次这种情景，但是没有任何一次能像这次一样，让他感到这般如释重负。在这里，他摆脱了那些吹毛求疵的公务员和华而不实的礼节，带领着60位伙伴去完成一项使命。这是他第一次向南行驶，而且要向南行驶相当长一段路程，如果一切顺利，将打破人类船只往南行驶距离的最远纪录。摆在他面前的是一个艰巨的挑战，但他乐在其中。他乘着幽冥号一直向西南偏南方向驶去，目光所及之处都在他的掌控之中。

船上的生活开始进入一种固定不变的模式。以船上的钟声作为标志，每天每四个小时轮班一次。每天正午时会敲八次钟，然后再过半小时会敲一次，下午1点会敲两次钟，1点半时敲三次，以此类推，直到4点时再敲八次钟，整个过程循环往复。船员们每天都是连续工作四个小时，然后休息四个小时，不分昼夜。当需要换班时，水手长会站在舱口大喊"全体集合"。随后，所有船员先在甲板集合，之后各司其职地开始工作。

日子每天都开始得很早。刚过凌晨4点，厨师就在厨房里生火准备早饭。早饭通常是粥，可以搭配船里存储的饼干一起食用。5点，值班的船员会冲洗甲板并用磨石打磨，其他人则会拿

第四章 遥远的海岸

着扫帚,提着水桶,把甲板清扫干净。[1]

7点半之前,所有的吊床都要收好。8点船长会来检查工作,如果合格,水手长就会吹哨提醒大家吃早饭(水手长的哨声是船上生活的重要组成部分:相当于现代的广播系统,利用各种节奏来传达命令)。正餐一般安排在中午,包括硬饼干、咸牛肉、奶酪和汤之类的食物,还提供一份格罗格酒——每个人大概能有四分之一品脱的朗姆酒和水[2]。这时候,如果天空晴朗,利用太阳相对于地平线的最高点距离,就可以测量船所在的纬度。一天中剩余的时间充斥着其他各种任务——检查仓库和设备、操纵帆、洗衣服。晚餐会有更多的格罗格酒供应,人们会在小提琴的伴奏下,尽情地歌唱跳舞。

船上的舱室按照军衔划分,船长、军官和准尉的舱室靠近船尾,其他人的舱室则更靠前。船长的舱室跟整艘船齐宽。在船尾方向,船长可以享有五个采光口——也可以说是窗户——用来远眺,每个采光口大约有3英尺(91厘米)高,有两层四格窗框——一层框在内,一层框在外。从船长的住处向外依次是各军官的舱室:船的右舷靠近船长的舱室是外科医生和事务长的舱室,房间大约6英尺乘5英尺5英寸大小(1.8米×1.6米),房

---

[1] 早期帆船是木制的,出海时经常泡在水里,海上空气潮湿,长期处在潮湿的环境中,木质甲板受潮就会长出苔藓,变得光滑黏腻。这时就需要用又粗又硬的棕刷或砂质的石头在甲板上摩擦,把苔藓擦下来,再抹上桐油之类的防腐物质,防止人在甲板上滑倒。有的木质甲板会在潮湿的情况下被腐蚀,所以加勒比海盗或是普通水手都需要打磨甲板上被腐蚀的地方,再抹上桐油等防腐物质。因为出航的时候,淡水是稀缺资源,所以擦完甲板后只能用海水冲洗一遍。——译者注
[2] 格罗格酒,一般是1份朗姆酒兑4份水,有时还会再添加一些橙汁。——译者注

间的一个角落是盥洗处，另一个角落则是一张桌子，除此之外还有一个下面带抽屉的床；船的左舷有四个类似的舱室，三个由副官们住，一个由航海长住。旁边向前，是四间较小的单人舱室，分别为船长管家的住所、管家的茶水间、大副和副船长的住所。他们的房间里只有一个座位、一个柜子、一张旧桌子和狭窄的床位。右舷再往前是一些空间偏小的独立舱室，分别住着事务长管家、炮房管家和助理外科医生（他们的房间都有床位，但是没有盥洗处）。再旁边，是炮手长、水手长和木匠共用的一间餐厅和紧挨着的公共宿舍：有两个铺位和一张单人床。

两排舱室之间是军官餐厅，军官们在那里一起吃饭，由他们自己的管家服务，有时船长也去那里吃饭。军官们一般都会自掏腰包，确保他们的菜品比普通船员丰盛得多。家境殷实的人还能享受自己的葡萄酒和特供美食。事务长和助手都分别在他们各自的餐厅吃饭，也被称为炮房（gun-room）。船中部有一个梯子间和主舱口，在它们前方——也就是大约船的前三分之一处——是艏楼，这是一片开放的地方，可供士官、海军陆战队队员和水手吃饭和休息。除了军官和准尉外，其余的人都睡在吊床上。

他们会挤在存放备用帆的长帆箱两边，四个人一组地围在那吃东西。原本用来存放装备的箱子也会被水手们拿来当座椅用。

水手舱再往前走是厨房。最后，在船头的则是病房。从船的设计图来看，整艘船似乎只有两个带水箱的抽水马桶。它们位于船尾，两侧是两个鸡笼，再旁边是彩盒——用来放各种各样信号旗的整洁隔间。船里其他地方肯定还有厕所，但设计图上只标出了船长和军官的厕所。

第四章 遥远的海岸

总而言之，船上空间确实很小，除非是军官，否则几乎毫无隐私可言。不过，几乎所有的船都是这样，人口比较多的家庭在家里也会遇到类似的问题。海上生活的要点在于活动规律、清洁审慎、遵守命令和尊重长官。如果这几点被破坏，就会发生像布莱船长在邦蒂号（*Bounty*）[1]中所遭遇的兵变的风险。这也是为什么两艘船上的七名海军陆战队队员如此重要的原因（邦蒂号当时是没有海军陆战队队员的）。

一般来说，船上的人彼此之间相处得还算比较融洽。布莱恩·拉韦里曾引用温彻斯特号（*Winchester*）上一位牧师的话来描述——"船上的一个显著特色就是要维持一个愉快的氛围，这也有可能打扰到他人或者引起过度紧张，"不过他又补充道，"但不能简单地认为水手都是一群神经大条、行事鲁莽的粗人。与之相反，很少有男人会像水手般容易情绪化、抑或有深刻而严肃的思考。"在幽冥号和恐怖号上长时间的近距离相处，人们不可避免地会产生一些矛盾，甚至在某些军官之间亦是如此。1839年的平安夜，由于麦考密克的房间"已经摆满了各种政府要求收集的自然标本"，他不得不让副船长拿出去一部分放在船舱里，但首席副官伯德（他觉得一切跟科学有关的都很无聊），命令把标本抬回去，因为外面没有它们存放的地方。总的来说，产生这类分歧的时候很少，并非常态。

罗斯是航程的负责人，仍然属于王室的公务员，由政府支

---

[1] 邦蒂号兵变指的是英国武装运输船邦蒂号船员反对船长的哗变事件。——译者注

付薪水，必须严格遵守海军部下达的指示。航程的路线是经过精心安排的，是根据科学观测计划决定的，这是幽冥号的一个核心任务。他们的首要任务是前往能够测量地磁的地点以便进行测量。除此之外，还需要对洋流、海洋深度、潮汐、风和火山活动进行详细的观察。其他研究还涉及气象学、地质学、矿物学、动物学、动植物生理学和植物学等各学科。船员们被明令禁止一件事，即不允许参与与幽冥号最初建造的缘由（即战舰）相关的活动："在远航期间，如果英格兰与任何其他国家发生冲突，你们要必须清楚地知晓，任何情况下都要避免发生任何冲突行为；探险队虽然装备齐全，但其唯一的目的就是科学发现。"

以前，幽冥号曾横渡比斯开湾，但这一次它幸运地没遇到比斯开湾那臭名昭著的坏天气。"在穿过比斯开湾的时候，我们没能遭遇猛烈的风暴，所以没有机会测定海浪的高度。"罗斯的记录中竟带着些许遗憾。而恐怖号就没那么一帆风顺了，自从因风暴与幽冥号在德文郡海岸分开后，它的处境就十分危险。根据康宁汉中士的备忘录，当时有三名船员一直在拉着艏帆斜桅——那是一根可以安装额外帆的桅杆——他们"因为船身剧烈地晃动而险些丧命……拉艏帆斜桅的船员们甚至会完全沉在水下"。恐怖号耗时四天才在第一个停靠港追赶上幽冥号——这对远航来说可不算是一个好兆头。

出发将近一个月后，也就是10月20日，这两艘船抵达了它们的第一个停靠港——马德拉岛（Madeira），该岛离非洲海岸约550英里（885千米）。探险队在这里开展了多次测量，包括马德拉岛的最高点——峰鲁伊峰（Pico Ruivo）。来自美国探索队的查

第四章 遥远的海岸

尔斯·威尔克斯上尉（和罗斯一样，也是南极冒险的领军人物）最近完成了自己的测量结果。不过罗斯惊奇地发现，威尔克斯的测量结果与自己的结果存在约140英尺（42米）的误差："起初我们认为这两次科学测量结果本应是严谨、接近的，但实际误差却大大出乎意料。"在后来的航行中，罗斯有了更充分的理由对威尔克斯上尉所收集的数据提出质疑，同时对他的态度也有所转变，变得不再那么客气。

幽冥号在丰沙尔（Funchal）①停留了十天，但船员们却没闲着。他们多次乘坐辅助船，从镇上运送回补给。外科医生麦考密克专用其中的一艘，与当地男子缪尔先生在岛上一起进行了多次徒步探索。

10月31日，两艘船起锚驶向加那利群岛（Canary Islands）。一路上都安然无事，不过罗斯记录了他们通过拖网发现的一类全新的微生物，他兴奋地记载道，"这种生物是构成海洋动物生存的基础，它们会因为受到干扰而发出磷光，使得船在黑夜里通过水面时产生的轨迹会散发出令人赞叹的光芒。"而之前他们在特内里费的圣克鲁斯（Santa Cruz, Tenerife）时不曾遇到类似的情况。据康宁汉记录，当时最有趣的一件事竟然是将"一头活牛"吊到了船上。不过从他对下一个岛屿所做记录可以看出，这些看似天堂的岛屿并不像表面那般平和宁静。康宁汉也许能在圣加戈岛（St Jago）买到"好酒"和橙子，不过他的记录表明，这里的居民"曾经可能都是奴隶"，这提醒着人们这种骇人听闻的奴隶

---

① 丰沙尔属于马德拉群岛下辖地区。——译者注

贸易阴影一直笼罩着这片地区。在大英帝国虽然奴隶贸易自 1807 年起就被视为非法，但奴隶制本身直到 1833 年才被真正取缔。当幽冥号和恐怖号来访时，皇家海军仍在西非海岸的附近海域巡逻，拦截贩卖奴隶的船只——这些船只就像战争一样令人憎恶。克里斯托弗·劳埃德在他的《海军与奴隶贸易》(*The Navy and the Slave Trade*) 一书中描述了在 1821 年一位军官登上一艘奴隶船时，发现甲板下挤满了被当作货物的人，他们"紧贴着格栅只为呼吸到一些新鲜的空气，吐露得舌头干裂，为了能多喝到几口水而互相争斗，他们用手指着自己干瘪的肚子，被饥饿威胁的恐惧感一览无余"。

随着行程逐渐接近赤道，幽冥号和恐怖号进入了东北信风和东南信风交替处的低纬度地带。"时而是狂风骤雨，时而是平和微风，"罗斯记录道，"大气被雷电所充斥，散发着令人窒息的热量，整段航程充满危险，令人厌恶。"如果罗斯在他宽敞的船尾船舱里都会感到不适，可想而知，那甲板下的情况该有多糟糕，即便舱门是开着的。

1839 年 12 月 3 日，恐怖号比幽冥号先一步跨越赤道。这是威廉·康宁汉第一次跨越赤道，他的船员同伴们打扮成海王及其随从，并让他这位"新人"接受跨越赤道的传统仪式，后来这件事被他记录在了日记里：

我被迫坐在理发用的椅子上，被人用油漆刷恶搞似的乱刷，刷子上还沾着肥皂泡——泡沫里包含船上能搜集到的各种令人恶心的东西（甚至还会有粪便）。发动机引擎全程持续在我脖子后

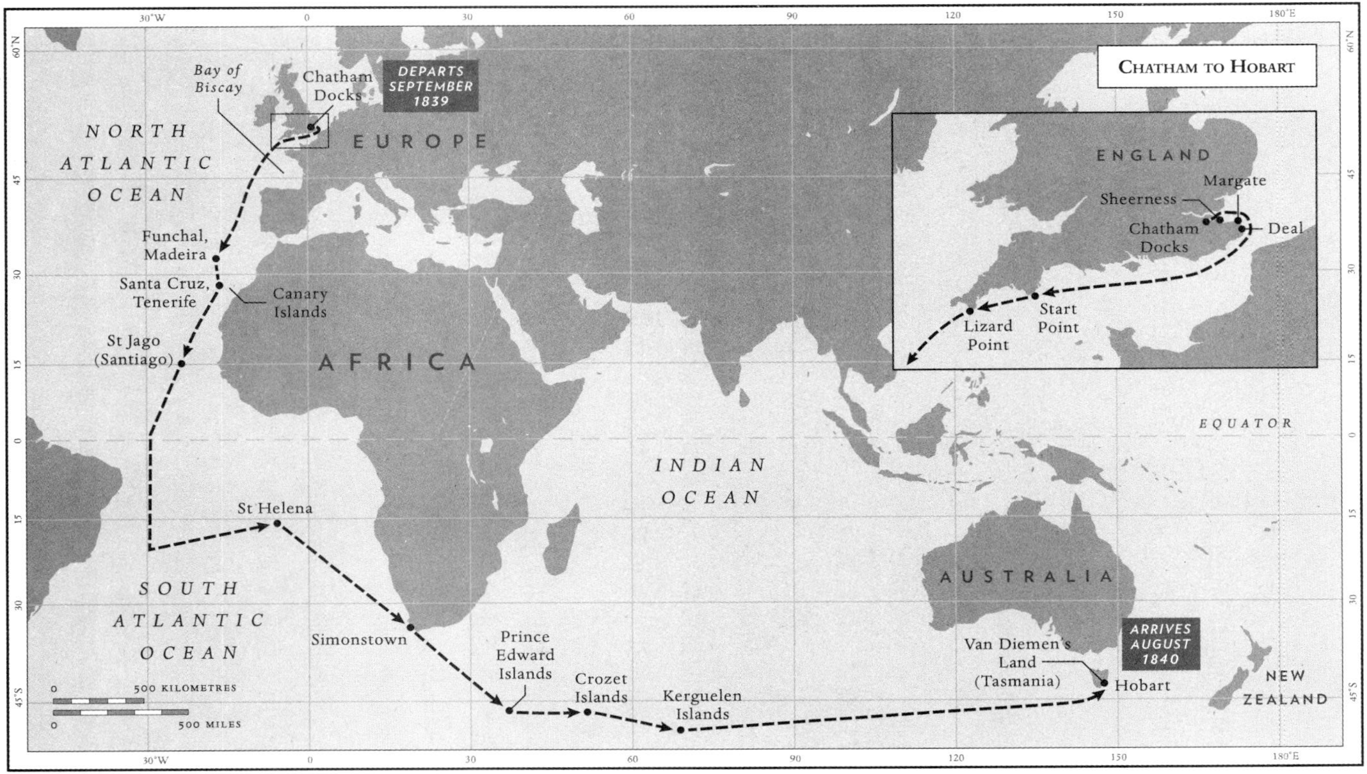
CHATHAM TO HOBART
DEPARTS SEPTEMBER 1839
Chatham Docks
Bay of Biscay
NORTH ATLANTIC OCEAN
EUROPE
Funchal, Madeira
Santa Cruz, Tenerife
Canary Islands
St Jago (Santiago)
AFRICA
St Helena
SOUTH ATLANTIC OCEAN
Simonstown
Prince Edward Islands
Crozet Islands
Kerguelen Islands
INDIAN OCEAN
EQUATOR
AUSTRALIA
Van Diemen's Land (Tasmania)
Hobart
ARRIVES AUGUST 1840
NEW ZEALAND
ENGLAND
Margate
Sheerness
Chatham Docks
Deal
Start Point
Lizard Point
0 500 KILOMETRES
0 500 MILES
30°W
0
30
60
90
120
150
180°E
60°N
45
30
15
0
15
30
45°S

方全力运转。在被铁箍刮干净后,我又被抛到海里,而此时船正满帆航行……我在水里狠狠地折腾了一番……让我很高兴的是,在此之后,还有近30人也经历了类似的仪式。

中午,他们开始准备"拼接主帆索",[①]"饭后,大家举起手尽情地舞蹈和玩耍"。

离家后的第一个圣诞节,他们秉承传统,举行了热烈的庆祝活动。在祷告和罗斯船长训话之后,13位军官坐在炮房里享受节日晚餐,包括豌豆汤、烤火鸡和火腿、欧洲萝卜、梅子布丁和南瓜馅饼。两天后,他们早餐吃了新近捕获的海豚。五天后,幽冥号船上的所有人"站在甲板上,随着小提琴的音乐翩翩起舞",回首那即将成为过去的十年。恐怖号上,午夜钟声敲响时,克罗齐尔船长让水手长召集全体船员"拼接主帆索"。"我必须承认,"克罗齐尔写道,"我从未见过这么洒脱自在的人。"小提琴手奏起了《统治吧!不列颠尼亚!》,舞蹈和欢庆一直持续到凌晨2点才结束,他们欢迎19世纪40年代的到来:"这一切在所有人的热情欢呼中结束。"

* * *

这次探险看似一帆风顺,但进度实则很慢。

由于经常需要进行比对观察,两艘船不得不频繁绕行。它们在12月7日越过地磁赤道,这时罗斯注意到他的福克斯磁倾仪

---

① Splice the mainbrace,这是海军发布的一种命令,最初是一项在船上进行的最困难的紧急维修工作,后来演变成了授权在事后庆祝饮酒的委婉说法,也演变成一种特供朗姆酒的名称。——译者注

第四章　遥远的海岸

（一种用来测量地平线和地球磁场之间夹角的装置）上的指针处于完全水平状态，他感到非常满意。他曾看到它在地磁北极的时候向上指，假若这次探险成功，他们到达南磁极时，会看到指针直接向下指。现在的观测结果表明，他们处于或紧挨着最小强度的磁场线：赤道低磁带。罗斯热衷于探索这一现象，因此他不断地在这条线上折返，航行路线一直很曲折。直到他们于1840年1月31日在圣赫勒拿岛（St Helena）登陆，水手们（那些对科学不感兴趣的人）才最终如释重负。

这正是拿破仑在滑铁卢战败后被囚禁的监狱所在地。考虑到他曾经从厄尔巴岛逃出来过，人们认为这个位于大西洋中央的小岛是世界上最安全的禁闭地。而事实也是如此，十多年前拿破仑已在此地去世。

麦考密克一向喜欢出游，他牵了一匹马跑上山，看看拿破仑究竟是在哪儿度过了他最后的人生。这位伟大的法国皇帝曾被迫住在不符合其身份的地方，比如"布里亚斯平房"（"The Briars"），后期他才被安置在更为宏伟的郎伍德别墅（Longwood House）。麦考密克发现朗伍德别墅如今已被遗弃，破败不堪。他沮丧地在日记中写道："拿破仑的桌球室现在长满了有芒小麦。"在拿破仑曾经的起居室里，他发现了一台打谷机。带着几分敬畏和遗憾，他继续在那幢破旧的房子里穿行。"这个房间直通卧室，赫赫有名的拿破仑就是躺在这里的第二扇窗户下面，咽下最后一口气的。"人们几乎可以想象到当时他的声音逐渐微弱的过程。第二天，他去了拿破仑的墓地，鸭子在周围"很不恭敬地摇摇摆摆"。

与此同时，对约瑟夫·胡克来说幽冥号是一个很好的所在。"我在这里非常开心和舒适。"在给父亲的信中他写道，"也有很多事需要忙碌。"出于对科学有着共同的兴趣，胡克和罗斯相处得很愉快。船长特意在舱室里腾出空间来放置他的一些植物。"船尾窗下有一张桌子是完全属于我的，"一封写给姐姐的信让我们得以略知他和船长的亲密程度，"我几乎每天都会画画，有时画一整天，一直画到凌晨两三点，船长会在一旁指导我。晚上，他会坐在桌子旁，有时写点东西，有时计算，而我则坐在另一边画画。"罗斯曾下令将渔网挂在船外，以收集海洋生物——这是又一项对胡克的偏爱。"麦考密克根本不管它们，所以它们会被立刻送到我这里。"胡克对于探险进展得如此缓慢还是有些遗憾的。他并不责怪罗斯对于磁力线的痴迷，这一点并不奇怪。与之相反，他批评了幽冥号的姊妹船："恐怖号对我们来说是一个负担，我们需要时不时地缩帆减速才能让它加速赶上来。"

在这段时间里，恐怖号似乎是两艘船中更放松也更冲动的那一个。康宁汉在日记中记录了当天的高光时刻："下午杀了一头公牛，扔到海里的内脏吸引到一条鲨鱼。晚上 10 点左右，我们用钩子和牛肚做诱饵成功打捞到它。它被拖上船时，剧烈挣扎。是一条蓝色、长 9 英尺 5 英寸（2.9 米）的鲨鱼。"次日他写道，"解剖了杰克·鲨鱼先生……船上的每一个人都大饱口福。他的肉白得像牛奶，非常漂亮。"第二天"风和日丽……鲨鱼最后的一部分肉被用作晚餐，吃掉了"。直到 2 月 26 日，他们又落在了后面，但康宁汉似乎并不在意这些。"今天的后半段时光一直无事发生，"他记录着，"但是心情一直特别好——无法解释的愉快。"

3月6日,当幽冥号上的人在进行一次常规的水深测量时,发现测量绳下降了整整16000英尺(4800米),这是迄今为止在这趟航行中所记录到的最大深度。随着离好望角越来越近,罗斯的日记频繁记录了看见信天翁的信息。信天翁是大洋里最大的海鸟,双翼展开可达10英尺(3米),时速可达50英里(80千米)。3月11日,由于雾太浓,恐怖号不得不发射大炮来确定幽冥号的位置。幽冥号也发射了炮弹回应。随即海面出现一阵惊涛骇浪,康宁汉说这是"我们出海以来所遇到的最猛烈的浪",两艘船再次失散。这次,恐怖号并没有落后。它比幽冥号提前了整整24小时到达了好望角的西蒙敦(Simonstown)。

13日,也就是星期五的黎明时分,麦考密克记述了他在甲板上看到桌山(Table Mountain)时的激动心情,那是一种只有地质学家才能体会到的心情。"凌晨5点40分。我在船首左舷方向看到了桌山……从海上远望,花岗岩基座上是层次分明、一直汇聚到山顶的白色硅砂岩。"明信片般的景象。

西蒙敦海军基地位于开普敦以南几英里的西蒙湾西岸,最初由荷兰人建造,18世纪90年代时被英国人接管。他们在海湾暂时安顿后,罗斯就着手组织建造一个磁场观测台,麦考密克则沿着分层的白色硅质砂岩攀爬,参观了康斯坦西亚葡萄园(Constantia vineyards)。约瑟夫·胡克在写给父亲的信中提及两位外科医生之间的关系。"麦考密克和我是非常好的朋友,我们之间不存在互相嫉妒的情况……他只对射鸟和收集石头感兴趣。无论愿意还是不愿意,我都要当博物学家,因为我太喜欢船长的舱室，我没有什么特权，我对现状已经非常满意了。"

海军陆战队康宁汉中士遇到了一个长期困扰海军的问题：逃兵。能力出众的海员科尔斯顿和华莱曾尝试逃跑，后来被警员发现带回（这两个人后来被证明是惯犯——几个月后他们在霍巴特又跳船了）。尽管整个航行过程很艰苦，但在他们探险的四年里，其实很少有人逃跑。这可能是因为他们得到了较好的照料，而且工资也比较丰厚。但不得不说，潜逃率通常可以反映周边地区的舒适程度。1825年，英国皇家海军布洛瑟姆号船长比奇曾记录，有14名船员在里约热内卢潜逃。但在南极洲，人们肯定不会有跳船的心思。

不过，康宁汉确实决定放假休整一段时间。3月的最后一天，他跑到岸上找乐子去了。"那群'人型猛兽'……以每人一夸脱（两品脱）的速度消耗着啤酒，最终引发了阁楼的闹剧。"在所有醉酒的委婉说法中，我认为"阁楼的闹剧"是最富有诗意的一个。1840年4月6日，在此逗留了三周后，探险队决定离开西蒙敦。参照康宁汉日记的记录，当时其实已经有些延误了。大伙喝完啤酒，上岸休息了三天后，有三头"巨型"公牛被抬到船上来。其中一头脾气很暴躁，顶伤了埃文斯先生的大腿。无独有偶，当天晚上康宁汉报告，"今晚头班的值班很麻烦，因为有几个船员喝醉了。"是时候再次出发了。

出港驶向大海，他们偶遇了梅尔维尔号（*Melville*），这是——西蒙敦站总司令、海军上将埃利奥特的舰船。经过时，船员们爬上帆索热情欢呼了三次。相比之下，大自然就不那么友好了。猛烈的西风袭来，致使恐怖号被抛在后面，并不得不被拖着出港。

第四章 遥远的海岸

抵达公海时，恐怖号已经看不见幽冥号。尽管它发射了炮弹，并整夜点燃蓝光，但恐怖号依然没有收到任何来自幽冥号的回应。

南非海岸的水手对这种恶劣的环境已经比较习惯了。在印度洋和大西洋交汇之处，有一处延绵 200 英里（320 米）的大陆架，这里被称为厄加勒斯浅滩（Agulhas Bank），罗斯形容此地为"海上混乱之地，海风可能会从任意的一个方向吹来"。为了避开该处，他指挥着幽冥号往南走，两个珍贵的海水温度计从锚索上被撕扯了下来，失灵了。前方还有一段漫长的航程，他们将向东前往塔斯马尼亚岛（Tasmania）——正式名称为范迪门斯地，还需要跨越 6000 多英里（1000 千米），横跨世界上暴风雨最猛烈的海域，当时那片区域按照纬度划分被称为"咆哮西风带"。

由于没有陆地阻挡，凶猛的西风带持续在西大洋上无情肆虐，海风咆哮，巨浪滔天。这也不都是坏处。卡蒂萨克号（Cutty Sark）曾借狂风在 80 天内完成了从伦敦到悉尼的航程，当然也是克服了重重危险。对罗斯来说，他所面临的挑战截然不同。他的任务是进行科学研究和勘测，这要求他不能顺风疾行，而是不断地逆风考察途中岛屿。这几乎是不可能的。他们只来得及匆匆看一眼爱德华王子群岛（Prince Edward Islands）海岸，紧接着就被一场骇人的暴风雨吹走了，根本不给他们上岸的机会。麦考密克惊讶地发现有一处小海湾"挤满了企鹅，没有一丝缝隙"。

大自然的力量是惊人的，即使对像幽冥号船长这样常年出海的人也是如此。罗斯经历了"此前从未见过的瓢泼大雨……伴随着震耳欲聋的雷鸣和摄人心魄的闪电，这场大雨持续了十多个小时"。

这让船舶的抗灾强度和船员的技能受到了最严峻的考验，当时的风力已经达到了10级，风向还在持续改变，整艘船一直在粗暴地变向，以至于"我们一整晚都在焦虑中度过，并时刻期望着那些拍打过船身的破碎的浪花，或许能让我们的船冲出去，又或许我们的船能在这接连不断的冲击下幸存下来……有些桅杆应该已经折断了"。

令人惊讶的是，在这个风暴肆虐的地区，竟然还有人在那里捕捞。罗斯受命给猎杀海象的猎人送去补给，他们被困在克罗泽群岛的一个附属岛上。狂风极力阻止着幽冥号抵达小岛，罗斯费了好大的劲儿才设法调头向西航行。由于船只无法靠岸，他们在离岸边不远的地方抛锚停靠，六名捕捞者出岛迎接。罗斯对他们没有什么深刻的印象。"他们看起来更像爱斯基摩人，不像来自文明社会……他们的衣服就好像浸过油一样，气味难闻。"麦考密克就显得没有那么挑剔。他形容希克利先生——被困的猎杀海象的人——"是一位很有男子气概的领袖，装扮上也是一个很典型的'鲁滨逊式'人物"。对年轻的胡克来说，希克利相当厉害，"就像某位来自非洲的王子，脏得出奇，举止却非常独立绅士"。幽冥号留给被困者一箱茶、几袋咖啡和一封来自雇主的信，麦考密克记录道，"这封信似乎让他们很失望……他们显然是在等待一条船，而不仅仅是新的补给品。"

罗斯谨记海军部的指示，继续前往他们的下一个正式的目的地。地磁观测又一次成为了这次选择的主要原因。"克尔盖伦群岛（Kerguelen Island）很可能是进行地磁观测的不错选择。"海军部大臣如此表示。这地方肯定不太适合做很多其他事情。克

第四章 遥远的海岸

尔盖伦群岛由法国人伊夫-约瑟夫·德·克尔格伦·特雷马雷克在1772年首次发现。它们的确很遥远,"距离任何文明都有至少2051英里(3300千米)远"("任何"这个词很吸引人),常年被冰川覆盖。在这个足够遥远的南方,罗斯记录了探险队第一次看到南极冰层的情景。库克船长将克尔盖伦群岛命名为"荒凉之岛"——这一点也不让人觉得意外。

当幽冥号抵达这个荒凉之地后,麦考密克在1840年5月8日的日记里记述了一个悲伤的故事——幽冥号最小的成员死亡。老汤姆,一只公鸡,和另一只母鸡一样都来自英国,肩负着殖民的使命踏上征程。现在它们抵达目的地——在遥远的岛屿上输入新物种。"老汤姆……今天去世了,"他写道,"就在它本次航程的目的地;船长的管家将它的尸体投入深海——水手的坟墓。"

当他们来到克尔盖伦群岛的拱形岩石处准备着陆时,传来好消息。他们发现了恐怖号,这是一个月以来第一次见到恐怖号。汹涌澎湃的大海的力量如此之大,以至于幽冥号花了三天时间才进港,在此期间还进行了22次航行策略调整。然而又过了一天,它才等到恐怖号。之后又花了两天时间,两艘船才都调整船头到达港口,在那里他们终于可以安心放下船锚,用小船载着建造观测台的材料上岸。

国际社会已经规定了几个特定日期为地磁同步测量日,或称观测日。罗斯一直保持谨慎,确保自己无论在哪里,都能准备好仪器,以记录当地的磁场活动,同时地球上其他地方的人也会记录自己的发现。这就要求测量设备需要有着安全可靠的外壳。为此,他们在圣诞港(Christmas Harbour)的海滩上建立了两处观测台，一处是地磁观测站，另一处是天文观测站，正好赶在下一次观测日 5 月 29 日和 30 日之前完工。各方协同工作后，大家都非常兴奋。因为人们发现在克尔盖伦群岛上观测到的磁场活动与在多伦多观测到的结果非常相似。多伦多与此纬度相同，只是在地球的另一端。

约瑟夫·胡克在克尔盖伦群岛则遇到了不同的挑战，让他倍感兴奋。之前库克船长探险队只发现了 18 种植物，胡克这一次在一天内就发现了至少 30 种。即使在无法出门的时候，他也能在狂风中自娱自乐。"虽然我在船上被吹得晕头转向，但其实这些日子我的心情是难以名状的快乐……尽管船摇摇晃晃的，我还是为你们所有人画了画。"这是他写给家里的信。最令人兴奋的是他发现了一种神奇的蔬菜——克尔盖伦甘蓝，这是一种生长在克尔盖伦群岛上的卷心菜，被库克船长的植物学家安德森先生鉴定为一种对于水手们来说很神奇的食物。它有着尝起来像芥末的根和像水芹一样的叶子，并且具有很强的治疗坏血病的特性。在库克的探险记录中，水手们食用它长达 130 天并且从未有导致疾病的迹象。于是罗斯的探险队直接将这种神奇的卷心菜拿来食用，得到了普遍认可。康宁汉就是其中之一，很明显他十分喜欢这种菜。"非常喜欢甘蓝的味道。"

1840 年 5 月 24 日，为了庆祝维多利亚女王 21 岁的生日，他们鸣放皇家礼炮向女王致礼，晚上享用了梅子布丁、腊肉和双倍供应的朗姆酒。第二天，逐渐肆虐的暴风雪再次无情地提醒他们此时离英国的夏天有多远。夜幕降临时，康宁汉写道，一阵"席天卷地的飓风"刮过。"今晚遭遇到前所未有的猛烈狂风。"

第四章 遥远的海岸

外科医生麦考密克和胡克一样喜欢克尔盖伦群岛，但这份喜爱更多地是从地质学的角度出发的。"我认为，这里和位于南半球的斯匹次卑尔根岛一样，都是我有幸到过的最引人注目、风景如画的地方。"他在日记中热情地记录着，尽管"北极岛和南极岛都没有树木或灌木……显得这些地方不够生机勃勃"。让麦考密克感到兴奋的不是在这个孤岛的黑色玄武岩上的发现，而是那些几千年前遗留下的东西。"整片森林……埋藏广袤的熔岩流层下的树木化石。"他对此感到非常惊讶，在残骸下面发现了一块周长达 7 英尺（2 米）的树干化石。他却对此感到很困扰，因为他很难解释这一现象。回到英国后，他曾一度沉迷于在北德文郡石灰岩中发现的珊瑚和其他形式的热带生物。现在，他对埋葬在克尔盖伦群岛的针叶树森林也同样感兴趣，毕竟现在岛上已经没有树木了。"我很好奇它们怎么可能会出现在那里。"直到又过了 70 年，阿尔弗雷德·魏格纳大胆地提出大陆本身可能会随着时间推移而移动。50 年后，板块运动理论才最终得以被证明。

至于岛上的那些野生动物，麦考密克似乎主要将它们用作射击练习的靶子。在他包罗万象的日记中，每一页都充斥着惊叹与绝望，他赞叹于上帝创造出的各种神奇生物，也因此射杀它们。5 月 15 日，他认出了鞘嘴鸥，一种栖息于南极的海鸟，那是一种"独特而美丽的鸟……非常勇敢和自信，[它] 似乎是这座岛上特有的，它是如此迷人、如此充满活力的存在，特别是对于像我这样的鸟类爱好者"。第二天，又有一个简洁的记录："我猎到了人生中的第一只鞘嘴鸥。"一个星期后，他陪同罗斯船长组建探索队，"射杀了五只水鸭和燕鸥，然后返程……当时是下午 5

点。"次日,"我射杀了一只巨大的海燕……当时还有一只年幼的黑背海鸥在我头顶掠过。"5月30日,"我正准备上岸,从小艇上射杀了一只黑背海鸥,在登陆点又射杀了一只海鸥。"当天的工作还没有结束,在去观测台拜访了罗斯船长后,他在返程的路上又"射杀了两只鞘嘴鸥、两只巨大的海燕、两只鸬鹚和一只绕着陆点飞行的水鸭"。

麦考密克热爱挑战,但在一次陆上探险中,他的冒险精神让他差点丧命。在一次矿物考察中,麦考密克在背包里装上了"一些优质的石英晶体标本……总共有大约50磅重",夜幕降临时,他发现自己被瀑布般的暴雨截断去路。于是他放弃背包,来到一个悬崖的底部,他意识到自己已经无法返回船上。"夜晚的黑色袭来,"他后来回忆着,"只有水面时不时泛光才会稍微舒缓人的神经,急流向上的水流喷射出泡沫般的浪花,可怕的阵阵阴风伴随着瓢泼大雨,再加上悬伸突出、令人不安的黑色悬崖,糅杂出最疯狂的画面。"当他最终回到船上时,船上的人给他端上了茶点,还有很合时宜的——炖鞘嘴鸥,那是"我不在的时候,那些体贴、善良的船员特意抓的"。

在拥挤的船上,制定活动计划是生存的关键,尤其在荒凉、不适宜居住的地方,那里很容易让人失去目标感。罗斯船长总是确保每个人都有工作要做,包括建造和操作观测台。当然,从个人的角度来看,显然这次探险的迫切的科学诉求——无论自然史、动物学、植物学还是地质学方面——深深地激励着像麦考密克和胡克这样的人。

若要知道普通海员的内心,只能通过康宁汉中士的日记了

第四章 遥远的海岸

解。他的日记记录了人们在恶劣的条件下每天竭尽全力工作的悲惨画面。他们在克尔盖伦群岛上度过了68天，其中有45天都在刮大风。当暴风或者雨雪降临海港时，他们需要努力地将岸上的设备搬回船上。在康宁汉中士的记录中，最令他心满意足的是某一天他射杀几只鸬鹚并烹煮了它们，他的日记洋溢着"饱餐一顿"的满足感。7月19日星期日，他的记录可以代表大多数的日子："高寒刺骨，上午进行了礼拜。这一天和以往一样，依然是一个人在船上度过的悲惨的礼拜日。"

好在这是他在克尔盖伦群岛的最后一个星期天，次日清晨，7月20日，在被狂风困住几天之后，幽冥号和恐怖号终于从这个被罗斯称为"最枯燥、最令人讨厌的港口"中解脱出来。约瑟夫·胡克试图从更乐观的角度看待这件事情，虽然并不令人信服——"对于离开圣诞港，我感到很遗憾：为了精神追求，一个人可能会对世界上最悲惨的地方产生依恋。"这显然不是一段适合用作旅游推广的文字。

如今，克尔盖伦群岛是南法国和南极大陆的一部分，只有从留尼汪（Réunion）岛乘船才能到达，留尼汪岛每年有四次通航。常年居住在这里的只有科学家。一切早已物是人非。

对于恐怖号和幽冥号的船员来说，圣诞港可能是沉闷而令人感到不愉快的，但它至少提供了一个庇护之处。而现在，他们又回到了广阔的海洋，再次面对咆哮西风带的各种摧残。日复一日、只有接连不断的起伏颠簸、地平线上若隐若现的冰山，以及超过15个小时的黑夜航行，航海长和舵手为了保持航行承受了巨大的压力。

在无情的瓢泼大雨和无休止的颠簸中，恐怖号很快又从视线中消失了。两艘船之间的差距一直令罗斯耿耿于怀。他相当不耐烦地记录着，不得不一边催促幽冥号减速航行，一边寻找它的姊妹船，"这给我们造成极大的不便，由于没有足够的帆稳定，这艘沉重的船一直晃得很厉害"。最终，他放弃了，让幽冥号独自继续前行。

十分讽刺的是，在一个难得的好天气里竟然发生了一件不幸的事情。那天船员们正忙着收拾东西，有人在绳索上展开帆晾晒，水手长罗伯茨先生被一个晃动的支帆索击中。据一位目击者回忆，他被"直接甩到了船外"。人们立即扔下了救生圈和几只桨，但当时船正以6海里（11千米）的时速行驶，他很快就被落到了船尾后面。人们又准备放两艘小快艇入海营救，但由于快艇之前为了抵御风暴而被捆绑得太紧，解绑浪费了宝贵的时间。外科医生麦考密克目睹了整个悲剧，他当时正在后甲板上散步，"我最后一次看到他时，他正在一个浪头，当时有一两只巨大的海燕在他的头顶盘旋，可能打算用它们有力的翅膀或锋利的喙攻击他，转瞬间他便消失在了海浪之间。"

一艘救援船被横浪击中，四名船员被直接抛到水中。他们中大概没有人会游泳，因为当时水手们有一种迷信，认为学游泳会带来厄运——我们现在必须承认这种想法是有问题的。如果不是幽冥号的大副奥克利先生和另一艘救援船上的炮手阿伯内西先生反应敏捷，这次营救行动可能会导致更多的人溺水。他们果断决定将船往回赶，并设法把四个人从波涛汹涌的大海中救了出来，他们"完全被冻僵了，已经神志不清了"。这艘超载的快艇沿着

第四章 遥远的海岸

主船的方向行驶,海水一直不停地向快艇内灌,直到最后被拉上船。

人们找到了罗伯茨的帽子,但也仅此而已。水手长对于一艘船的正常运转是至关重要的,他的死令每个人都悲痛万分。他的哨声和那句"全体集合!"就像船上的钟声一样已被人们所习惯。这支探险队在出行一周年之际遭遇了第一例人员伤亡。

8月12日,他们瞥见了云雾缭绕的海岸线。海图和六分仪读数表明,他们即将抵达新荷兰的西南地区(现在的澳大利亚西部)。人们心中充满希望,认为最坏的情况已经过去了,但破坏力最强的风暴还在后头。次日,他们遭遇了前所未有的猛烈暴风雨。船只被整个吞没,主桅帆被凶猛的狂风刮得粉碎,支桅帆也被扯断了,只剩下原本用来挂帆的光秃秃的桅杆。"那庞大而高涨的海浪如同绿色的巨山般从船尾席卷而来,"麦考密克回忆说,"我们面临着随时被吞噬的危险,浪潮从船身右舷袭来,淹没了四分之一的甲板。我被淋得浑身湿透,需要紧紧地抓住后桅杆和其他一些装置才能避免被冲到海里。"他绘声绘色地描述了船长在甲板上用绳索固定身体,不畏风雨的情景,让人不禁想起了《白鲸》(*MobyDick*)中的亚哈船长:"罗斯船长在尾舷上风处,将后桅上桅帆的升降索缠在身上三圈以固定身体。"随后,风势虽然减弱,但海上依旧波涛汹涌。次日,舱口盖上一整天都钉着木板,"炮房里点着蜡烛"以驱散甲板下的阴郁。

8月16日晚,在一轮明亮的满月下,罗斯的记录让我们终于可以松下一口气,"我们看到了前方的塔斯马尼亚岛"。

1840年的霍巴特,这里常住居民包括自由移民和罪犯。同年8月,幽冥号的到来在当地引起了极大的轰动。

第五章　南部家园

2004年，我在塔斯马尼亚旅游期间看了马修·克奈尔的《英国旅人》(*English Passengers*)。马修在书中描述了19世纪中期移民到达塔斯马尼亚岛的故事，内容细致精彩且不失黑色幽默。这本书有力控诉了维多利亚帝国切实存在的僵化与残酷，但维多利亚帝国（的强盛）也鼓舞了诸如巴罗、罗斯、萨宾、明特、梅尔维尔、冯·洪堡、赫歇尔还有这群主导幽冥号并实现自我价值的伟大的人们。他们充满智慧，富有求知欲，在启蒙精神的激励下去探索和发现，去拓宽知识的边界。他们深信，只要测量、追踪、计算和记录得越多，对人类的益处就越大。这种使命感也透着一种潜在的优越感，如果滥用这种优越感，这份自信就会助长英国的阴暗面。最能凸显出维多利亚时代的英国光明与黑暗并存的地方就是自治殖民地。在离开开普敦的三个多月后，幽冥号抵达了英国的殖民地之一——范迪门斯地，这里有43000人，其中14000是罪犯。

幽冥号驶进风暴湾（Storm Bay），随后经过铁壶灯塔（Iron Pot Lighthouse），进入德文特（Derwent）河河口。船上都是各行各业的精英翘楚，有人精通海上航行，曾穿越过地球上最危险的水域；有人在他的箱子里或者说小隔间里装满了各种科学探索的成果。这片土地上，有成千上万的人被强制赶出了自己的国家，他们被判定为天生的罪犯，无法被救赎，也不允许改过自新。著名的拉格比学校校长托马斯·阿诺德就一直秉持着这种无情的态度，他还在一封信中毫不掩饰地表达："如果他们愿意带着囚犯去殖民，那我相信这种罪恶不仅会持续一生，而且会一直延续到下一代；任何罪犯或者罪犯的孩子都不应成为自由公民。这是上帝的旨意，我们无法改变，来自父辈的罪孽确实会导致血统的堕落并被继承。"这封信的收件人就是范迪门斯地的时任副总督约翰·富兰克林爵士。

1840年8月中旬，幽冥号驶往霍巴特港时，船长表达了他的欣慰，"宽阔而平静的德文特河两岸富饶而美丽"，与"我们最近离开的荒凉陆地和汹涌海洋"截然不同。麦考密克也在欣赏这里怡人的景色："通往霍巴特镇的路上真是风景如画。"而康宁汉中士的想法却截然不同："这就是范迪门斯地，我不禁想到……多少不幸的人也见过这里……他们满心绝望，预感到自己将在这个地方郁郁而终。他们被社会抛弃，被祖国抛弃，与妻子、父母、朋友分离，他们与这个空虚的尘世之间的一切联系都被阻断了。我对这种景象深恶痛绝，却也心怀感激之心，毕竟我已经比很多人都幸福多了。"

他们对于登陆的地方应该被叫作"范迪门斯地"还是"塔斯马尼亚岛"的争论一直持续到15年后才尘埃落定——1855年官方确认了塔斯马尼亚岛这个名字。不过，这里在更早之前曾有过另一个名字——鲁特鲁维塔（Lutruwita），这个岛名只有当地土著居民才知道，并且在当地已经沿用了一千年。不过，现在它是多余的了。随着罪犯的到来，土著居民被驱逐。罗斯探险队到达时，这种将原始居民驱赶出去的残酷行径已经基本结束了。那些存活下来的人被限制在北海岸附近的弗林德斯岛的一个土著传教所里，在那里接受英语教育。

霍巴特镇上那些受过教育的人——对英式生活方式了如指掌的人——早在南极探险队到达之前对其就有所耳闻。当地报纸对于这次探险的筹备工作一直抱有极大的关注。毕竟，这是自16年前殖民地正式建立以来，他们所见过的最大胆、最负盛名的事业之一。几乎每天都有人猜测这次探险的目的——寻找南磁极、发现新大陆、比以前任何人都要更深入南方——这些他们都有可能实现。《霍巴特镇速报》详细介绍了两艘船上最先进的仪器，尤其是那些被挖空的手杖，它们可以用来携带捕捉昆虫的网。"底部的卡套打开后，网就能被拉出来，随时可以使用。"报道称。

现在，一切都成真了。探险队来了。

8月17日星期一下午5点，幽冥号停靠成功。恐怖号已经提前靠岸，克罗齐尔船长和军官们登船，欢迎他们的姊妹船，与他一起登船的还有等候已久的家信。为了庆祝他们抵达，外科医生麦考密克带着他的同事们上岸，赶在表演结束前的最后一晚在皇家剧院观看了戏剧《罗里·奥莫尔》(*Rory O'More*)。罗里·奥莫尔是一位信奉天主教的爱尔兰英雄，是顽强对抗英国人的反抗者，英国人曾开出1000英镑悬赏他的人头。很快他的头颅就被送到了都柏林城堡示众，以威慑其他叛乱者。

对于约瑟夫·胡克来说，登陆没什么好庆祝的。他父亲寄来了一封黑边信，信中说，他的哥哥在西印度群岛传教时因感染黄热病不幸去世。

看到这两艘战舰安全地列阵停泊在德文特河河口，应该没人会比范迪门斯地的副总督更高兴了。约翰·富兰克林爵士因为能与他的朋友、探险家詹姆斯·克拉克·罗斯重逢而欣喜若狂。二人形成鲜明的对照。富兰克林年长14岁，身高仅有5英尺6英寸（1.7米），和蔼可亲；罗斯身材高挑，风度翩翩，总是一脸严肃。如果拍成电影，可以考虑由埃罗尔·弗林①扮演罗斯船长，毕竟他本人就是一位塔斯马尼亚人。

传记作者安德鲁·兰伯特曾说："1836年时，富兰克林已经50岁，当时他名声显赫，但身材肥胖。"他之所以待在范迪门斯地，是因为没有更好的职位可以选择。皇家海军的晋升遵循严格的制度，高级职位只有在任者去世后才能轮到其他人。名声和成功也不能帮助任何人晋升。因此，富兰克林船长四处寻找与他的才能、经验和福音派传教的身份相契合的职位。

他曾被任命为安提瓜岛（Antigua）总督，但他拒绝了。他选择范迪门斯地副总督这个更有发展的职位，主要是因为他觉得他有责任把自己的才能、成就和丰富经验投入到伟大的新殖民计划中；此外他强势的第二任妻子，珍——一位充满活力、待人友善、社交能力很强的女人，也觉得这对丈夫社会和政治地位的提

---

① 澳大利亚演员、编剧、导演、歌手。曾当过海员、拳击运动员，1909年6月20日—1959年10月14日，出生于塔斯马尼亚州霍巴特。——译者注

第五章 南部家园

高更加有利。

但是事情并未如预期。富兰克林爵士关于阻止罪犯流放到范迪门斯地以改善岛民的命运,但这一请求一直被殖民部无视,罪犯流放人数反而增加了。新南威尔士州(New South Wales)获得自治权后,分担了部分向南转移的罪犯。仅1842年一年,就有5663名罪犯被遣送到范迪门斯地。

更糟糕的是,富兰克林爵士并没有什么政治头脑,尽管他很受岛民欢迎,但他发现自己处于一种尴尬的境地——一方面要通过省钱来取悦殖民地政府,一方面要通过花钱来取悦殖民地居民。理论上讲,大部分政治重担都应该由约翰·蒙塔古承担。蒙塔古是一位能力出众、精明能干、雄心勃勃的官员,他在范迪门斯地工作多年。他的工作逐渐被珍取代,珍仗着丈夫对她的顺从,着手实施她认为对殖民地有利的事情,包括将政府资金用于她所热衷的项目,比如为男孩开设基督教学院、对罪犯进行教育,以及开展各种艺术项目。她的干涉使她与蒙塔古及其支持者成为死敌,他们称她是"穿着衬裙的男人"。正如地理学家弗兰克·德本汉姆所言,对于富兰克林夫妇来说,范迪门斯地是"一个有人享受属于拓荒定居者的自由和独立,有人被严苛的刑罚制度所限制束缚的地方,管理这样的地方,一定需要顶着巨大的压力"。但与约翰·蒙塔古为敌是一个错误,对珍和她的丈夫都会产生深远的影响。

珍·富兰克林觉得霍巴特镇缺少有影响力的人,而富兰克林爵士只是很单纯地想念跟他相同的人。珍在给父亲的信中详细描述了富兰克林一家迫不及待地开放政府大楼,迎接罗斯船长和他勇敢的军官们的情景："富兰克林爵士对罗斯船长和克罗齐尔船长的到来感到十分开心……"她写道，"他们十分珍视彼此之间的友谊，并如同兄弟一般亲热。大家都说，富兰克林爵士跟他们在一起的时候就像变了一个人一样，变得容光焕发、善谈、轻松愉快。"富兰克林夫人受邀登上了幽冥号，她注意到罗斯船长的船舱里挂着她丈夫的画像（一幅极好的肖像画：富兰克林身着制服，面带微笑，肩章像小瀑布般挂在肩膀两边）。回到陆地后，她对探险队的各个方面都产生了浓厚的兴趣，她邀请很多高级军官和初级军官参加当地的科学协会，她也积极参与其中，顺便询问他们的工作情况。当然，考虑女士们在场，某些礼仪必须注意到：比如有一次她就指出展示时如果"涉及有袋动物的幼崽在袋中的位置的图片和描述"，"作为绅士们，有必要离开图书馆先检查一下"。

这并不是说霍巴特镇的女士们都很拘谨。当时塔斯马尼亚的历史学家艾莉森·亚历山大就曾提到，这位副总督和他的妻子仅仅因为膝下无子，被当地人议论纷纷，谣言四起。某次在珍和约翰·富兰克林不在场的晚宴上，甚至有人煞有介事地说："那些退休的女士都好奇……富兰克林爵士怎么还没有子女。'哎呀，'其中一个人说……'你可不知道，我之前就听说他去北极的时候，他身体有的部位都冻伤了'。"

罗斯船长虽然在众多宾客中备受瞩目，但他可是一个珍惜时间的人。他明确表示目前最紧迫的任务是建立一个观测台，并让它运转起来。对此，富兰克林一家早就有准备，按照从英国寄来的方案，准备好了物资。第二天早上，罗斯和富兰克林找到了一

第五章 南部家园

处合适的地点。他们在政府大楼附近的一个小型采石场发现了一个很深的砂岩层,罗斯认为这是观测台的完美地基,因为砂岩没有磁性,不会干扰数据。当天下午,一支由200名罪犯组成的队伍开始了地基挖掘工作。

与此同时,幽冥号和恐怖号被转移到了上游一处安静的小海湾,这里远离港口的喧闹,并且离政府大楼很近。后来它被命名为罗斯湾,从那之后一直没有太大变化。我在2017年6月去过那里,时间比(当年)幽冥号和恐怖号进港早几个月,我在霍巴特镇待了几天,海港旁边有一排低矮且和谐的19世纪建筑。我入住的亨利·琼斯艺术酒店也是其中之一,墙壁用石头砌成,屋顶则是低调的红色。这些建筑都背靠海,外墙的规模和配色都十分惹人注目,清晨的阳光洒下,仿佛置身于威尼斯一般。墙上还残留着浓厚的油漆字迹:"亨利琼斯股份有限公司IXL牌果酱。"它曾经是霍巴特镇最成功的出口企业之一。"IXL"商标取自于该公司创始人亨利·琼斯的座右铭"我无所不能"的首字母(I excel at everything)。

该公司也实践了这一座右铭。来自塔斯马尼亚的水果罐头被运往世界各地,它们包装精美,标签鲜艳:精挑细选的桃子搭配美味的浓缩糖浆;"回旋镖"牌塔斯马尼亚特色苹果。后来英国加入了欧盟,停止了对亨利琼斯公司的贸易优惠,最终这家公司倒闭了。

为了抵达罗斯湾,我沿着忙碌的塔斯曼(Tasman)高速公路——连接霍巴特镇和机场——步行了大约半英里(800米)。我经常不由自主地停下脚步,拿出相机拍下一些引人注目的街头艺术作品——两个色彩缤纷的功能型接线盒，上面画有企鹅、海豹、信天翁和长发吸血鬼女郎。这是属于南极的时尚。在新旧艺术博物馆（MONA）空前成功的刺激下，霍巴特镇的艺术蓬勃发展。该博物馆位于德文特河上游几英里处的悬崖上，人工开凿出多层洞穴用于展出。

离开主干路，穿过停车场，我沿着一条与海平面平行的铁路爬了一段。同行的艾莉森·亚历山大对塔斯马尼亚岛的历史了如指掌，她攥着自己的手提包，示意我跟着她上铁轨。她让我放宽心，说这条铁路不经常使用。她支起铁丝栅栏，让我挤过去。我们沿着铁路线走了一段，又拐弯穿过一小片新种下的小树林，最后来到海边。"这就是罗斯湾。"艾莉森告诉我。"他们之所以选择在这里停泊，是因为，"她转身指着几处塔楼屋顶上的旗杆——正巧从树林上方探出来可以被看到，"这是他们能到的距离政府大楼最近的地方，方便卸货。"毋庸置疑，也方便罗斯和克罗齐尔去吃饭。

我在海边待了一会儿，尝试着想象 177 年前的景象。这么多年过去了，这里依然没什么建筑物，我对此感到很惊讶，因为这里离霍巴特市中心很近，而且这座城市看起来十分繁荣，生机勃勃的样子。这段狭长的海滩夹在河流和草地之间，满是松动的石块，当时的船载小艇会被拖到海滩上，方便运转船上物资，那时的海滩肯定和现在也差不多。在我身后，则是延绵不断呈守护状的威灵顿山脉（Mount Wellington），这座山在城市的西边拔地而起，海拔超过 4000 英尺（1200 米），是重要的地标。主港口在半英里（800 米）之外。棚屋、码头和新建的综合设施一直延伸到

第五章　南部家园

海岸边,其中包括一家高档酒店和一个新建的大型邮轮码头。19世纪40年代,这里曾热闹非凡。船只运载着罪犯和心怀希望的定居者来此,并将小麦和羊毛运出去。此外还有很多渔船和捕鲸船来往,因为这附近的海域有大量的南露脊鲸,成千上万只鲸在这里被捕杀。时过境迁,塔斯马尼亚人如今以环境保护者自居,捕杀鲸无异于在河口里挖油井。

如今,来往于德文特河的船只更多地是载着人们往返于MONA的双体渡船,或环游世界中的游轮。当然,也有向南航行的船只,霍巴特镇是澳大利亚通往南极的门户。抵达当夜,我便去码头边散步,并在一艘当代南极探险船的锈红色的宽阔船头下方逗留了一阵,那是一艘破冰科考船,名叫南极光号(*Aurora Australis*),拥有比幽冥号多三倍的空间。它停靠在码头上,看上去疲惫不堪。后来我才得知那个月它刚刚退役。

在罗斯湾后面不远处的斜坡上,有一座可以追溯到1856年的宏伟的政府大楼。当年,珍·富兰克林常在这里举办晚宴。她总是不厌其烦地夸赞罗斯船长,尽管偶尔也会有所批评。在给她的朋友辛普金森夫人的信中,她热情地表示:"罗斯船长有着一头狂野的浓密灰发!"但她失望地说,"他看起来比上次老了很多。"她从不怯于表达自己的想法。在罗斯参加的一次聚会上,她同样对一位当地人切恩上校的艺术天赋嗤之以鼻,她特别提到,"他还给我看那些可怕的政府大楼画作。"

正是那次聚会,罗斯一边喝着白兰地,一边向人们解释他的地磁观测台的重要性。他的观测台是将要在世界各地建立的18所观测台中的一个。他不遗余力地称赞海军部为这次探险所做的准备工作，他所提出的要求几乎都得到了满足。唯一令他失望的是，没能让他提议的候选人担任炮兵中尉，那是一位才能非常出众的人，名叫菲茨詹姆斯，他在地中海东部的恒河号（Ganges）担任炮兵时为自己赢得了赞誉。约翰·富兰克林爵士在餐桌上首连连点头，却不知几年后，他将会与菲茨詹姆斯中尉一起乘坐幽冥号，并从此一同下落不明。

罗斯班克观测台的建设工作无可挑剔，九天就完成了基础建造，有足够的时间用来安装 8 月 27 日和 28 日观测时所需的测量设备。

随着岸上工作的顺利开展，工作人员有了更充足的时间了解这个城镇。康宁汉中士很喜欢霍巴特镇。"这个城市的地理位置优越，气候宜人。和英国很像。"他写道，不过他还补充了一句警告："对于外地人来说，在这里交友时一定要特别谨慎小心，因为你不知道他是罪犯，还是自由人。"罗斯也十分放松，他允许水手们和驻军们在工作之余参加各种社交活动。例如，康宁汉经常与第 51 步兵团的卡梅隆中士一起，去剧院听音乐会，在营房玩套环游戏，或者去登山探险。虽然胡克觉得社交活动快变成了负担（"各种晚宴、舞会和聚会邀请都接踵而至"），但他的直属上司罗伯特·麦考密克显然乐在其中。到霍巴特镇的第一个星期，他就参观了一艘准备返回悉尼的澳大利亚邮船；在殖民地医院逐渐被人熟知；"有生以来第一次"品尝了袋鼠汤；在幽冥号上接待了一大批当地名流，包括来自押送罪犯的亚洲号上的医生温盖特先生、律师安斯蒂先生、医生贝德福德先生和部队检察官克拉先生，并一同在船上共进午餐。同一天晚上，麦考密克收到

第五章　南部家园

了一张邀请函，邀请他前往政府大楼用餐："20个人坐在一起进餐。"在那里，他又收到了另一份邀请函，来自另一位客人，住在德文特河对岸一处风景如画的处所，格雷格森先生。第二天，麦考密克对能再次亲近大自然感到高兴。"看见了几只鹦鹉，射杀了两只蓝山雀和一只往回飞的云雀。"

与此同时，弗朗西斯·克罗齐尔深深地爱上了富兰克林的侄女，她也是富兰克林夫人最信赖的朋友、知己兼秘书——索菲亚·克拉克罗夫特。可是，回应他爱慕之情的则是反复无常的讥讽，索菲亚甚至毫不掩饰表示自己更欣赏魅力四射的罗斯，而不是正派而坚定的克罗齐尔。她轻蔑地把克罗齐尔形容为"一个冷漠、刻板、可怕的激进分子"。富兰克林夫人也因此对克罗齐尔心生怜爱，她早已看出，他和这位多情善变的索菲亚之间注定是悲伤的结局。可怜的是，克罗齐尔自己没有意识到。

正当幽冥号和恐怖号的船员们纵情欢乐或者伤心欲绝时，船只本身也在被修补填缝、重新喷漆、粉刷甲板。一个新传来的消息让罗斯意识到他们正在面临竞争。

早些时候，（名字）前缀复杂的法国探险家儒勒·塞巴斯蒂安·塞萨尔·杜蒙·德维尔抵达霍巴特镇。英国人都叫他"杜杜"（"DuDu"），是一个传奇人物，由于在希腊发现了断臂维纳斯而出名。他虽然出身普通，却是一位热情的科学家和探险家。他声称自己不仅发现了维纳斯，还发现了南极大陆海岸。这让罗斯大为恼火。那家伙还声称，他的两艘船星盘号（*Astrolabe*）和热情号（*Zélée*）沿着海岸线航行了150英里（240千米），他和部分军官已经登陆上岸，宣称那里属于法国。他还以他妻子的名字将那片土地命名为阿德利地（Adélie Land）（"阿德利"这个名字现在更为人所知，是因为以此名命名了阿德利企鹅，一种小巧、可爱的物种，通常聚集在一起进行大量繁殖）。他的船随后沿着长达60英里（96千米）长的冰墙行驶，他认定这堵冰墙覆盖着坚硬的陆地。他将这里命名为克莱尔海岸。德维尔承认，他的真正目的是打败罗斯，率先发现南磁极。尽管他提供了奖励：如果到达南纬75°，他将奖励每位船员100法郎；之后，每向南前进1°，再奖励5法郎，但由于他的船只没有针对冰层进行改造，而且船上暴发了坏血病，最终他们未能达到南极。这次探险造成16人死亡，他们只好撤回到霍巴特镇。

如果说德维尔的说法还不够令人恼火的话，美国探险队文森号（*Vincennes*）的指挥官查尔斯·威尔克斯在几个月前宣称自己看到南极海岸线并绘制了地图足以让罗斯愤怒。

罗斯虽然在公开场合显得彬彬有礼，但私下里却很恼火。他后来写道，"这些伟大的国家行动的负责人都会选择进入南部的某一地方，他们很清楚勘探的意义……而我指挥下的探险队是专门为此做准备……确实……这让我非常惊讶。"

虽然没有公开的竞争对手，但罗斯明确表示，他不会接受任何人的建议。后来在他回顾探险的时候，他说："英格兰曾经引领人们在南部和北部地区探索，如果我们需要追随其他国家探索的脚步，将辜负英格兰一直保持的卓越地位。"罗斯的自尊心和爱国之情都被激发了出来，他开始重新规划前往南极的路线，并刻意回避了接下来展开竞争的建议。

在范迪门斯地待了将近三个月后，船员们开始逐渐变得不安分起来。停留的时间越长,纪律涣散的可能性就越大。10月的一个晚上,康宁汉被叫到警察局处理两个逃兵,托马斯·法尔和威廉·博蒂曼在城外的灌木丛中被捕。第二天,也就是10月8日,三名恐怖号船员袭击了一名警察,他们将其打倒在地,还偷走了一美元。探险队与这座城市的蜜月期似乎走到了尽头。

尽管其他级别的军官行为可能不端,但官员们的受欢迎程度却越来越高。10月30日,《霍巴特镇速报》刊载了人们为纪念远征行动在海关大楼举行的舞会。这座大楼现在是塔斯马尼亚的议会大厦,至今仍是霍巴特镇最精美的建筑之一。报道在继"这座城镇一改往日安稳沉闷的状态"后,辞藻逐渐浮夸,"这支探险队的威名……如雷贯耳,又如同闪电般引动四方。罗斯船长和克罗齐尔船长争分夺秒地在这里进行观测……而这种观测,世界各地的科学家们也都在同步进行着……这就像是一台强大的科学机器,它的构建是为了推演出一个伟大的秘密——一种对于行星系统的模拟,该系统掌控着地球上所有像我们这样脆弱的生物。"除此之外,报道还提到:"毋庸置疑的是,无论这支探险队走到哪里,它都是指引人类的星辰。"

"现在是11月9日,我们已经做好了出海的准备。"约瑟夫·胡克在给姐姐玛丽亚的信中写道,他轻松的语气让远在天涯的两人宛若近在咫尺。"整条船塞得满满当当,像一颗蛋一样,"他继续写道,"身处一片杂货中的我们几乎寸步难移……没有人知道我们什么时候会再次回到这里,就连船长也不知道。可能要等六个月,也可能要等18个月——这将完全取决于我们向南探索(未勘探的南部地区)的情况。"胡克似乎十分焦虑,并且急于回避任何有关未来的风险和预期相关的话题。他还特别担心生活费用的问题。"伙食费的预算已经逐渐见底了,而我也不得不把所有用不到的东西都拿来抵押债务。裁缝衣服、肥皂、蜡烛和书籍都贵得离谱,而且我们每个人都还得准备18个月的存货,估计我欠了不少债。"对军官们来说,海上生活的成本很高,他们需要自行购买各种所需的奢侈品,还要拿出一部分钱支付伙食费。不过貌似相对其他人,年轻的约瑟夫更有可能安然渡过难关。他的告别语中透露出一种孤注一掷的乐观。"要不要我带几只活着的小鹦鹉回去给你呢?它们特别漂亮,还很安静。"

在动身前往南极的最后时刻,他们又进行了人员调整。一路乘坐幽冥号从伦敦赶来的富兰克林的侄子——亨利·凯上尉被选中留下来管理观测台,一同留下的还有来自恐怖号的斯科特以及与胡克共同进餐的伙伴戴曼。此外,还有两个人逃走了。"我很高兴,"胡克在听闻此事后如此写道,"因为我们只需要心甘情愿留下来的水手。"不幸的是,爱德华·布拉德利——幽冥号上的货舱管理员,罗斯评价他为"我们最好的伙伴",在清理船上的贮水池时不幸跌倒,掉进正燃烧着熊熊烈火的池子里,意外去世。

在这片乌云的笼罩下,探险队终于准备在11月12日星期四凌晨时分踏上征程。约翰·富兰克林爵士特意登上幽冥号为他们送行。根据胡克的描述,那是一个十分感人的场面,"这位善良的老绅士在走过船舷时潸然泪下,当他跟我们每个人握手并说'愿上帝保佑你'的时候,每个人都被感动了。"富兰克林爵士随后登上恐怖号,并祝他们好运。康宁汉中士对此印象深刻。"他

第五章　南部家园

是一位慈祥的老人,"他写道,"他十分关心我们。我们把帆索吊起来,衷心地朝他欢呼了三次,随后又欢呼了一次。"在确保船只安全驶离铁壶灯塔南面之后,富兰克林才和引航员一起下了船,登上政府的游艇伊丽莎号（*Eliza*）。

对富兰克林爵士来说,这一定是一次苦乐参半的告别。他骨子里是一名水手不是官员,眼睁睁地看着船帆就这么消失在地平线上对他来说太难了。富兰克林夫人对于他们的离去同样感到很遗憾,但她没有陪同她的丈夫一同前往。在后来寄给罗斯船长的一封信中她解释道,"坦白说,虽然我希望看到你出海前往探索南大洋,但我仍不确定我是否愿意看着你一点一点地离我远去。"之后,她似乎有所克制,又回到了那个效忠王室的"我们":"我们的心与你同在,我们将不断祈祷,慈悲的上帝会一直保护你、祝福你,并让你再次安全快乐成功地回到我们身边。请永远真诚地相信这一切。珍·富兰克林。"

没有资料表明,罗斯是否回应了富兰克林夫人这番撩人心弦的告别。另一方面,克罗齐尔船长在他们离开之前,曾请恐怖号的副船长约翰·戴维斯画了一幅罗斯和富兰克林爵士一起站在观测台花园里的素描,并将画送给她作为告别礼物。富兰克林夫人在写给罗斯的另一封信中提到这幅画,"这是克罗齐尔船长的所有想法中最值得称赞的一个,"她又忍不住补充道,"这幅画绘制得十分精致,简直完美得无懈可击——每当看这幅画时,我感觉自己甚至能听到旁边的蛙鸣声。"

在我离开塔斯马尼亚之前,艾莉森·亚历山大和她丈夫詹姆斯特意邀请我吃饭。詹姆斯是塔斯马尼亚大学心理学的退休讲师。我想，他们代表着这座城市当今的精英阶层。艾莉森称自己是当年被流放的罪犯家族的后裔，在塔斯马尼亚，这几乎是离贵族最近的阶层了。她尽力为我重现了1840年冬天可能为幽冥号上的军官们提供的饭菜：浓郁的蔬菜汤、大块羔羊肉搭配炸洋葱、土豆和西兰花，摆在烛光点缀下的蕾丝桌布上。另一位客人则代表了塔斯马尼亚新的一代。鲍勃皮肤黝黑，留着胡子，是一名商船水手，靠捕捞鲍鱼积攒了不少积蓄，现在他正琢磨着买一个葡萄园。他的妻子克丽丝和艾莉森是校友，学校就在安格尔西亚军营的对面，罗斯探险队的水手和军官曾在那个军营里与他们的陆军同事度过了许多个夜晚。

睡觉前，我又出门散步。这是我在国外时经常做的事情——就像要超越某种界限一样。我沿着旅馆附近的码头走，眺望大海。天气变得越来越冷。在德文特河的远处，一道红光划破黑夜。那是铁壶灯塔的灯光。看到它的光穿过水面，我仿佛穿过悠悠岁月来到幽冥号身边。我衷心祝愿它在那次真正的大冒险中好运长伴。

根据约瑟夫·胡克的描述，他亲眼看到这座 12500 英尺（3800 米）高的活火山时，"一种敬畏感油然而生，仿佛提醒我们是如此渺小和无助"。罗斯决定把它命名为"埃里伯斯山"（幽冥山）。这幅雕刻基于恐怖号上的副船长约翰·戴维斯的水彩画刻出。

第六章　人类未抵达过的更南方

暴雨拍打着船身，风推着船向南方驶去，人类文明的痕迹逐渐消失在身后。距离幽冥号船上的军官和船员们从伦敦出发已经过了将近14个月，尽管之前的航行充满危险，但至少他们所经过的水域都明晰地存在于海图上，哪怕再遥远也都是曾有人到达过的地方。而如今，他们将驶出已知区域，踏入地图尚未记录的地方。

甲板上的生活又恢复了往日的状态。大家每天依旧需要操纵船帆，清洗甲板，准备食物，保养手表，看起来一切如常，但麦考密克医生敏感地察觉到，他们已经进入了特殊时期。他们即将背负起更伟大的使命。他在日记中写道："未来的几个月，我们的旅程将会是充满新奇和趣味的，我们很有可能在地球上某个区域的探索过程中有重大发现，这就像创世后的第一个黎明一样令人感到新奇。"我们不知道罗斯在船长餐桌会谈时面对这种言论会做何反应。但他既不是那种感情用事的人，也不会逞能做英雄，他的心思应该会聚焦在一些更实际的问题上。

这是后来被某位历史学家称为"地磁界的十字军东征"的壮举：在向南几百英里的地方，有一个值得人们用一生去追逐的梦想等待被实现。如果一切顺利,詹姆斯·罗斯将完成这一项非凡的壮举:正如十年前他在北极所做的那样——在南极点插上英国国旗。他坚信,这是他的宿命。

大约从南纬 50°开始,大洋洲就逐渐消失在视线里,取而代之的是一连串无人居住的火山岛屿。奥克兰群岛是在 1806 年被一个名叫亚伯拉罕·布里斯托的捕鲸人发现的,这位捕鲸人一直为一个以捕鲸为主业的恩德比家族工作。早在巴罗和海军部把南极探险作为政府公务以前,这个家族的船只就已经在着手绘制南大洋的地图了。现在,也就是 1840 年 11 月 20 日,这里成了幽冥号和恐怖号开启新旅程的第一个停靠港。

登陆过程简直是一场噩梦。罗斯船长与狂风搏斗了五个小时后,才抵达港口。在大风吹过的海滩上,两根钉着木板的杆子率先引起了罗斯的注意。随即他乘船穿过汹涌的海浪前去看个究竟。

一块木板上写着杜蒙·德维尔最近访问该岛的细节,其中最后一句话让罗斯印象深刻:*Du 19 Janvier au 1 Février 1840, découverte de la Terre Adélie et détermination du pôle magnetique Austral!*(1840 年 1 月 19 日至 2 月 1 日,发现阿德利地并测定南磁极点)。此刻的罗斯当然明白德维尔其实并没有到达南磁极,但这是一个警告——法国人本可能轻而易举地击败他。这让他感到不寒而栗。更让人雪上加霜的是,还有一艘船——威尔克斯探险队中由林戈尔德上尉带领的美国双桅帆船鼠海豚号(*Porpois*)——"在沿着南极圈进行探险返航时也来过此地"。还有一个装着纸条的瓶子,纸条的内容说明鼠海豚号已经在沿着冰障航行了。唯一令罗斯感到安慰的是,纸条内容没有提到威尔克斯，也没有提到他已经发现南极大陆。

稍微消化了一下这些信息后，大家又开始熟练地做登陆的准备：清理树木，挖地基准备建造观测台。好奇心强的麦考密克趁机探索了这座岛屿。他在记录中指出，"整个探索过程中几乎没有遇到任何有动物生命的迹象。"当然，一旦他遇到，他就会用枪瞄向它。最终返回船上时，他捕获了一只长毛鸥、一只黑背鸥和"一只漂亮的隼"。

胡克也过得乐不思蜀。虽然这里是遥远的南方，但气候温和湿润，苔藓、地衣和蕨类植物都生长得十分高大繁茂。直到离开奥克兰群岛，他们共发现80种开花植物，其中有50多种是以前从未遇见过的。"整片土地都似乎被植被覆盖了。"胡克对此感到十分兴奋。罗斯船长对如此丰富的植物也产生了浓厚兴趣，他在笔记中提到，当时正巧赶上医务人员没有病人需要照顾，因此有充分时间采集，他认为这真是莫大的机会。他甚至同意胡克把一棵4英尺（1.2米）高的树蕨带到已经拥挤不堪的船上。

罗斯被这些岛屿吸引其实还有其他原因，他认为这些岛屿还蕴藏有巨大的潜力，可以用来作为罪犯流浪地。新南威尔士、新西兰和范迪门斯地等自由殖民地上的犯人都可以安置到这里。他打算和富兰克林沟通这件事。群岛周围还有大量的黑鲸和抹香鲸，他认为可以对此进行商业开发。后来他很高兴地听说，查尔斯·恩德比的捕鲸公司已经申请了开发许可。

如今的我们会极力避免改造这些岛屿上的自然美景，但罗斯和委托他远征的人的动机却是为了发展、改善和启蒙。

我们现在可能会认为那是一种无耻的剥削行径，但当时的他们认为需要尽可能地把科学的益处带给这个野蛮而仁慈的世界。就像麦考密克射杀鸟类是为了更好地了解它们。罗斯和之前的亚伯拉罕·布里斯托所做的一样,在奥克兰岛上留下了一些牲畜,因为他觉得为了必然存在的后来者们,自己有责任进行荒地的开垦,并持续在全球范围内传播西方价值观。各种猪、鸡、山羊和兔子也都一一从船上卸下,还有在霍巴特镇时富兰克林送给罗斯的一些草莓和鹅莓。如今,这些牲畜的后代大多已经灭亡或被迁走,奥克兰岛仍然常年无人居住。颇具讽刺的是,对比麦考密克的种种行径,这里现在变成了一个鸟类保护区。

随着观测任务的完成,幽冥号和恐怖号再次起锚,向东南方160英里(250千米)的坎贝尔(Campbell)岛进发。那里是另一处很合适的锚地,周边有一片宽阔的深水港,以及充足的木材和水资源。但是仅仅第一天就发生了一件尴尬的事情。因为误判,幽冥号和恐怖号都搁浅在港口入口处附近的一处泥泞浅滩。幽冥号的船员们将绳子系在岸边的树木上,把船拖了出来,但恐怖号却陷入困境。它的船员们花了一整晚抽出水箱里的淡水,卸下船上的货物,以便在第二天早晨涨潮时船能浮起来。

在罗斯测量潮汐涨落时,麦考密克对岛上筑巢的信天翁的数量感到十分惊奇,"在这周围连绵不断的山丘间……它们美丽的白色脖颈在草地上随处可见"。他发现每个巢都只有一颗蛋,他还带了几颗蛋回船上。他很高兴自己杀死了三只北极贼鸥,他称它们为"信天翁克星"。可是第二天,就有几只贼鸥进行了反击,"它们凶猛地攻击了我,在我的头上盘旋,甚至张开嘴朝我的脸猛扑过来"。回到重新漂浮起来的恐怖号后,康宁汉中士惊奇地看到成千上万只企鹅"像士兵一样排列在海滩上"。这里的植物种类也很丰富：在罗斯船长的帮助下，胡克两天内就收集了200多种植物。仿佛是大自然在最后一次展示它的富饶与生生不息。2018年5月8日，坎贝尔岛见证了一场别开生面的壮观表演，海滩遭遇了南半球有记录以来最高的一次海浪冲击。据测量表明，那次的海浪足足有78英尺（23米）高。

12月17日上午9点，船只再次起锚扬帆，趁着逐渐增强的海风，坎贝尔岛在中午时分就消失在了大家的视野里——那是他们在到达南极前停靠的最后一块陆地。

幽冥号和恐怖号现在所处的海域，只有很少人曾经穿过。英国人之所以对这些遥远的南方海域如此感兴趣，完全是出于对鲸油的需求，这些鲸油让英国人可以在灯火通明中盥洗。恩德比公司鼓励船长们尽可能往南探险。其中一个叫约翰·比斯科的人，在1830年到1832年间曾环绕整个南极洲，抵达南纬67°的位置。1838年，约翰·巴雷尼在恩德比公司的支持下进行了一次针对海豹的猎捕探险，在南纬66°东经163°附近发现了一个小群岛，后来被命名为巴雷尼群岛。

罗斯和这些捕鲸船船长有很多相似之处。他也是一个十分务实的人。他在描述他们南行途中的船上气氛时，不仅不浪漫还充斥着满满的商业气息。"为了达成目标，我们的准备做到了目前人类的最高标准，"他写道，"我们的船无论从哪个方面来看都是最适合的服役对象，船上存有三年的补给和最好的储备，还有军官和船员们的支持，我有理由对这次旅程充满信心。"随着气温

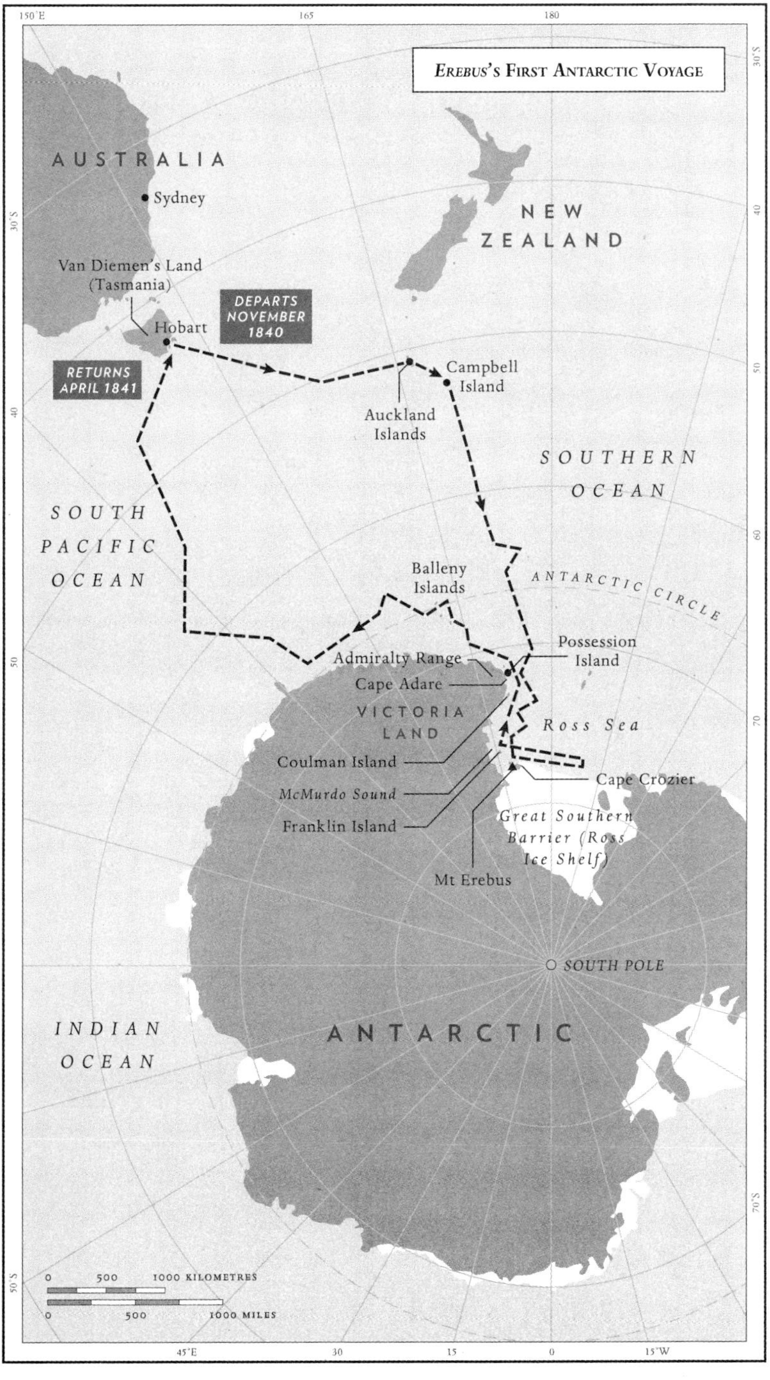

Erebus's First Antarctic Voyage
AUSTRALIA
Sydney
Van Diemen's Land (Tasmania)
Hobart
DEPARTS NOVEMBER 1840
RETURNS APRIL 1841
NEW ZEALAND
Campbell Island
Auckland Islands
SOUTHERN OCEAN
SOUTH PACIFIC OCEAN
Balleny Islands
ANTARCTIC CIRCLE
Possession Island
Admiralty Range
Cape Adare
VICTORIA LAND
Ross Sea
Coulman Island
Cape Crozier
McMurdo Sound
Franklin Island
Great Southern Barrier (Ross Ice Shelf)
Mt Erebus
SOUTH POLE
INDIAN OCEAN
ANTARCTIC
0 500 1000 KILOMETRES
0 500 1000 MILES
150°E
165
180
30°S
40
50
60
70
45°E
30
15
0
15°W

下降，雨变成了雨夹雪，雨夹雪又变成了雪，他环顾四周，看到"喜悦和满足之情洋溢在每个人的脸上"。

他们在凛凛北风中度过了海上的第二个圣诞节。"非常令人不悦的一天，"康宁汉如此记录道，好在后来他又开心地补充道，"（我们）敞开肚皮大吃大喝。"自从离开坎贝尔岛后，麦考密克每天都在剥鸟皮、晾植物、整理探险队新增的自然历史收藏品。为了把握每一次积累收藏品的机会，他正在研究一种射击飞鸟的技术，确保鸟被击落后会落在甲板上而不是水里。12月30日，他的标本箱中又多了一只雪白的南极海燕。

天气一天天变冷，遇到的冰山也越来越大。12月28日晚上，康宁汉形容其中有座冰山"很像一艘桅杆折断的船"。他估计那座冰山长2英里（3000米），高约100英尺（30米）。罗斯对北极的冰山了如指掌，但他认为南极的冰山非常不一样：它们更单一，形态更少，整体上更高更大。他们还碰见许多鲸，主要是抹香鲸和座头鲸，它们体型大，数量多，且非常温顺，船只可以安然地从它们身旁驶过。

我非常羡慕他们能有机会看到那么多赏心悦目的生物。我2014年去南极半岛旅行时，所有人都拿着相机和双筒望远镜站在甲板上，只为能亲眼看到一条鲸。如果足够幸运，有时还会遇到两三头鲸浮出水面的景象。看着那些鲸，我的心中既觉得有种激动的感觉，又平白添了几分莫名的宽慰。在上帝创造的所有生灵中，它们似乎是最悠哉的。它们好像在浴缸里的人类一样放松，而真正动起来的时候，它们又展现出一种无与伦比的美丽与优雅，有一种四两拨千斤的韵味。落下锚爪，感受那静谧、悠闲、轻盈而有力的起伏，没有什么比这更能代表人们对此情此景的折服之心了。我猜想那些登上幽冥号的人们，在漫长而又危机四伏的向南航行中，或许也从鲸的陪伴中得到了同样的慰藉。

1841年在一阵喧闹中到来了。当午夜的太阳爬上地平线时，大家把主转桁索拼接起来，每人得到了两份朗姆酒，就因为这次不仅是为了庆祝新年，还要庆祝横渡南极圈成功。他们到达了南纬66°东经30′，"比那些'法国人'或'美国佬'都更向南了一些"。康宁汉的记录中透露着几分得意。周围的环境也变化很快。船只现在已经接近浮冰的边缘，白天的温度几乎不会超过冰点。为了庆祝新年，船上还准备了额外的补给，向船员们分发抗寒的装备，主要包括一套缩绒厚呢的夹克和裤子、两双长袜、两条围巾（围在喉咙处御寒）、一双防水靴和一种被称为"威尔士假发"的羊毛帽，其实就是一顶皇家海军式的无檐小便帽。

罗斯船长似乎很享受那些从未到过极地的同行人流露出的兴奋。他没有料到这么快就能看到这么多冰层，他望着冰冷的海洋，十分满意地记录："它很显然没有我们所预想的那么坚不可摧。"

直到1月5日，风向的变化才让他有机会进行测试和评估。沿着浮冰边缘航行时，罗斯根据桅顶上传来的消息，判断哪里有足够宽阔的航道或无冰通道，可以冒险通过。这是一个至关重要的时刻，对于这些炸弹船来说，能否在没有任何引擎的情况下冲破密布的冰层是它们所面临的第一次重大考验。幽冥号首当其冲，尽管途中遇到了重重障碍，它还是缓慢而坚定地在航道里穿行。尽管"经常会遭遇只有加固过的船只才能承受住的猛烈撞击"，经过了大约"一个小时的横冲直撞"，它们冲破了逐渐变薄的冰层，并进一步加快了速度。无疑这些船通过了第一次考验。

在接下来的几天里，随着他们向东南方向逐步推进，罗斯到达南磁极的目标也变得没那么遥不可及。虽然舵手和瞭望员必须时刻保持警惕，寻找航道，规避偶尔出现的冰山，但经过加固的船头可以轻而易举地凿穿厚达6—8英寸（15—20厘米）的冰层。麦考密克对这些冰山很感兴趣：他注意到，其中有座冰山很像一座乡村教堂。1月7日，他射杀了一只企鹅，随后又接连射杀了四只，"一枪打死俩"。这给他带来了更多的满足感，"为了捡起一只被击落的企鹅，我第一次真正地站在南极的冰面上。"

随着冰层逐渐变厚，前进的速度越来越缓慢。1月8日，一场猛烈的暴风雨让他们寸步难行。暴风雨来临之前，罗斯根据天空中反射的颜色，判断出前方一定有开阔的水域。果然，9日中午，他们重新回到了能够自由航行的海面上，并在一阵强风的伴随下以时速4海里（千米）航行。

幽冥号和恐怖号取得了举世瞩目的成就。这两艘船在孤立无援的情况下成功地从134英里（215千米）的大片浮冰区中突围。

罗斯不是赌徒，对于这件事，他已经提前衡量好了风险利弊。他带领船队进入未知领域，必然会有冰层困住或压垮他们的可能，他们并没有备选计划，一旦付诸行动就是背水一战。即使罗斯是个谨慎、低调、务实的人，他在向磁极进发时依然无法掩饰自己的得意之情："我们对于到达那个万众瞩目的地点充满了空前高涨的希望和期待。"

麦考密克似乎不太关心这些沉重的历史，相比之下他更关心比利。比利是船上的一只山羊，也是水手们的宠物，比利在炮房里喝了波特酒之后,在自己的桶里待了整整一天。"它为自己的放荡行径进行了忏悔,"麦考密克开玩笑地写道,然后留下了一个令人心酸的结尾:"头班巡视的时候,我非常意外地发现我们可怜的小山羊比利死了。"

罗斯和他的引航员有段时间一直在观察一种被称为"冰原反光"的极地现象,由于光线折射,云和天空可以展现出固体的物理特征。这种现象最著名的一个事件发生在 1818 年,约翰·罗斯在寻找西北航道的探险中,非常尴尬地把云和山脉混为一谈。考虑到那件事引起的各种骚动,约翰·罗斯爵士的侄子现在对这种现象十分好奇,他认为地平线上看似长长的白色海岸线很可能是一种极地海市蜃楼现象。直到凌晨 2 点,值班的伍德上尉叫醒了船长,很明确地报告称发现了一片坚实陆地的存在。

随着一声"啊陆地!"伍德上尉确信,幽冥号和恐怖号不仅成为了第一支冲破冰层的船队,而且是第一支真正看到南极大陆的船队,无可辩驳。

令人惊讶的是,罗斯的第一反应并不是欣喜若狂。而是这条"海岸线"完全阻挡了他通往梦寐以求的目标——南磁极的道路。尽管如此,在他们接近陆地时,他和其他人一样,都被眼前的景象所折服,被深深地震撼到了。"我们看到了美轮美奂的景色……两座雄伟的山脉……从旁边山顶处滑落的冰川填满了两山之间的山谷,星星碎碎的亮光投射到几英里外的海面。清澈蔚蓝的天空下,有着最为炫彩夺目的阳光。所有的这一切共同描绘出了一幅气势磅礴的山河画卷。"对于约瑟夫·胡克来说,那是"我从未见过的蔚为壮观的景象"。

还有一个值得庆祝的理由。根据测量表明，幽冥号和恐怖号已经到达南纬 71° 14′，超过了库克船长航行的最南维度。罗斯船长写道："我们就差超过威德尔的纪录了。"——1823 年创造的南纬 74° 15′ 的纪录。

罗斯首先表示感谢的不是造船工人，也不是陪他来到这里的船员，而是那些委派他进行远征探险的赞助方。他把最高的山峰命名为萨宾山，那是他儿时的好友，也是这次远征最有力的支持者爱德华·萨宾的名字；把位于西北方向的雄伟连绵的山脉命名为阿德米勒尔蒂山脉（Admiralty Range），以纪念他的赞助方英国海军部。这种做法，其实遵循了一种长期存在的传统——给自然界一些有特色的事物取名字是船长职权范围内的事，而且可以临场发挥，不需要经过正式商量或官方批准——例如杜蒙·德维尔就曾用他妻子的名字命名南极一角。

随着探险队进入这片没有被地图标注的区域，一股命名的兴奋弥漫在探险队。山峰逐一被命名为各个海军部议会成员：以海军司令的名字命名的明特山；以高级海军大臣命名的亚当山和帕克山。其他各方要员也都被用来命名。应克罗齐尔船长的要求，附近的一个海角被命名为唐郡海角（Cape Downshire），是以克罗齐尔家族的朋友、富有的爱尔兰地主唐郡侯爵（Marquis of Downshire）名字来命名的。"一块高耸黑暗、疑似火山峭壁的显著凸起"成为了阿达尔角（Cape Adare），是以罗斯的朋友阿达尔子爵（Viscount Adare）命名的，还有一个凸起被命名为巴罗角（Cape Barrow），用罗斯的话来说，这是在向"现代北极发现之父"致敬。

第六章 人类未抵达过的更南方

当我在南极洲西部为英国广播公司拍摄《极地之旅》(*Pole to Pole*)时,我对附近的美国人在20世纪40年代命名的执委山脉(Executive Committee Range)很好奇。我很想知道他们会如何命名下一处:总会计师高原?饮水机山峰?现在我明白了,他们只是在遵循一个光荣的传统——枯燥,但值得尊敬。

接下来要做的就是正式将这块新发现的土地占为己有,这意味着不只是抓耳挠腮起名字,还需要真正地迈出脚步。1841年1月12日早晨,船只已经做好了上岸的准备,但因为强劲海浪拍打着冰面,大家决定绕道前往其中的一个小岛。托马斯·阿伯内西熟练地驾驶着其中一艘快艇穿过激流。大家终于爬上了后来被证明满是鸟粪床的海岸。麦考密克详细描述了在一堆已经存在很久的企鹅粪便上着陆的奇妙体验。"已经很厚了,"他写道,"脚下能感觉到一种弹性,就像干涸的泥炭沼泽。"在合适的地方插好英国国旗后,人们举杯畅饮雪利酒,并向维多利亚女王、阿尔伯特王子和他们最新占领的岛屿致敬。

罗斯的记录表明,大量企鹅见证了这一仪式,它们也表现出了对殖民统治的反抗,"当我们费力地穿过它们的队伍时,它们会用锋利的喙猛烈地攻击我们"。那些上岸的人还不得不忍受几十年来积累的排泄物带来的恶臭。罗斯当然也知道那些鸟粪很臭,但一向务实的他也指出,"对于我们澳大利亚殖民地的农业学家来说,这些鸟粪在某些情况下可能会很有价值。"

相比于船长,麦考密克怀着更强烈的同情心去观察这些企鹅的活动。尽管他明知"这个企鹅群散发的味道绝对不是那种阿拉伯式的甜味",出于敏锐的好奇心,他还描述了它们从水里出来的方式。"我看到一只企鹅从海里通过一种非常特殊的跳跃方式，跳到一块陡峭的冰面上……然后像猫一样站起来。"读到这些的时候我很高兴，因为我自己到南极旅行的时候，我就发现它们有冲破重力跳出海面的技术，那是一种在进化过程中获得的高超技巧。对我来说，企鹅身上有着让人欲罢不能的趣味，但是对麦考密克来说，它们只是标本："用地质锤把一只老企鹅杀掉，然后把它放进我的背袋里……还有一些仓促收集的黑色熔岩标本。"而在饱含感激之情的康宁汉面前，它们就是一顿晚餐："（企鹅）非常美味，"他说，"它被做成了肉馅饼，和我以前吃过的鱼的味道完全不一样。"

天气状况限制了他们登陆这片大陆——或者说是他们所命名的维多利亚大陆——的可能性。事实上，在之后的几天里，他们的主要任务是避免被逐渐肆虐的狂风吹到岸边搁浅。他们小心翼翼地向南行进。罗斯注意到他们所处的地方周围有大量的鲸出没——一天内就有30头。他观察到它们"吹气或喷吐"，于是他不祥地预测道，"迄今为止……他们都在这里享受着宁静安全的生活；但是现在，毫无疑问，鉴于商人们付出的精力和毅力，它们将逐渐转变为我们国家的宝贵财富；而这些，我们很清楚，绝非是无足轻重的。"

本以为又是一次光的捉弄，没想到竟然又发现了一座岛。由于这座岛是在罗斯未婚妻生日那天发现的，所以这位永远的实用主义者，以他未来岳父的名字命名这座岛为库尔曼岛。他的未婚妻安妮·库尔曼的名字则用在了库尔曼岛南端的一个海角。

第六章 人类未抵达过的更南方

现在,船上的每个人都已经意识到了他们此行的意义,那就是探索。每前进一海里,每冲破一次迷雾,他们都会发现一些之前地球上人们从未见过的事物。与此同时,气候条件也变得越发恶劣。气温进一步下降,南风也在雪上加霜地逐渐加强。为了渡过难关,幽冥号不得不收起帆。这对船员来说肯定是一项苦不堪言的工作。"实在太冷了,"康宁汉写道,"每根绳子都被牢牢冻住,所有的索具和装备上都挂着冰柱。"按照传统,调整船帆的人是不能戴手套的,因为人们觉得手套会导致对船帆的抓握不牢靠。

幸运的是,不久就出现了短暂的好天气,徐徐微风吹动着所有风帆,为他们的稳步前进助上一臂之力。在朝着下一个目标前进的过程中,罗斯的内心备受鼓舞:"过往恶劣的天气和不利的风向都将被抛诸脑后了,我们现在满心期待着快速到达一个前人未及的高纬度地区。"

1841年1月23日,星期六,他实现了自己的目标。威德尔的记录是南纬74°15′。而现在,幽冥号和恐怖号都挺近了南纬74°23′。用康宁汉中士在日记里的话来描述,"比(目前已知的)任何人类都要往南"。他略带保守地补充道:"这是属于我们的荣光。"

他们发了双份的朗姆酒来庆祝这一重大壮举,酒也似乎比往日更甜一些,往日里传统敬酒词"敬妻子和情人们,愿她们永远不相见!"也更响亮了。但是,天气又急转直下,狂风和大雪仿佛永远不会停歇。麦考密克的记录显示,那天晚上罗斯船长和他的军官们也在炮房吃饭,并举杯敬酒:"愿好运常伴!"

罗斯现在希望,季风和洋流能充分地调动周围的浮冰,形成突破口,给他们提供一次探索南极大陆的机会。1月27日,他抓住了这样一个机会。他随即同几位军官登上了幽冥号的一艘快艇,克罗齐尔和他的部下乘坐恐怖号的一艘捕鲸划艇紧随其后。那只捕鲸划艇相比更为稳定,所以罗斯转而去和克罗齐尔会合。当他们足够接近岸边时,一阵浪头顶起了船,罗斯趁势跳上岩石。几名军官借助他系好的绳子紧跟了上去,"也有人被淋湿了"。在从船尾到岩面时,约瑟夫·胡克就打了一个趔趄,幸运的是他在即将被浪花吞没之前被拽了回来。

罗斯在上面待了很长时间以确定他们占领了一个新岛,他以约翰·富兰克林爵士的名字命名这座岛。由于其中一名船员快被冻死了,他们只好争分夺秒地采集了一些岩石样本,就匆匆返回捕鲸划艇。他们回到船上时一个个都"浑身湿透,寒意彻骨"。女王陛下的财产中很少会像富兰克林岛那样来得如此不易。

奇迹依然在不断发生。他们继续向南行驶,伴随着一阵微风助力,他们在右舷船头又看到了一座雄伟壮观的山峰。这次的山峰别具一格。当天空放晴时,可以看到一缕烟柱从山顶冉冉飘起。那不是海浪飞沫和远处光秃秃的山顶,而是一座12500英尺(3800米)高的活火山。约瑟夫·胡克显然已经从之前与死神擦肩而过的经历中回过神来,他屏住呼吸记录道:"那景象已然超越人类的想象……一种敬畏感油然而生,仿佛提醒我们是如此渺小和无助,同时,我们也对造物主的神奇和伟大产生了一种难以形容的感觉。"

康宁汉站在恐怖号的甲板上,同样震撼不已。"它先是冒出

第六章 人类未抵达过的更南方

一大堆黑烟,像沥青一样的黑色,之后颜色会逐渐变浅,然后火焰会突然猛烈地喷发一段时间,之后会再消退几分钟,然后又重新出现。"他称那座山为"火焰山"(Burning Mountain)。另一个见证了这一惊人景象的人是幽冥号上的爱尔兰人,内利乌斯·沙利文铁匠,他为后来在幽冥号服役的朋友写下了一些关于这次航行的回忆。对沙利文来说,那是辉煌壮丽的火焰山。"我们没有在这里登陆,也不认为在这里着陆是安全的。我们离这种自然景象最近的时候仅有8英里(不到13千米)。"

詹姆斯·罗斯给它起了个名字。撇开了亲朋好友、地方权贵,他最终选择用那艘把他们安全运送至此的船只的名字命名——埃里伯斯山(幽冥山)。而旁边那座较小的休眠火山则被他命名为特罗尔山(恐怖山)。1979年11月,新西兰航空公司TE901号班机就撞上了幽冥山,导致250人遇难。幽冥山这个地狱般的名字似乎真的很贴切。

如今两艘船都在快速向南航行,越过了南纬76°。绕过一座小岛——以海军水文学家弗朗西斯·蒲福爵士名字命名——他们发现,前方出现了一种自然现象,跟他们刚刚经过的那座火山一样令人印象深刻。"我们看到,"罗斯写道,"一条低矮的白线从东边的端点出发,一直延伸,望不到头。"这是一处陡峭的冰崖,顶部平坦,比船只整整高出200英尺(60米)。

这一景象把大家都吸引到了船舷边。麦考密克爬上幽冥号的守望处,"但是看不到那巨大冰墙的尽头,我们把它命名为南极大屏障。"铁匠沙利文也感到无比震惊:"常人根本无法想象南极冰墙的辉煌和壮观……宏伟的墙体看起来坚不可摧。两百英尺高拔地而起……难以估量的冰墙。这番景色衬着这片天地如此令人着迷。"最让他吃惊的是屏障的长度："无论我们跑得多快多远，那屏障似乎永远是一成不变的。"

出现如此巨大的障碍直接决定了一个悬而未决的问题——已经不可能再进一步向南磁极进发了。罗斯承认："我们成功的几率和航行穿过多佛白崖一样低。"[①] 他们已经很接近南磁极了。直到下个世纪，在沙克尔顿带领下的猎人号（Nimrod）探险队才实现了更进一步的探索。

这次探险的成就并不会因此而大打折扣。他们发现并命名了一块新的陆地和新的岛屿，还发现了两座火山。罗斯的地图上增加了更多的地标。在向伦敦的赞助者致敬后，罗斯又将他看到的两个重要的海岬（海角）以他朋友的名字命名：一处以他的中尉的名字命名为伯德海角（Cape Bird），一处以他的副指挥官弗朗西斯·克罗齐尔的名字命名，是恐怖山脚下的一个海角。克罗齐尔"是和我并肩作战20多年的朋友……在上帝佑护下，这次远征的成功主要归功于他热情而真诚的合作"。

罗斯的发现对未来南极洲的后续探索起到了至关重要的作用。事实证明，南极大屏障是一块庞然大物。它是一块300英尺厚（91米）、大小与法国面积相当的完整冰层的前缘，最初被视为无法逾越的障碍，后来被证明是通往南极大陆内部的门户，作为平坦而稳定的通道在阿蒙森和斯科特的极地之旅中起到了至关

---

① 英格兰众多海岸线悬崖的一部分，崖面最高点达350英尺（110米），由白垩以及黑色燧石条纹所组成，外观引人注目。多佛白崖邻多佛尔海峡，与法国的加莱隔海相望。——译者注

第六章 人类未抵达过的更南方

重要的作用。至于克罗齐尔海角,是一块黑色玄武岩裸露在外的部分,这块岩石在海中深达800英尺(243米),让后来的探险家闻风丧胆。在斯科特极地探险70多年后,阿普斯利·切利·加勒德在其所著《世界上最糟糕的旅行》(The Worst Journey)一书中,留下了一处震撼人心的描述:"屏障的边缘与克罗齐尔海角相连,屏障作为一个400海里(740千米)长、200英尺(60米)高的大冰崖,每年正以不低于1海里(1800米)的速度向陆地移动。也许你能想得出最终的结果会是怎样:因挤压而形成的大大小小的山脊就像大海里的波涛,又像是犁过的田地。"

幽冥号和恐怖号沿着屏障向西继续航行了大约100英里(160千米),海水清澈、平静,鲸在海面上喷水,巨大的冰块从冰崖上脱落。麦考密克被这巨大的冰墙吸引,他整晚都待在甲板上,"这样我就不会错过它任何一个瞬间;付出得到了很好的回报……尽管我牺牲一个晚上的睡眠,但看到了这宏伟壮观的景象……我被深深地吸引了,整个景象就像舞台上炫目的场景变换。"

2月2日,罗斯记录下了他在南纬78°4′的位置。第二天,他将一个木桶扔下船,木桶里装着记录了他们的位置和近况的笔记,并请求发现木桶的人将里面的笔记交给海军部部长。笔记上还有罗斯和他下属军官们的签名。

现在,面对堆积成山的浮冰和飘忽不定的风向,罗斯与克罗齐尔协商后,决定再次转向东方,并试图更近距离地研究这道大屏障。在经过的浮冰上,他们遇见了海豹、白海燕和帝企鹅。帝企鹅是企鹅中体型最大的一类,它们被带到了船上,但不是作为宠物带上船。"它们是非常强壮的鸟类，想要杀掉它们不太容易，"罗斯的笔记里新增了这么一条烹饪注解，"它们的肉很黑，而且有一股难闻的鱼腥味。"帝企鹅被添加到食品库，这种靠山吃山、靠水吃水的日子一直在持续。他们还捕杀了两只海豹，提取它们的油脂为过冬做准备。船上的淡水补充主要来自路过的浮冰碎块。

随船外科医生麦考密克对于鸟类的生活一如既往地感兴趣。他看到在船上盘旋的一种他认为是长尾贼鸥（Arctic Yager）的新品种——被美国著名鸟类插画家奥杜邦称为"不知疲倦地戏弄人的小海鸥"，他立即向它开枪。可惜，那一枪没能干净利索地打下那只鸟，在跌落着靠近甲板后，它又调整了姿态带着一条断腿飞走了。与往常不同，麦考密克觉得有必要为自己射杀鸟类辩护一下："出于鸟类学家的研究职责，我一直迫使自己射杀这些美丽而有趣的生物……但每当我这样做的时候，就会发自内心地感到痛苦与不安，毕竟我是那么喜欢这些带有羽毛的动物。"

他是真的喜欢，以至于就在当天晚上，他又写道："从午夜到凌晨1点之间，我的收藏品又多了两只优雅的白海燕，一只落在了后甲板上，另一只落在炮房的天窗上……被射下的第三只……掉到海里去了。"

2月9日，一座冰山从北方逐渐向船只后面逼近，很有可能会导致船撞向大屏障，而罗斯发现了"一个看起来很特别的海湾"，那是他在坚不可摧的冰层表面上看到的唯一一处凹陷。他决定把船开进去。他在离入口四分之一英里（400米）处停了下来，迎风换舷，测量水深。水深约330英寻，即1000英尺（304

第六章 人类未抵达过的更南方

米)。走近一点赫然发现,那是一根从水面上凸起的冰刺,造成了视觉上的错觉,让人误以为那里有入口。这是一个让所有人都忍不住屏气凝神的时刻。此时他们正前所未有地接近南方大屏障的底部,抬头望去,可以看到悬崖之下悬挂着的巨大冰柱。和大家一样,内利乌斯·沙利文也非常激动。"所有人都来到甲板上,观看自世界诞生以来人类肉眼所见过的最罕见、最壮观的景象,所有人都安静地伫立在那里,良久才和身边的人议论起来……那一刻,我多么希望自己是一名画家或者制图师,而不仅是一名铁匠或者军械工。"

然而,美丽壮观的景象的背后通常危机四伏。这里的海水处于背风处,冻结速度非常快。很快,船只周围的冰层已经堆积起来了,即使从桅杆顶上观察也看不见清澈的海水了。罗斯后来承认,他曾一度担心他们会撞上大屏障,船毁人亡。幸运的是,一阵大风在这紧要关头刮了过来,船员纷纷带着镐锄和铁锹来到冰面上,护送着幽冥号和恐怖号到了安全的地方。罗斯再回头看时,已经看不见刚才的航道了。他们幸运地躲过了一劫。

两艘船随后又在浮冰边缘探寻了三天,尝试寻找突破口。可是桅杆、船柱和索具都因为结冰被冰块包裹住了,据麦考密克回忆,"甲板上空到处都是冰,嘎吱作响,摇摇欲坠……就像长长的串珠或手链……整艘船都是灰白的。"他们最终还是没能找到通过的方法。罗斯下令掉头。不久后,幽冥山再次映入眼帘。即便已经看过那么多雄奇景观,他们还是被震撼到了。幽冥山亲切地向众人展示,对着高空喷射出缕缕烟雾和火焰。"头班守夜时看到的壮观景色是我生平仅见的,"威廉·康宁汉写道,"我甚至难以用言语来描述出来。在陆地和火山之间，在冰层和地平线之间，仿佛璀璨的太阳闪耀着光芒。"

在陆地附近他们又发现了一处连接着幽冥山和大陆的海湾，以恐怖号的一位高级副官的名字命名为麦克默多湾。后来人们发现，罗斯很罕见地犯了一个计算上的错误，其实幽冥山和恐怖山都在同一个离岸岛屿上。麦克默多湾也被重新命名为麦克默多海峡，被罗斯误判为大陆的岛屿最终以他的名字命名。在南极洲地图上，很少有像他的名字这样出现频繁。他突破困难、惊险驶入的海域被称为罗斯海，现在是世界上最大的海洋保护区，禁渔令的覆盖海域面积达到了43.2万平方英里（112万平方千米）。而那片仿若庞然大物的南方大屏障，在经历了对屏障定义的争论不休后，现在被称为罗斯冰架。

两艘船掉头驶离南极洲时，罗斯记录下他的失望之情："没人能理解我被迫放弃时的那种深深的遗憾之情……长久以来我是如此渴望能够将祖国的国旗同时插在地球的两端磁极。"然而，对于他的船员来说，无疑是一种解脱。他们离开霍巴特镇已经有三个多月了，其中有六个星期是在冰天雪地里度过的，他们还要完成很多任务——不仅要在零下的气温下收帆和展帆，还要在冰层中清理和切割，以确保船只行进畅通无阻。

他们顺利完成这一切，没有任何人牺牲——事实上，他们个个看起来都生龙活虎。就在几个月前，德维尔的探险队曾因为冻伤和暴发坏血病而不得不终止行动。幽冥号和恐怖号到达那个远离尘嚣的世界后，正如康宁汉所说的，他们从未见过太阳落到地平线以下，"两艘船上的伙伴们一直都很健康——感谢上帝"。如

第六章 人类未抵达过的更南方

果麦考密克对周日午餐（在南极已经待了几个月后）的描述可信的话，那他们不仅身体健康，而且食物很明显也非常充足。"今天晚餐我们吃了一些新鲜的烤牛肉，"他记录道，"这些牛肉是去年12月宰杀的，从那以后就被装在面包袋里挂在后桅顶下。现在更美味了，比刚宰的时候更嫩、更多汁。我还开了一罐塔斯马尼亚蜂蜜，那是我的好朋友格雷格森一家送的……我还准备了一瓶威士忌。"

返回霍巴特镇的旅途绝不轻松。在一场大风中，罗斯和克罗齐尔发现他们的船只被推向了一处海岸，正是威尔克斯最近绘制的海岸线，山脉较多，十分危险。当时的情景可谓是千钧一发，惊险万分，没有人能确定罗斯是否能够避开冰山，避开他当时确信自己正被无情地驱向陆地的东北角。直到次日清晨，天放晴，风停下来，他们依然没有看见陆地。傍晚时分，他们已经离威尔克斯所标记的山脉东侧不足几英里了，但肉眼所看到的地方仍然还是只有一片开阔的水面。

3月7日星期天，麦考密克证实，他在幽冥号甲板上唯一能看到的只有左舷的一处冰山群。"我们刚刚经过了美国极地探险队曾经登陆的地方，但我们只发现了一片开阔的大海。"他写道。很显然，威尔克斯地只是一个幻象。

这一发现肯定让罗斯松了一口气，一定程度上也成了他自鸣得意的缘由。后来写到这件事的时候，他大方地猜测威尔克斯上尉一定是"把那些悬浮在大量冰层上的、浓稠紧密、纹理清晰的云层误认为是陆地了——这是我们多次强调需要提防的错误"。但即使是不苟言笑的罗斯，在写到他们的下一步行动时，嘴角也肯定挂着一丝微笑："在午夜之前，（我们）到达了所谓的大陆东端的位置，并决定了我们的航线……沿着山脉顺风航行。"

事实证明，天气是如此地变化无常。康宁汉4月日记显示，在这么多变的气候条件下，没有任何两天是相同的。

4月1日，星期四，天气晴朗。一阵轻快的微风迎面而来……船只航行稳定在7节。

4月2日，星期五，风平浪静。……两艘船都放低船身……测得水深1500英寻（9000英尺，2700米），冲洗甲板，擦洗涂漆。

4月3日，星期六，大风。在风到来之前，船身剧烈摇摆，近帆，平均7节……晚上天清气朗。

4月4日，星期日……打开上桅帆设定在7节，两艘船都起伏得很厉害。守夜的时候，幽冥号左舷船尾的救生艇被海水冲走，桅杆和桨都完好无损地从我们身边漂过。

康宁汉有预见性地写道："如果它（被冲走的救生艇）被其他船只发现，就可能推断幽冥号失踪了。但是，它并没有。"

它当然不会有事。直到现在，罗斯还在继续他的磁场观测。爱德华·萨宾曾告诉他，他们现在航行的区域应该有一处位置磁场强度是最大的。因此，罗斯一直按时测量，结果却发现，正如威尔克斯地一样，预言的强磁力点其实并不存在（实际在更南的位置）。麦考密克则继续为他的收藏品准备储物箱。船上的科学家中最不开心的大概就是约瑟夫·胡克了。他抱怨困在船上太久，而且南极圈以南几乎没有发现任何有价值的植物。"南纬70°的地方竟如此荒凉，这是我们始料未及的。"

对于全体128名成员来说，首次南极之旅是一次进入未知区域的航行。他们也切实地取得了巨大的成就，并成功返航，正如罗斯所说，"没有出现任何伤亡、灾难或任何疾病的困扰"，这是对领导者最高的致敬。对于幽冥号来说，在它生命的最初的13年里，只见过那不勒斯湾和第勒尼安海的湛蓝海水，如今凯旋而归。它和它的姊妹船，在只损失了几根桅杆和一艘救生艇的情况下，克服了历史上任何一艘船都没遇到过的恶劣条件。没有记录表明莱斯和他在查塔姆船坞的团队是否得知了它的成功，但他们应该为能将一艘炸弹船改造成极地先驱感到自豪。

1841年4月6日，也就是复活节的前一周，探险队第一次看到了范迪门斯地的海岸。午夜时分，铁壶灯塔的灯光照向了他们，指引他们沿着风暴湾到达德文特河口。第二天早晨9点半，引航员上船。那天天气十分多变，有强烈的横风，但这并没有阻止约翰·富兰克林爵士亲自出来迎接他们。他乘坐伊丽莎号顺流而下前来欢迎他们，登船时，幽冥号响起三声欢呼。当他们到达罗斯湾并下锚时，已经接近傍晚了。内利乌斯·沙利文为他们的安全返航表达了同样高涨的慰藉和喜悦之情："所有人都十分健康，精神饱满，得益于造物主赐予我们的食物与自由——快乐的水手很快就忘记了冰天雪地中冻得发紫的手指，其实在看到霍巴特镇戈登城堡的标志时，他们就已经把南纬78°的种种困苦抛诸脑后了。"

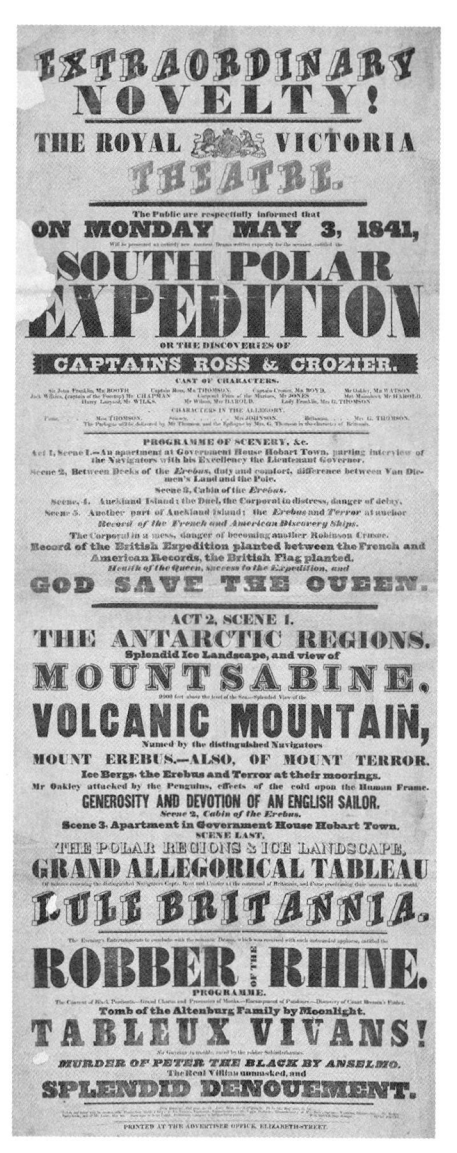

霍巴特镇的人们对幽冥号的归来欣喜若狂,他们举行了庆祝舞会,正如这张海报所宣传的那样,他们甚至还通过戏剧表演重现了它的第一次南极之旅。

第七章　与船长们共舞

1841年4月，幽冥号刚在罗斯湾抛锚停靠，热衷社交的麦考密克就将历时146天的海上航行抛诸脑后。在到达的第二天，他就去安吉尔西军营大吃一顿，与第51步兵团的军官们叙旧。次日一早，他又借了军营里的一匹马，骑马到里司登去看望他的朋友格雷格森一家。值得高兴的是，他发现他的鹦鹉不仅还活着，而且"发音技巧有很大的进步"。

威廉·康宁汉去找他在第51步兵团的熟人们叙旧，特别是他的老朋友，比优格少校。他很高兴自己能平安归来，不过他的日记却显得有些沮丧："可我还是有些失望，因为没有收到过朋友的来信。"

当麦考密克和康宁汉等人沉迷于社交时，罗斯也没闲着。他知道，根据海军部的指示，如果有必要，他要去南极度过第二个夏天。他的船都需要彻底清洗和重新上漆，索具需要拆卸、整修，船体也需要重新密封。他还要推荐几个人。罗斯推荐了克罗齐尔指挥官，在写给蒲福爵士的信中他称其为"一张可靠的王牌"；对副首席官爱德华·伯德更是赞不绝口："因为他丰富的经验和准确的判断力，在很多情况下我都将探险的指挥权交付给他。"

最后，罗斯郑重地撰写了上报海军部的航海报告。直到夏末，这封信才传到英国，尽管他宣称自己取得了种种成就，但人们对此反应却褒贬不一。海军水文地理学家蒲福和爱德华·萨宾对其印象深刻。蒲福称其为"极为罕见的、将被载入史册的现代航行之一"。然而，身处白厅的海军部高官们却反应平平。更令人感到奇怪的是，提交给第一海军大臣明特勋爵的报告也被其删减，报告也未在《海军部公报》上发布。根据萨宾与罗斯的通信，"明特勋爵一反常态地表示，由于没有出现人员伤亡，你的报告不应发布在《海军部公报》。"对罗斯的成就如此出人意料的漠视，随之而来的便是有些吝啬的认可。虽然大家一致认为罗斯应该得到嘉奖，但对于奖赏的形式却存在争议。巴罗和哈丁顿勋爵——很快就会接明特勋爵的职位成为第一海军大臣——希望能授予罗斯爵位，需要罗斯花费400英镑。如果罗斯回国后以个人名义接受爵位，只需100英镑。蒲福建议他等等。1841年9月7日，罗斯的报告上呈至下议院。萨宾自费购买了30份。

这份报告在国际社会上引起了热烈的反响。罗斯的壮举在法国受到了广泛欢迎，冯·洪堡十分兴奋。法国顶尖科学家认为与探险收获的自然藏品相比，德维尔的藏品简直"贫乏和无趣至极"。如果麦考密克和胡克听说这个消息，肯定会十分高兴。

当然，南极探险者在霍巴特镇永远都是英雄，在这个被罗斯称为"南部家园"的小镇，每一个人都毫不掩饰自己的热情，欢迎他们的归来。英国皇家维多利亚剧院是一个位于坎贝尔街的码头音乐礼堂，霍巴特镇的社会精英在这里永远不会感到无聊。剧院趁热打铁上演了一出"以罗斯船长和克罗齐尔船长的壮举为原型的史诗级航海剧",纪念他们的成就。剧名十分吸人眼球,叫作《罗斯船长和克罗齐尔船长的南极探险与发现》,与它串场搭配的剧是《莱茵河强盗》。首演时间距离探险队回来不到一个月,准备之匆忙和仓促是显而易见的。麦考密克是探险队中唯一一个去剧场观看的高级官员,他在"前排包厢观看,四周都用帘子遮了起来,与其他人隔开"。他认为这部剧"十分平庸,表演得不够好",而《霍巴特宣传报》觉得对这两个船长的表演"有损那些声名显赫的人物的精气神"。

约翰·富兰克林爵士不允许女儿埃莉诺去看演出——"爸爸不支持我去看戏。"——不过后来她打听到了很多细节。"据说这部剧十分荒谬……比如,剧中约翰·富兰克林爵士有一头浓密的头发。"她对一位朋友咯咯地笑着说。

与此同时,一场更为盛大恢宏、高规格的活动正在筹划中。这是霍巴特镇从未有过的盛况:在船上举行庆功舞会,庆祝探险队的成就,并感谢霍巴特镇人民的热情款待。舞会定于6月1日举行,并为此成立了一个舞会筹备委员会,外科医生麦考密克担任皇家海军幽冥号的名誉秘书长。这个职位让他有机会将科学和社会结合在一起。5月18日,星期二,他写道:"(我)参加了舞会筹备委员会,还收到了一只鸭嘴兽(有着鸭嘴形的嘴巴,只在澳大利亚东部发现过)……不幸的是,它在运输途中死了,我保存了它的外皮。"

5月21日,星期五,距离舞会开始只有一周多的时间。两艘船绑在一起,尽可能地靠近海岸。23日,星期天,舞会筹备委员会在罗斯的船舱内开会,并开始发送邀请函,邀请对象包括镇上的权贵以及两艘船上的军官,"确保在逗留期间关照过他们的每一位都能收到这份致意"。

6月1日晚,天公作美,天气凉爽,空气清新。"幽冥号与恐怖号的舞会"8点正式开始。马车来到政府大楼后,沿着一条特别铺设的小路,穿过树林,就可以直接抵达罗斯湾。在那里,富兰克林爵士已经清理出一片围场,客人可以在这里下车。两艘船都挂满了中国灯笼,停在离岸不远的地方,通过船桥连接到岸边——幽冥号被设为舞厅,而恐怖号则被设为餐厅和酒吧。甲板上升起了防水布作为遮挡棚。客人们两两并排,经过一对高大的灯柱,穿过由帆布遮蔽的拱廊,拱廊上装饰着旗帜、黄荆树枝和其他本地植物,"就像一个洞穴的入口",麦考密克在他的日记中写道,"在沿着一条阴暗狭窄的通道走了大约六七十码(五六十米),人们从舷梯走到后甲板时,会有一阵炫目的光突然投在他们身上。"

两位船长和他们的军官们,穿着整齐的军礼服,欢迎每一位登船的客人。还有人想了个好主意,把探险队带来的所有镜子都挂在船上,作为礼物送给他们可能遇到的本地人。据一位目瞪口呆的17岁客人描述,共有700面镜子,镜子"将灯光反射得美轮美奂"。

罗斯船长的舱室和枪械室——本应该是男人的堡垒——此刻已经变成了宴会的女士化妆间,配备了镜子、发夹和一瓶瓶香水。通往下层甲板的台阶——通常都是男人们为了拿索具跑来跑去的地方——此刻覆盖着红色粗呢,舱门入口处挂满了点缀着玫瑰花图案的红色旗子。

"舞厅"两旁插满了旗帜,还有两个演奏台。其中一个演奏台上铺着鲜花装饰的布,第51步兵团乐队在年轻的维多利亚女王的画像下演奏。另一个演奏台在主桅后面,表演的是霍巴特镇的方格乐队。

11点,恐怖号上的晚宴开始了。300名客人花了些时间才通过舷梯从一艘船来到另一艘。一登船,迎接他们的便是各种精美的装饰,船的两侧铺着黑色和绯红色的地毯,镜子前摆放着蜡烛。麦考密克觉得"麦克默多(中尉)……按照他一贯的好品位,在装饰上可谓做到了完美无瑕,这无疑使得我们的幽冥号相形见绌。"枝形吊灯尤其引得麦考密克一阵阵羡慕嫉妒的目光:"由明晃晃的钢制刺刀组成,看起来比我们租来的中规中矩的玻璃吊灯有品位多了。"

晚餐的桌子已经摆上了各种鸡肉、馅饼、糕点、蛋糕和水果果冻,此外葡萄酒、波特酒、雪利酒和香槟也是一应俱全。罗斯和克罗齐尔坐在约翰·富兰克林爵士的两边。麦考密克的日记写道:"伴随着响亮的欢呼声和一瓶瓶酒被倒空,很多人都说了祝酒词并喝得酩酊大醉。"他们在幽冥号的甲板上跳舞,一直跳到早上6点。

通宵舞会举办得非常成功。康宁汉在他的日记中写道:"一切都进行得十分顺利,热闹非凡。"这和第二天他写的简短记录形成了鲜明的对比:"清理垃圾;头疼。"报社也都不吝赞美之词,称其为"光荣的6月1日"。一位17岁的"时尚女士"在给朋友的一封信中表露了她的看法:"在政府大楼前举办的舞会……被认为是有史以来举办过的最好的一次活动。我有幸与罗斯船长和克罗齐尔船长共舞。"两天后,她参加了方格舞会,对于引起探险队其他成员的关注感到十分开心。他们如果不是出于爱情,便是一种慷慨:"几乎每天都会有一些军官问候并带来花岗岩标本,信天翁蛋和其他各种来自南极的东西。"

富兰克林夫人缺席了舞会,她在之前的四个月里正好在新西兰旅行。毫无疑问,她非常后悔她的旅程安排。舞会结束近三周,她才乘坐宠爱号(Favourite)单桅帆船回到霍巴特镇,富兰克林爵士和罗斯船长特意去迎接她。她在写给姐姐玛丽的信中写道,两位船长还在霍巴特镇让她喜出望外,她表示如果他们离开的话她会十分想念他们。

在派克罗齐尔前去协调罗斯班克观测台的事宜后,罗斯前往该岛南部收集标本以及塔斯曼半岛的地质学和植物学信息,并勘察了沿海的天然海港和浅滩。即使不是正式值勤时间,他也一直在记录、计算和评估周围他所见的一切。出于对理解和改善世界的真诚承诺,他又一次提出了他那恬不知耻的干涉主义的建议。他在后来的航行记录中描述了他的挫败感,"如此迷人的国家竟仍然是一片毫无用处的荒凉之地,明明能够生产出丰富的食物供更多的人食用,英国现在还有成千上万的人没有充足的食物维持每天的生计。"

面对大自然,罗斯就像麦考密克以及和他同时代的其他许多人一样,好奇心很强但缺乏情感。当时全世界人口还不到 10 亿,但资源却十分丰富。而今天,随着世界人口数量逼近 80 亿,对人类栖息地的保护与其说是出于义务,倒不如说是迫于威胁。对当年的罗斯来说，塔斯马尼亚资源丰富的海洋和森林不是用来保护的，而应该是用来开发的。

要让世界变得更美好，就必须让世界更有生产力。如果有鱼，就应该捕鱼；如果有森林，就应该砍伐。他看不上木材原料的价格，认为林地应该变成农田，拥有优良海港的宁静海湾应该变成更高效的港口。

对于岛上的原住民，罗斯和其他人也都没怎么提及。当时几乎所有原住民都已经被杀害，或者转移到弗林德斯岛。胡克在他的日记中有一段令人特别伤感的记录。"这个岛的原住民，现在只剩下三个男人：一个老头、一个中年人、一个孩子。他们还都处于野蛮的状态，很少有人能看到他们。"

罗斯是一个意志坚强、思想坚定的成功人士，他认为世界是为人类服务的。他在此迈出的这一小步是人类守护家园的一大步。

1841年,幽冥号和恐怖号在冰天雪地里度过了圣诞节。约翰·戴维斯在恐怖号上描绘了这一场景。

第八章 "海洋朝圣者"

"（1841年）7月7日清晨，"罗斯写道，"我们权衡利弊后，来到了河边准备启程，约翰·富兰克林爵士和许多其他朋友都来船上为我们送行，祝我们一帆风顺。"

这是罗斯和幽冥号以及恐怖号上的成员最后一次离开塔斯马尼亚。他们离开英格兰已经快两年了，当下南极至少还有一段适宜的时期。这是他们在之前成功的基础上再接再厉的机会，为了找到一条通往南磁极的路线；为了更了解冰障和它后面的山地；为了能一劳永逸地确认冰层下确实有一块新大陆。

当时一定是依依不舍的吧。这座岛屿对于他们来说是美妙的地方，舒适且友好。现在，他们又要再次面对冰天雪地里的重重危机。康宁汉在日记中写道："我在塔斯马尼亚感受到深情厚谊。"麦考密克在他的日记里透露，他是多么怀念在旅行前的最后一天，在里司登的格雷格森家里度过的美好时光。胡克结识了一位好友布雷登上尉。据他描述，上尉的房子"完全英式……客厅的桌子上摆满了各种最新的期刊和小饰品，就像我们每个人家里常见的那样……比起经历了四个月在狭窄船舱的生活，这真是让人身心愉悦的调剂"。

对于克罗齐尔来说，离开时的心情一定是很复杂的。尽管索菲亚·克拉克罗夫特拒绝了他，但他对她依然迷恋——现在他不得不怀揣着这份迷恋独自踏上另一次漫长的南极之旅。

在他们离开的前一天晚上，富兰克林夫人向他们告别，后来她承认，"我们的最后一个晚上，让我感到非常悲伤。"她努力与罗斯保持联系，然而从罗斯离开的两个月后给她的回信中来看，很显然他并没有做出积极的回应。"亲爱的罗斯船长，"她嗔怪他道，"别忘了把你答应过的那封内容有趣、丰富的闲聊书信寄给我——我也有给克罗齐尔船长写信……请代我向幽冥号上所有的朋友们问候，我非常怀念他们……愿上帝保佑你，亲爱的罗斯船长——你的挚友，珍·富兰克林。"

她丈夫的热情好客给大家留下了很不错的印象。罗斯特别感谢他对于观测台的倾力支持，胡克对他的赞美也是滔滔不绝。"我可以用一整封信来谈论这个话题，"他在给妹妹的信中写道："但我也不能过多地对约翰·富兰克林爵士评头论足……他在各方面来看都是一个好人，作为基督徒和水手也十分优秀。"胡克回忆起富兰克林热情的问候与告别，特别是他们第一次南极探险返航的时候。"他轻快爽朗地走到船舷边，手里拿着帽子，发自内心地欢迎我们每一个人，握手时仿佛就在摇水泵柄（用粗俗的话来说），你看了也一定会忍不住笑起来。"

也许这次探险遗憾最多的是富兰克林自己。尽管那次最后的聚会确实很成功，但他必须面对日益激烈的反对他担任总督的声讨。这些声讨主要来自心怀不满的当地人和冷漠无情的殖民办的办公人员；最终，不到两年他就被解雇离开了塔斯马尼亚。这是他和妻子所无法接受的,也最终导致了在这次远航后,富兰克林再也没有见到过幽冥号了。

根据海军部的指示,罗斯首先需要沿东北方向行驶,在达到悉尼后按指令修建一个"适宜测定所有地磁要素"的台站。两艘船抵达博坦尼湾,一周后穿过海岬,进入被罗斯称为"世界上最壮观的港口之一"。风被彻底阻挡在外面,幽冥号和恐怖号不得不用小船拖着,才能够进入这个美丽的港口。

康宁汉十分喜欢悉尼港的活力:"每个人似乎都在忙个不停。"他注意到这里定期会有来自英国的新移民乘船抵达。"下午,一艘移民船从苏格兰驶来,搭载着形形色色的移民。"几天后,也就是7月26日,"一艘大型移民船从英国驶来。"当晚,澳大利亚俱乐部为所有现役军官举办了一场盛大的晚宴。康宁汉虽然没有收到邀请,但也跟着一些军官参加了这次活动,"晚上坐着小艇去了镇上,我非常喜欢这个地方的景色。"

胡克认为,相比于霍巴特镇悉尼还存在差距。与塔斯马尼亚首府相比,悉尼的街道维护不够完善,商店的货物品类也不全。当然,他还是很开心结识了亚历山大·麦克利,这位前殖民部部长不仅对胡克的收藏品十分感兴趣,还委托他经营自己的25英亩花园,这片花园可谓是植物学家的天堂。通过他,胡克也认识了一些有趣而特别的科学家,包括"通过味觉能判断头骨年龄"的巴克兰博士。

不到三周,他们就完成了在悉尼的相关任务,于1841年8月5日启程前往新西兰的群岛湾(Bay of Islands)。幽冥号的航行速度一向不算快,为此罗斯还抱怨过,即使是满帆状态下,它在塔斯曼海上航行的速度也没有办法超过8节——而恐怖号则更慢。然而，这里还是有很多值得一提的事情。飞鱼经常会与信天翁和抹香鲸一起出没，有时会直接落在甲板上。8月9日，一颗流星在西南方向的天空划落，中旬应该会有一场流星雨，这就是它的前奏。罗斯确保自己已经向所有的值班人员说清楚注意事项，大家也都十分热情地投入到这项任务，甚至没有一个人愿意换岗。他确定至少会有两三颗星星坠落，"他一直观测，发现它们在天空中摇摆！"

在测量水深和水温时，他们又发现了一处从海床上长出来的珊瑚礁。罗斯根据它的规模估计"将来可能会在新南威尔士州和新西兰之间形成一个岛屿"。看到珊瑚生长这部分内容时，我不禁唏嘘不已——现在世界上任何地方的珊瑚几乎都在萎缩。

离开悉尼的第21天，他们抵达新西兰最北端的群岛湾。这里是英国在新西兰的第一个殖民地，主要为捕鲸船服务。当他们驶进海湾的时候，一艘来自美国的大型捕鲸船给康宁汉留下了深刻的印象。这艘船周围还有其他九艘捕鲸船，以及一艘被改装成酒吧的船，"一开始还以为那是个小教堂呢。"

捕鲸者与当地的毛利人之间相处得还算和谐，但英国政府正在着手正式确立整个新西兰的主权。在罗斯的探险队抵达群岛湾18个月前，威廉·霍布森船长与毛利人首领签订了一项条约，以保护他们的生命和土地财产安全作为交换条件，英国对这里拥有主权。这个后来被称为《怀唐伊条约》（Treaty of Waitangi）的实施造成了当时政局紧张，尤其是关于财产的定义以及迫使毛利人出售土地的压力。当罗斯和他的手下抵达那里时，这种紧张的局势已经演变成了毛利人和殖民定居者之间的暴力冲突。

罗斯觉察到了局势的动荡，他下令所有人不要离船太远，随时携带武器。这并没有影响麦考密克的一贯行事作风。在他们到达后的第二天，他就起床出去闲逛："拜访了科伦索的印刷厂，山上散步……山上长满了一种叫作茶树的植物，这种植物闻起来很香，开着漂亮的白色花朵。"到了下午，"我再次在观测台附近登陆……还射下了两只新西兰蜜雀，那是一种外形漂亮、尺寸与八哥差不多的鸟。"他还结识了一位"相貌端庄、身材有些粗壮"的传教士威廉姆斯，他曾是一位皇家海军上尉。威廉姆斯为毛利人主持礼拜仪式，称在推动当地居民皈依基督教方面取得了显著的效果。麦考密克邀请威廉姆斯和他的妻子上船，还赠送了他们一些自己收集的南极标本，而罗斯也向他们展示了观测台的一些磁性仪器。几天后，麦考密克卸下几箱标本，将其装到即将从奥克兰驶往伦敦的木星号（*Jupiter*）。他的标本藏品实在是太多了，卸下一部分让他（或许还有他的同事们）松了一口气。

胡克也在悉尼忙着自己的收藏，他在处理各种以鱼和昆虫标本为主的瓶瓶罐罐。罗斯船长对此也给予了鼎力支持。正如胡克所说，他的船长"不知疲倦地沿着海滩收集各种东西，然后交给我进行收纳整理"，船长还确保他的船舱里有充足的空间方便胡克工作。胡克获准可以使用右舷窗户下的一张大画桌，"任何人都不可以打扰我"。他在船舱里准备了抽屉、储物柜和书架，这样"我就更没有理由不刻苦工作了。罗斯船长即使在他自己吃饭的时候也从不打扰我。晚上我可以坐在他桌子的一边，只要我愿意，我就可以一直开着灯"。

康宁汉记录道,在他们离开英国两周年时("今天正好离开英国两年了"),一场悲剧发生了。两名海军陆战队队员在返回幽冥号时,小艇不幸倾覆。一位溺水身亡,名叫乔治·巴克;另一位被正好在岸上目睹事故发生的士兵救下。康宁汉自己也是一名海军陆战队队员,对此他感到很惋惜。"大家都感到很痛惜,他是一个快乐活泼的家伙,也是远征队中最强壮的人之一。"恐怖号上的25岁副船长约翰·戴维斯在给妹妹艾米丽的家信中也提到了此事,他形容巴克是"一个开朗的人,他讲的笑话总能引得周围的人哄堂大笑"。

几天后,更糟糕的悲剧发生了。来自英国的罗伯逊夫人的家被当地人纵火烧毁,她和她的男仆以及膝下的三个孩子都惨遭毒手。由于担心暴力事件进一步升级,探险队在偏爱者(Favourite)军舰的护送下,于1841年11月23日凌晨5点前从群岛湾起航。"甲板上看起来就像一个农场小院,"麦考密克写道,"……各种牛、绵羊、山羊、猪和家禽,每个区域还都装饰着一排南瓜。"

驶出海湾后,偏爱者在返回奥克兰之前,按照传统进行了三声欢呼。幽冥号和恐怖号则继续向西南航行,前往查塔姆岛——罗斯一直很想去那里进行磁观测,评估它作为捕鲸站的潜力。

连续两次的短暂停靠似乎影响了副船长戴维斯的身体状况。"我当然非常晕船,"他回忆说,"我们在港口待了六个月,却几乎没有休息,我预料到了。我可能永远也克服不了。从某种角度说,我实在太不幸了。"岸上的日子似乎也影响了船上的纪律性——这其实也可以理解,因为在经历了相当长的一段相对自由

第八章 "海洋朝圣者"

的时光后,再想重新适应每天的工作没那么容易。无论如何,在出海的第二天,詹姆斯·罗杰斯——幽冥号舵手——因为"违反纪律"被降职,遭鞭打36下。当他摆脱警卫企图从船尾跳下去逃跑时,又被拖回甲板并受到了更严厉的惩罚。虽然他被救了回来侥幸逃过一死,但整个事件引起约翰·戴维斯的反感,他把幽冥号和自己所在的恐怖号做了比较:"那条船在秩序方面远不如这条船,"他说,"士兵和军官之间太熟悉了,我不喜欢那样。"

事实上,这似乎是罗斯唯一一次觉得有必要惩罚他的水手(他的曾孙,海军少将M.J.罗斯说,他不喜欢公开惩罚,尽管他确实是一个纪律严明的人)。讽刺的是,一周后,恐怖号上也出现了第一起体罚事件。克罗齐尔的日记记录:"因盗窃罪罚约翰·欧文48鞭。"康宁汉也在他的日记中提到,"这件事情对我们来说很不寻常,但这个人确实是罪有应得,他的罪行是偷盗、抢劫同伴、污秽以及不正当行为。"

康宁汉对欧文的污秽行为十分反感,并重申了船上个人卫生的重要性。船员们通常被分成几个"组",由一名军官负责监督确保其他人符合健康标准,每周会有几天用来清洗、剃须和缝补。有些军官的船舱里有盥洗盆,如果天气够暖和,船员们通常会在前甲板用盆或者桶洗澡。天气越冷,船员们就越难得出舱,就越有必要进行卫生检查。帕里在他1821年的第一次越冬航行中曾建立了一套常规制度。正如他在日记中所描述的那样:"早餐后船员有三刻钟的时间准备集合,然后我们准时在九点一刻分组……对所有人进行严格检查,包括个人卫生、身体健康状况以及他们的衣服是否足够保暖。"

帕里这一制度的影响十分深远，罗斯和克罗齐尔肯定也采取了类似的预防措施。

离开新西兰三个星期后，他们有生以来第一次遭遇了这样的情况：当他们从浓雾中出来时，发现自己面对的是三座巨大的扁平冰山。其中最大的一座就在船的正前方，冰山里面还有因海水侵蚀产生的溶洞，以及正在脱落的冰柱。在经过离冰山不到半英里（800 米）处，罗斯估计它高度 130 英尺（39 米），周长四分之三英里（1200 米）。气温持续下降，他们在 12 月 18 日一早醒来时，发现自己已经被堆积的冰层包围了。起初，冰层还很轻，很容易开散，但随着他们继续前行，冰层变得越来越厚，最终罗斯不得不向西迁回前进。

桅杆瞭望台通过喊叫声指引船只，选择在开阔的水面上缓慢航行。燕鸥、海角鸽和白海燕盘旋在船只上方。冰面上的海豹行动迟缓，很容易就被人用棍棒击中脑袋，然后被拖到船上当作食物。他们在一只海豹的肚子里发现了一块 9 磅（4 千克）重的花岗岩石，这让罗斯感到很是困惑不解，因为这群海豹距离最近的陆地也有至少 1000 英里（1600 千米）。

气温已经降到零度以下。戴维斯给他的妹妹写信抱怨自己身上长了冻疮，"令人感到非常麻烦和苦恼"。"为了治疗冻疮，我每天晚上都要用朗姆酒泡脚，"他写道，"可是这根本不起作用。如果你现在看见我的话，可能要认不出哥哥了：我现在头发很长，为了保暖，我的胡子布满整个下巴；我穿着厚厚的靴子，戴着吉姆·克劳（Jim Crow）式的帽子，穿着格子衫……我们都修整成好看的造型,就像一场化装舞会。"他接着抱怨船上的猫钻进了他的抽屉,撕毁了六张航海图,但很快他就原谅了这只猫,因为19日那天,它生下了三只小猫。"这样的事你可能觉得不以为然,但对我们来说可是一件大事,因为一只小猫往往就能让原本单调无味的航行变得轻松一些。"第二天,"它们被放在一个温暖干净的盘子里展示给罗斯船长。"

圣诞节那天,康宁汉认为"一点儿也不愉快",他们一直在研究有关冰层逐渐密集的问题。那天大部分时间他们都陷在浓雾中,四周被11座冰山围绕着。罗斯船长和部分军官以及军官候补生一起在炮房里吃了一顿烤鹅作为午餐,但这是一场死气沉沉的聚会,天空也一直灰蒙蒙的,甲板上储藏着供他们饮用的冰块,喝起来更冷了。和去年同期相比,今年的天气要冷得多。几天后,麦考密克和罗斯开始着手将抓来的三只大企鹅剥皮保存,但是手因为寒冷导致很笨拙,每只企鹅都要花大约四个小时处理。麦考密克注意到,在这些企鹅的胃里有一些鹅卵石和消化到一半的鱼。多亏罗斯他们带回的标本,后来人们才能很快了解到小石头对于企鹅筑巢至关重要,而这些消化到一半的鱼应该是为幼崽准备的食物。

进展十分缓慢。与去年夏天相比,船只更早地遇到了浮冰。尽管他们已经协商决定只航行250英里(400千米),但一周只前进了30英里(48千米)。眼看这一年即将结束,他们还没有到达南极圈,而且情况在变得越来越糟糕。

"12月31日,星期五。新年前夕……冰层将我们完全包围住了。"康宁汉在他的回忆录中写道。他们被困在一片坚硬无比且

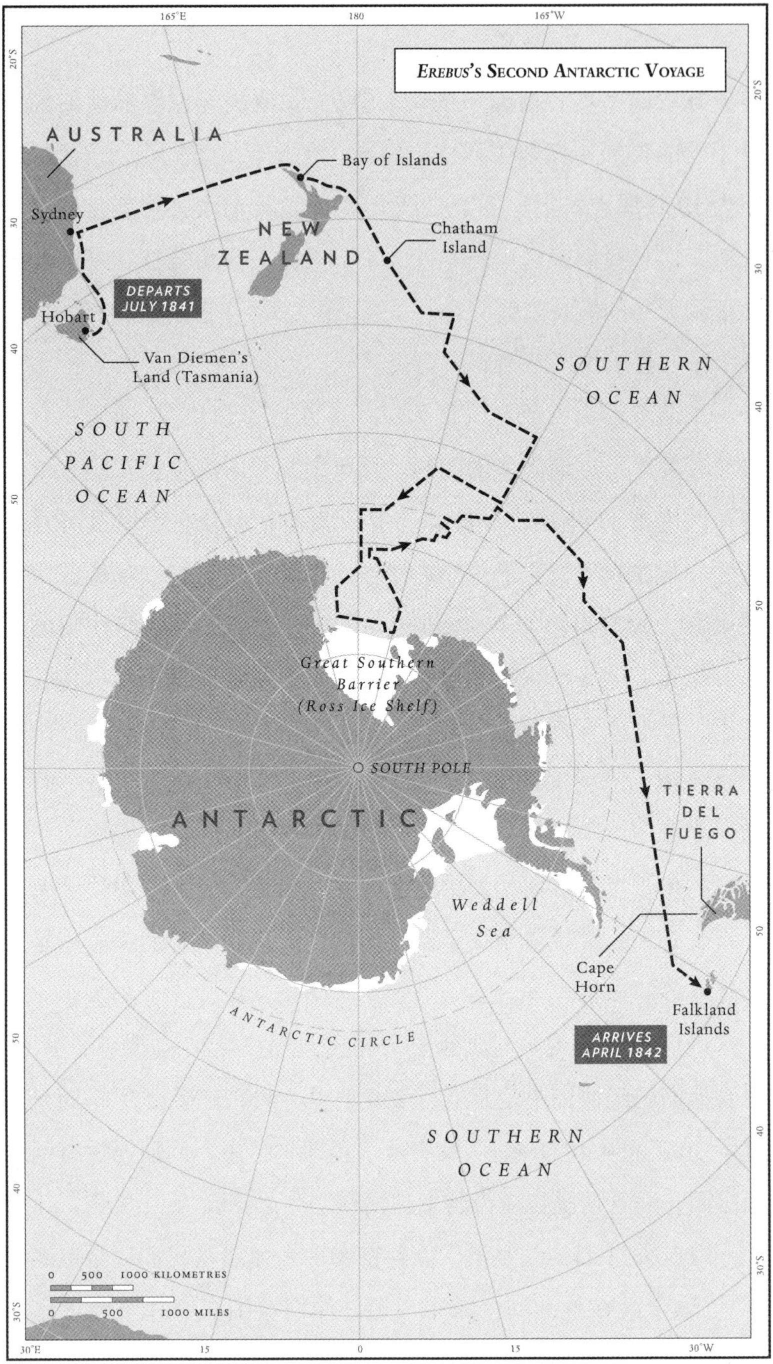
EREBUS'S SECOND ANTARCTIC VOYAGE
165°E
180
165°W
20°S
30
40
50
AUSTRALIA
Sydney
Bay of Islands
NEW ZEALAND
Chatham Island
DEPARTS JULY 1841
Hobart
Van Diemen's Land (Tasmania)
SOUTHERN OCEAN
SOUTH PACIFIC OCEAN
Great Southern Barrier (Ross Ice Shelf)
SOUTH POLE
ANTARCTIC
TIERRA DEL FUEGO
Weddell Sea
Cape Horn
Falkland Islands
ANTARCTIC CIRCLE
ARRIVES APRIL 1842
SOUTHERN OCEAN
0 500 1000 KILOMETRES
0 500 1000 MILES
30°S
30°E
15
0
15
30°W

第八章 "海洋朝圣者"

几乎无法移动的冰块中,冰块挤压在一起,冰层表面偶尔还会产生锯齿状的锥形突起,还伴随着枪声一般的爆裂声。尽管如此,罗斯还是很乐观。他们应该很快就会找到出路,大家的士气也一直很高涨:"我们所有人都满怀希望,心情愉快……欢庆新年。"

副船长戴维斯也保持着这种乐观的情绪。他十分自得于自己可以在两艘船之间穿行,他在幽冥号上用餐,然后和约瑟夫·胡克一起在"坚硬的雪地上凿出一个女人的身影,并称之为'美第奇家族的维纳斯'。她静静地坐在那里,大约有8英尺高(2.4米)"。他们还在冰里挖了一个房间,里面有一张冰桌和一个冰沙发。随后便是无拘无束的庆祝活动。如果此时一只企鹅路过的话,大概会看到水手们在那吹喇叭,敲锣打鼓,用胳膊夹住猪让它们尖叫,因为每艘船都试图在制造噪音方面超过另一艘船。他们保持着高亢的情绪,可能也是想通过响彻这个静默、寂寥的世界来证明自己的存在。在嘈杂的声音达到巅峰之前,附近的企鹅和其他生物早就逃之夭夭了,两艘船都敲响了42下新年钟声。

在午夜来临之际,罗斯船长和两位同伴一起在新挖的冰室中与大家握手,为所有船员的健康干杯。值得一提的是,根据戴维斯的记录,他们当时"全员都在":没有一个人在睡觉,也没有人值班——被这样困在冰面上也就意味着没有必要再攀爬索具、收帆、操纵舵轮或者保持瞭望了。詹姆斯·克拉克·罗斯探险队就这样在一片热闹的氛围下迈入了1842年。每个人都在其中,不论何种身份或地位。据内利乌斯·沙利文的说法,恐怖号上的一些船员来到了幽冥号,在甲板上跳舞直到凌晨5点,然后在"水手舱里进行了一两场拳击比赛,最后以双方战平为结束"。

正如康宁汉中士所说,"1月1日,星期六,在欢快的氛围中我们迎来了新的一天。我希望这一天也能在欢快的氛围中结束。"

在元旦的早餐后,每个人都领到了一套全新的御寒衣物——一件夹克、一条裤子、两条靴子袜、两套被子、两副手套、一顶威尔士圆帽、一把刀和一些线以及一件红衬衫。副船长戴维斯对那件红衬衫特别满意:"非常方便,可以穿两个星期。"应该是指两次洗涤之间的时间间隔吧,姑且这么认为。

船员们在冰面上做的第一件事就是清理积雪,他们用积雪建造了一个冰上舞厅和酒吧,在船钩和破冰斧之间挂了一个牌子,牌子的一角画着酒神巴克斯,另一角写着大不列颠。牌子一面写着酒吧的名字——"海上朝圣者",牌子的另一面写着"科学先驱"。据戴维斯说,这让罗斯船长觉得非常有意思。

这一次,探险队领队兴致高涨地松开了他的头发。"克罗齐尔船长和'罗斯小姐'以四对方舞开场。"戴维斯在给妹妹的信中写道。尽管罗斯是位虔诚的长老会教徒,但他对变装并不陌生。在帕里第一次远征时,他还是一名海军军官候补生,在北极的冬天里他就扮演过两次女性角色,分别是在《加勒特市长》(*The Mayor of Garratt*)中的布吕安夫人以及《西北航道,航行的终末》(*The NorthWest Passage, or The Voyage Finished*)中的波尔小姐。他和克罗齐尔一出场,气氛就活跃了起来。之后的表演是里尔舞和乡村舞,还发了冰激淋呢。

感谢副船长戴维斯的绘图天赋,让我们不仅看到文字记录和官方报告中的内容。他的水彩画《冰上新年,1842年,南纬66°32′西经156°28′》是我所见过最温暖人心的画作之一,画面上有飘扬的国旗、演奏的音乐家,以及一名摔得四脚朝天的海军陆战队队员。在戴维斯写给妹妹艾米丽的信中也充满了纯粹的喜悦之情:"如果看到我们所有人穿着厚厚的靴子,跳着华尔兹,脚底还打滑,你一定会笑掉大牙……最棒的是,在这段时间里,没有人说一句脏话。"

在我自己的南极之旅中,我印象最深刻的是那一片白茫茫的大地,以及那种包罗万象的寂静——一种偶尔会被浮冰的咯吱声、破裂声和呻吟声打破的寂静。我尝试着想象水手们在那里欢呼雀跃地跳着华尔兹、八人里尔舞,那时的他们应该是整个地球南端唯一存在的人类,那是一个令人惊叹的超现实画面——冰,这个经常被认定为敌对的可怕存在,暂时成为了一个闪光夺目的白色舞池。

至少在这一夜,所有人都是平等的。"大约1点的时候,船长们离开了,我们向他们扔雪球,向他们欢呼,他们对这两种致敬都予以相应的回礼。"戴维斯写道。就连罗斯也被这种情绪所感染,在其后来的探险日志中虽然回避了大部分过于轻浮的部分,但仍然能够感受到他的轻松和愉快。"如果在英国的朋友们能看到这一幕,他们一定会认为我们在进行一场非常快乐的派对,而事实也的确如此。"庆祝活动在第二天继续进行,还举办了一场滑稽的南极运动会。比如,爬油腻的杆子比赛,或者谁先抓住涂了油的猪,所有这一切都伴随着刺耳的锣声(本来是用于在浓雾中与其他船只保持联系的)和吹牛角声。

冰层没有任何溶解的迹象。1月3日,麦考密克记录道,他考虑从幽冥号出发,朝各个方向步行探索至少半英里(800米)。

身为一个男人只要存在机会,就不应该坐以待毙,而他也正是这么做的。他始终谨慎地随身带枪,也难怪一只白海燕从他身边飞过时,他直接开枪射中了它。但有一次情况稍有不同。海燕落到了浮冰上一处难以接近的地方:

> 当时跟它一同飞行的伴侣,立刻落在了受伤的海燕附近,并将自己的喙朝向垂死的同伴,痛苦地哀鸣着。它将自己的脖子弯曲着贴向那早已倒伏的身影,叽叽咕咕地啁啾着内心的悲伤之情……然后,仿佛是受到某种刺激或者本能的感知……它明白了这就是死亡,它再怎么做也无力回天了。于是它振动翅膀,径自飞走了。当我尽可能地绕过各种浮冰打算将那只海燕捡起来的时候……这只可怜的小家伙慢吞吞地在冰面上摇摇晃晃地走了几步后,仍虚弱地抬着头,那显然是它最后的挣扎了。

随后的内容听起来有点像是一种幡然悔悟。"我们对动物的生活和心灵的了解是多么少啊!它们无疑是具有感情的,也可以称之为天性或者其他你觉得合适的称呼。它们的构造与它们高贵的主人——人类非常相似……这种相似的大脑和神经,使它们成为和人类一样有意识的存在,也一定使它们掌握了思想的力量。"

对于一个经常开枪猎杀鸟的人来说,这算得上是一种自省,麦考密克还进一步批评了像他自己这样的人:"这些被冤枉和低估的生命让他们感到羞愧,就像他们经常做的那样,表现出高阶的道德特质。"

三天后,风向逐渐偏转向东,他们才找到足够开阔的水域,摆脱浮冰的困扰,只留下逐渐漂远的"美第奇家的维纳斯"和冰上舞厅还在悄声地提醒着那珍贵的新年狂欢时刻。在接下来的一段日子里,随着船再次被困在冰层中,那些原本美好的回忆似乎也变成了令人浮躁不安的幻想。他们的进展非常缓慢。有时他们甚至就只能在一小片如同水塘般的水域里不断抢风调向,好像被困在麦考密克罐子里的标本。万幸的是——他们发现自己又漂流着回到了圣诞节那天所在的地方时——两艘船始终在一起,没有走散。而且,幽冥号和恐怖号可以通过它们之间的冰面互相往来。他们尽可能地猎杀遇到的海豹,成果最丰硕的是奥克利先生和阿伯内西先生。其中有一只海豹重达850磅,产油量超过了16加仑。还有一只被开膛破肚后,大家发现它的胃里竟然有28磅的鱼。

1842年1月12日,冰层大量破裂,船可以继续向南航行。幽冥号一晚上就前进了20英里(32千米),但到了第二天早上,冰层产生的阻力变大了,人们只好试着用杆子和船钩把冰层推到一边。两艘船现在都被限制在了半英里(800米)的水域中,为了减少碰撞的可能性,罗斯下令两艘船都紧紧地停在同一块浮冰的两侧。这就是17日所遇到的情况。汹涌的浪花和迅速下降的气压预示着一场强烈的东北风即将来临。在此之前,展现出了一种诡异的平静。气温上升到零度以上,浓雾一直笼罩着船只,紧接着开始下雪。一座巨大的冰山在雾气中若隐若现,并且离船十分近,而罗斯唯一能做的就是命令两艘船都挂上帆,祈祷一个好结果。他们离被冰山碾碎只差几英尺的距离,幽冥号经过冰山时,它的后纵帆桁的顶端已经擦到了冰面。

第二天早上，海面变得更加汹涌，以至于绑在幽冥号上的两根 8 英寸（20 厘米）长的缆索因压力太大断开，被海浪带走的同时还走了两个冰锚。12 小时后，狂风终于来了，掀起滔天巨浪，疯狂地拍打着最高的冰山。麦考密克写道："就其强度，相当于西印度的飓风。"

风暴来袭时，内利乌斯·沙利文躲在幽冥号甲板下面："每一次撞击都仿佛想要把船身震得粉碎，我们甚至以为桅杆已经掉到了海里。"在恐怖号那边，约翰·戴维斯也记录下了同样如世界末日般的恐惧。"有时候，"他写道，"我们以为那些撞击会把我们碾得粉碎。"就在两个多星期前，他还愉快地在同一冰面上嬉闹。"两艘难以驾驭的船在一片未知的海洋中随意漂流，这就是我们当时的处境……在那种情况下无人能帮助我们。"

罗斯同样忧心忡忡。"午夜过后不久，"他后来写道，"我们的船就陷入了一片由不断翻滚的冰块构成的海洋中，这些漂浮的冰块像花岗岩一样坚硬……船只被毁灭似乎是不可避免的。"这两艘船的命运在过去的 28 个小时内迟迟无果。罗斯只能祈祷，看着"海浪翻卷，冰山破碎成许多巨大的碎片，我们的船只能在其中起伏、挣扎……一种可怕的力量不断猛烈冲击，并将这一切都碾在一起"，"我们坚守着各自的岗位，"他后来回忆，"只能听天由命地等待上帝的安排，但愿让我们安全渡过这个巨大的难关。"

直到 1 月 21 日早晨，暴风雨才稍微平息了一些。幽冥号的船尾因为在水中颠簸遭到了严重的损坏，根据恐怖号发出的信号，它的船舵已经毁坏，无法修复。于是，他们放下一艘小船，

第八章 "海洋朝圣者"

让罗斯船长前去检查损毁情况。情况看起来比幽冥号更严重。恐怖号的船舵已经支离破碎，艉柱也已经严重扭曲，很难用备用零件修好。不过考虑到这两艘船所遭受的严峻考验，两艘船居然都没有出现太过严重的损坏，令他既惊讶又宽慰。对于克罗齐尔在风暴中保持船体稳定的方式——将货舱内的物品仔细地进行重新堆放，使船只最大程度保持稳定，罗斯感到十分钦佩。当然，他们以前也曾在南大西洋狂风暴雨中幸存下来，但当前的情况他们还是第一次遇到，冰块昼夜不停地撞击船只，还有像花岗岩一样坚硬的冰块碎片埋伏在船底，随时可能扎破船体。

大多数船员都已经疲惫不堪。整个晚上加上前一天，他们都处于高度紧张状态。罗斯也很累。戴维斯记录道"罗斯船长脸上已经没有了往日的笑容，他看起来很焦虑也很疲惫"。罗斯让部分船员回到甲板下面休息，留下部分船员继续修理船只。

船上断裂的船舵被吊起，木匠们也开始拆除断裂的部分并进行替换，军械工、铁匠内利乌斯·沙利文锻造了一个用来连接的部件。他们当天就完成了这部分工作，但还有很多事情要做。两艘船上的镀铜被冰块撞得部分脱落了，需要更换。恐怖号上的木匠们正在忙着制作一个新船舵。

接下来的几天比较平静，却也同样让人感到很挫败。探险队仍然只能任由冰块和狂风摆布，无法取得重大进展。一天 24 小时都需要集中精神保持警惕，既为了寻找出路——冰层上可供船只通行的裂缝——也为了防止被海浪推动着撞向各种巨大的冰山。更加雪上加霜的是，恐怖号还差点起火。来自西尔维斯特的加热装置需要昼夜不停地运行，为了去除甲板下面的湿气以保持干燥。而温度过高的加热装置导致人难以靠近，附近船体的部分木头被点燃，浓烟滚滚。为了防止船舱着火，大家不得不往船舱注水。他们在第一次航行中没有遇到过这种事情，所以完全没有应对措施。

直到 2 月的第一天，情况才出现转机。傍晚的时候，他们发现已经接近冰层的边缘，由于周围的冰层都比较厚，幽冥号又接连被撞了几下。终于在次日凌晨 2 点，进入了一片开阔的水域。

内利乌斯·沙利文表达了所有人心中的宽慰之情："感谢上帝和英国建造的船只，在被封锁长达 47 天之后，我们又一次回到了广阔的海面。"至于戴维斯，他写下了自己无以言表的喜悦，也表达了他对于进展缓慢的绝望——自平安夜以来，他们只前进了 100 英里（160 千米）。

气温下降得很快。一根 1.5 英寸（3 厘米）的绳子在被冰包裹住后，周长至少有 1 英尺（30 厘米）。海浪冲上甲板时，值班船员和舵手（两艘船上都没有带棚顶的舵手室）都会变成移动的冰块人。一天早晨，当船头的冰被凿开时，人们发现了一条完全冻在船边的鱼。人们小心翼翼地把它取出来，解冻，正准备画张草图记录这一景象时，船上的猫跳上前去把它吃掉了。

2 月 22 日午夜刚过，在又遭遇了一场大风后，人们听到望哨处在大喊：前方已经靠近大屏障了。但他们还没找到通道。罗斯抱着渺茫的希望想再坚持一段时间，但冰层正在迅速地变厚，他也意识到这道屏障似乎没有尽头。2 月 23 日，幽冥号在离冰墙 1.5 英里（2400 米）远的地方停下来等待恐怖号，两艘船同时记录下他们的位置——西经 161° 南纬 78° 9′ 30″，比上次的记录还

第八章 "海洋朝圣者"

要往南 6 英里（9600 米）。恐怖号副船长戴维斯在写给他妹妹的信中描述了他的感受。"幽冥号传话，让我们向它停的地方行驶，这样，两艘船能在记录上保持一致。我可以很自信地说，没有人能打破这个能够抵达的最南纪录。"在某种程度上，他是对的。没有一艘帆船能够像那一天幽冥号和恐怖号那样如此深入南方。事实上，在之后的近 60 年时间里，也没有哪只船到达过如此遥远的南方。罗斯在 1827 年创造了北纬 82° 43′ 的纪录，而今他可以宣称，他与他的队员爱德华·伯德和托马斯·阿伯内西实现了一个壮举：创造了世界上探索最南端和最北端的纪录。

然而，第二次探险仍未达到他最初的期望。南磁极对他们来说仍然遥不可及，船只被冰层困住的时间太久，甚至一度面临离开英国以来所遇到的最大危机。现在是时候在更严重危机出现前脱离现状，前往一个安全的避风港进行整修和补给了。这一季的探索季已经结束。罗斯向克罗齐尔发出信号，他打算前往福克兰群岛（Falkland Islands）。

那天晚些时候，他们进行探测时，一向好奇的外科医生麦考密克最后看了一眼旁边陪伴他们许久的坚不可摧的冰障，这冰障又一次断绝了他们登陆南极大陆的机遇。他写下了日记中最精彩的一段：

那一天晴空万里，唯有一轮明日挂在湛蓝的天空中，阳光洒在大障碍上，让这犬牙交错的陡峭边缘熠熠生辉，也凸显出其形状各异的棱角和轮廓，它们在明暗交替间组成了一道高 100 英尺（30 米）的、曲折、漫长而又陡峭的冰墙。……沿着冰墙的底部，无数大小、形状不一的冰块碎片或分散一边，或混杂地堆在一起……在这些巨大的悬崖峭壁上遗留着很多凹坑，那是狂风在席卷南大洋广阔而强大的海面时，汹涌海浪中所蕴含的恐怖威力造成的。

南极短暂的夏季已经结束，冰山的规模和出现频率也在增加。据戴维斯回忆，在2月的最后一天，"我们遇到了大量冰山……其中一些的规模达到了数英里，有一个甚至有90英里（144千米）长。"非常危险！他们在避开一座冰山时距离甚至不到30码（77厘米）。"我们经过时，我吓到几乎喘不过气来，"戴维斯写道，"船上的水手都在甲板上准备抢风调向，但还是没能成功。"幽冥号侥幸通过后，船员们只能眼睁睁地看着恐怖号和冰山搏斗："根据幽冥号上的人所说，当时的场景很美，或许相比于身处其中的人来说，那些相对安全的人大概会觉得还挺有趣吧。"

人们很容易认为，随着船只在3月初向北航行，危险就会慢慢减少。但实际情况却正好相反。冰山的数量确实减少了，但是提前察觉它们变得更加困难了，尤其是当夜晚的时间延长到八小时的时候。尽管如此，康宁汉中士还是自信满满地在他3月12日的日记留下这样的结语："到目前为止，这是一条通往福克兰群岛的美丽航道。"但很快就又出现了一篇语气截然不同的日记："13日，星期天，我希望我再也不要经历这种日子了。"

快到凌晨1点的时候，风力逐步加强，而幽冥号还在以7节的速度航行，位于前桅楼上的詹姆斯·安吉利在大家上方100英

第八章 "海洋朝圣者"

尺（30米）的高空发出警告："全体船员到甲板上集合！"在吊床上熟睡的人们被惊醒，他们半裸着身子，迷迷糊糊地来到甲板。约翰·戴维斯就是其中之一。"我躺在床上，手里还攥着病号排号单。"他后来写道，"我被收帆的声音吵醒，之后躺在那听着动静。根据舵手不断发出的命令，我知道一定是出事了。最后，有人在前舱口大声叫道：'大家都到甲板上来帮忙，每个人！'——紧接着就传来一阵撞击声。'天哪，'我不禁大喊，'我们撞到冰山上了。'"

事情发生得很突然。罗斯指挥他的船只进行左转舵以回避撞击，却发现恐怖号在上帆和前帆的作用下，已经进行了右转舵，并向他们冲来，它已经不可能同时避开冰山和幽冥号。碰撞已是不可避免。恐怖号上的约翰·戴维斯回忆了接下来发生的事情。"我先打开舱门，防止门被卡住，然后匆匆穿上两三件衣服，跳上舱口，并且做好了冰山的峭壁已经悬在头顶的准备，却没想到跟在舷梯后面的竟是幽冥号的船头……它的船身已经骑在鲸枪之上，它的前桅和船首斜桅都不见了。我们被它向下方撞了一下，我差点摔倒。"

罗斯船长也描述了撞击的瞬间：

两船相撞时形成的冲击几乎让每个人都站不稳。我们的首斜桅、前桅顶和其他小桅杆都被撞坏了。两船因索具缠绕在一起，在可怕的外力作用下对撞之后，跌撞在饱经风雪侵蚀的冰山表面……迎着海浪冲击时溅起的浪花，直冲向陡峭冰崖的顶端。有时恐怖号被巨浪抬得很高，我们甚至能够看到它的龙骨，待我们被抬高到浪顶时，它再次跌落回来，感觉就在我们下方，破裂的干舷和船只的撞击声使得这一景象变得更加恐怖。

为了躲避冰山，这两艘坚固的船被迫驶到了相撞的航道上。它们从大自然的各种摧残中幸存下来，现在却还在因为海浪的冲击而不断地撞来撞去。内利乌斯·沙利文惊恐地看着恐怖号与他所在的幽冥号相撞，恐怖的力量使船锚深深地扎进了8英寸（20厘米）厚的船板里。幽冥号的首斜桅"被撞得粉碎"，前桅和所有的帆桁、支架及索具都被扯断。"在那一刻，"沙利文回忆，"我们这些可怜的海上朝圣者都以为那是我们生命的最后一刻。"

康宁汉中士从恐怖号的角度描述了接下来发生的事情。"然后，两船互相后退了一段（这对于挤在甲板上的那些可怜的半裸着的人们来说，是一种极度的惶恐）。伴随着可怕的冲击，它再次撞向我们的主梁……船身的一侧都快被击穿了，护舷材被撞坏，内衬铁板也被撞得七零八落。"两艘船纠缠在一起后，一会儿又被撕开，桅杆因此折断，帆横杆重重地砸落在甲板上。在一片嘈杂和混乱之中，克罗齐尔船长抓住机会，冲向前方冰山的一处极其狭窄的缺口。戴维斯在给妹妹回忆那个痛苦时刻的时候，描述了他脑海中闪过的想法："艾米丽，你知道我所恐惧的是什么吗？我不敢站在一个严厉、仁慈而公正的上帝面前；我还不想死。之前的我为什么不能抽出一天做好面对这一刻的准备呢！我脑子里接连不断地闪过各种念头！一眨眼的工夫，我就回顾了一生中所经历的一切，除了仁慈的上帝之外，我还能相信什么呢？"

恐怖号惊险地从缝隙里驶出。幽冥号是否能如此幸运就不清

第八章 "海洋朝圣者"

楚了。当时,海军陆战队队员康宁汉中士一直紧盯着他身后的一片黑暗,一切似乎都结束了:"我们看不见可怜的幽冥号,我们也看不出它有什么方法脱险。"

幽冥号的处境非常危险。这次严重的碰撞使它近乎瘫痪,倒下的桅杆和低层的帆桁缠绕在一起,船员们无法升帆。罗斯必须尽快想出办法,在他后来的探险回忆录中,他详细描述了接下来发生的事情:

我们要想摆脱这种糟糕而又可怕的处境,唯一的方法就是依靠应急后退(相当于把船倒回去),赌赌运气……船身剧烈摇晃,再加上底层的桁臂一旦碰撞到高耸的峭壁,桅杆就有可能折断,所以松开主帆是一件非常危险的事情。但命令刚一下达,水手就展现出了英国的勇敢精神——水手们就像平常一样,敏捷地爬上索具,虽然他们不止一次地从帆桁上滑下来,但没用多久他们就成功地松开了帆。在狂风的呼喊和海浪的咆哮中,人们很难听清并顺利执行命令,所以我们用了近45分钟才把帆桁固定好,再抢风调向往回航行,整个过程十分艰难——船员们从来没在这种天气下采用过这种紧急手段。最终,达到了预期效果,船身聚力后退,船尾也进入海里,鱼叉和小艇都被浪冲走了,船上低层的桁端不断刮蹭着冰山粗糙的表面……没过多久我们克服了种种险境,看到另一只船在我们船尾的方向,而我们正向它航行。现在的困难是要掉转船头,让船头平稳地穿过两边冰山之间的空隙,然而,空隙的宽度不超过船身宽度的三倍。很高兴我们做到了。几分钟后,幽冥号乘风航行顺利冲过了两个陡峭冰壁之间的狭窄海峡……下一刻，我们来到了背风处的平静水面上。

恐怖号点燃蓝色的灯，表示它安全了。当看到不远处同样闪烁的蓝光时，康宁汉知道他最担心的事情没有发生，幽冥号成功脱险了（"每个人都为之高兴"）！回头凝视那片黑暗，他们明白这两艘船都能逃生是多么幸运的一件事。冰山不是一个单独的漂流物，而是一条漫长又连绵不断的链条的一部分，除了那处他们侥幸逃生的窄缝之外，没有他路。

沙利文坚信是上帝拯救了他们："朋友们，是全能的上帝，只有他才能在距离任何陆地都超过3000英里（4800千米）的地方，将我们从悲剧中拯救出来。"康宁汉对此十分赞同："对此我必须承认，我们之所以没有被送去见上帝，一定是上天的眷顾。"还有戴维斯："天亮后，我们看到了幽冥号发出的信号。我回到了自己的船舱里，如同一名急需救赎的罪人般向全能的神表达自己最为虔诚的感谢。"

麦考密克记录他这次死里逃生的经历时，更直接更现实：

在如此凶险的危急时刻，没有人会再羡慕船长的责任……不过，罗斯船长可以从容应对这种紧急情况。他双臂交叉在胸前，像一尊雕像般站在后甲板上，沉着地下达了松开主帆的命令。他的动作十分坚定，但也流露出了……除了绝望之外的各种复杂心情，他担心地等待着这个最后的、也是仅有的应急方案的结果。

罗斯和他的船员在最严峻危险的情况下实施的后退策略在

第八章 "海洋朝圣者"

任何时候都是一场豪赌。恰恰是这高度冒险的决定而不是万能的神,拯救了船员们的生命。

克罗齐尔在恐怖号上同样也难以平静。"当一切都结束后,船长说他完全不知道他在这一小时里做了什么,也不知道我们是如何通过的。"戴维斯写道。但他之后又继续示意,对于那些在船上的人来说,这是一次多么可怕的经历:"只有一人情绪崩溃,但是有两三个人也哭了。"

两艘船之间通过信号交流确认,恐怖号并没有受到严重破坏。正安全停泊在冰山背风处的幽冥号已经派人在甲板上清理断裂的桅杆和破碎的索具,其他人等待着更换工作。

一颗流星划破天际。

第二天,尽管这一天通常是神灵的安息日,但船员们仍在努力维修。有人重新安装索具,木匠们制作新的船首斜桅,还有人负责寻找右舷船首漏水的原因。经查证,漏水是因为碰撞时船锚撞到了船舷。他们决定,为了安全起见,不移动船锚更好。于是船锚就留在了幽冥号上,这也成了他们面对死亡时一种不屈的象征。两艘船的船舵都受损,幽冥号的船舵损坏程度过于严重,只好用橡木板做了一个备用船舵,再利用冰锯把它们固定在一起。根据戴维斯的描述,两艘船上的镀铜层都"像牛皮纸一样卷曲起来"。

不到两天,幽冥号就再次竖起了前桅杆,并在上桅帆桁上挂好了帆,准备借助强劲的西风,以 7—8 节的速度快速前进。虽然它已经伤痕累累,但它每天还是能航行 160 英里(257 千米)。

当他们接近传说中可怕的合恩海角时,预计天气会恶化,但迎接他们的却是晴朗的天空和柔和的风。"快速接近合恩，"康宁汉写道，"航速 7 节。" 3 月 29 日，罗斯船长、克罗齐尔船长和其他船员测量海水的深度和温度时，康宁汉抓住这个机会打扫了一下房间。"寝室通风。换上干净的吊床，清洗换下的脏吊床。我很高兴这些都完成了。"

如果天气一直保持晴朗，只需一个星期的时间他们就能到达福克兰群岛的安全港，还有机会休息、休养，以及修复过去四个月旅程中所遭受的损害。他们认为最糟糕的时期已经过去了，这么想也是理所应当的。

4 月 2 日黎明时分，一阵大风刮来。这时的他们应对大风已经很有经验了，水手们站在主帆桁上缩帆，就像他们之前千百次所做的那样。然而，这一次却出了问题。幽冥号的舵手詹姆斯·安吉利，也就是在几个星期前在那个噩梦般的夜晚第一个发现冰山的人，正站在帆索上，不曾想意外发生了。即使作为一名"高手"中的精英，他也没能抓住绳索摔落下来，就像一颗石头掉进水里。随即，有人向他抛了一个救生圈，起初他似乎发现了救生圈，并且紧紧地抓住它不放。幽冥号也尽可能快地掉转船头，朝向安吉利——因为海浪太高了，无法安全地放下小艇。而当距离他 200 码（180 米）时，风向突然改变，他们不得不再次调整。当船再次掉头时，罗斯看到安吉利"牢牢地坐在救生圈上"，但他警觉地注意到"他并没有用专门准备的绳子把自己固定在救生圈上"。当船再次靠近时，已经看不到抓着救生圈的人了："我们内心的悲痛无以言表，"罗斯记录道，"我们的战友就这么不幸地消失了。"

恐怖号上的康宁汉不禁感慨，幽冥号比恐怖号承受了更多的不幸，"有三人溺水而死，一人窒息而死，还有一人重伤。"海军陆战队队员乔治·巴克、水手长罗伯茨、货舱长爱德华·布拉德利以及现在的舵手詹姆斯·安吉利都遇难了。"感谢上帝，我们（恐怖号）还没有遇到任何意外。"

两天后，他们看到了博谢讷岛（Beauchene Island），福克兰群岛700个岛屿中最南端的一座。人们本应该情绪高涨，但由于他们中有人遭遇不幸，因此幽冥号上的任何庆祝活动都显得有些黯然失色了。约翰·戴维斯在恐怖号上写下的那段话，虽然有点耸人听闻，但却肯定反映了许多人的内心感受，这两艘疲惫的船驶近他们自去年11月以来看到的第一个人类定居点。"我们经历了一次虽然成功但却损失惨重的航行，也经历了一次可以载入世界上任何一本海军史书的奇迹般的脱险。也正因如此，才使得大家的情绪如此低落。"在寻找锚地时，迎接他们的是大雨和浓雾，这无疑加剧了他们本就沉重的心情。岸上也没有大张旗鼓地欢迎，由于能见度太差，岸上的人甚至都看不见他们。

1842年4月6日，罗斯探险队停靠在路易斯港。据说这幅素描出自恐怖号的约翰·戴维斯之手。

第九章 "这个地方糟糕得超出想象"

九年前,菲茨罗伊船长曾带领比格尔号进入福克兰群岛。幽冥号正是循着菲茨罗伊船长所编制的详尽海图于1842年4月6日来到了狭长海湾——伯克利湾(Berkeley Sound),并停靠在海湾顶端的路易斯港(Port Louis)。迷雾和连绵的阴雨让大伙儿没有收到家信所带来的失望与苦涩更加浓烈,由于布宜诺斯艾利斯的补给迟迟未能送达,岸上的食物种类可能还没有船上的丰富。约瑟夫·胡克在给父亲的信中沮丧地写道:"这个地方糟糕得超出你的想象。克尔盖伦群岛跟这比起来简直就是天堂……这里没有信件,没有报纸,没有社交,没有男人或女人,什么都没有,只有数不清的牛……野鹅、兔子和狐狸。"只有恐怖号的克罗齐尔船长和幽冥号的伯德上尉可以稍稍庆祝一番——有消息传到福克兰群岛,罗斯几个月前对他们的提拔推荐已经获批。

这个殖民地破旧不堪。副总督理查德·穆迪是皇家工兵部队的一名28岁的军官。上任才两个月,他对詹姆斯·克拉克·罗斯这样的杰出探险家来此,似乎感到有些惊慌失措,更不用说面对随船的126名成员了。岛上的人口一下子就翻了一倍。胡克本就有点嫌罗斯在向英国公众告知他们的壮举时过于含蓄了,这次他兴高采烈地报告,"总督说我们最近的成果在英格兰引起了极大的轰动。"不过对于总督本人他就没那么客气了。"事务长上岸的时候天色已暗,在房间里见到副总督阁下时,昏暗的房间甚至没有蜡烛,身边站着一位看起来很浮夸的秘书。即使事务长被雨淋得浑身湿透,也没有人给他一杯葡萄酒或罗格酒。"这个殖民地没有面包或面粉。尽管会让自己令人反感,总督还是向那些已经在海上航行了四个半月的船只乞求,向他们讨要一些补给。

当我到达福克兰群岛时,我发现,175 年后的今天,福克兰群岛的人口已经从 60 人增长到 3000 多人,其中近一半是在福克兰群岛出生的。根据最近的人口普查,余下的一半中有 740 人登记是英国人、241 人是圣海伦人、142 人是智利人,其他 469 人。"其他"中有 3 名格鲁吉亚人、1 名斯里兰卡人和 74 名津巴布韦人。在连接普莱森特山(Mount Pleasant)军事机场和首府斯坦利港(Stanley)之间的崎岖老路边,我看见了有条不紊地清除着 1982 年战争遗留下来的地雷的人们。这场战争——或者有些人更乐意称之为冲突(因为官方从未正式宣战)——在 35 年前就结束了,对英国来说是一场胜利,许多人都认为这场战争鼓舞国民士气——表明我们仍有能力取得战争胜利。1842 年,詹姆斯·克拉克·罗斯和幽冥号来到这里时,他们对英国军事胜利的记忆应该更近一些——当时距离拿破仑在滑铁卢战役中战败还不到 30 年,许多在世的人还记得听到了纳尔逊在特拉法加海战大败敌军的消息。

福克兰群岛诞生于各种冲突之中。1763 年七年战争结束时,法国已经失去了北美、印度和西印度的大部分殖民地,急切地寻

第九章 "这个地方糟糕得超出想象"

找能重建其全球影响力的方法。路易斯·安托万·德·布干维尔,是一名士兵、水手——他的名字广为人知,不仅因为他是第一个环游世界的法国人,更因为他那充满朝气与活力的热带墙壁和花园装饰。他提出了一个计划,用历史学家巴里·戈夫的话来说,就是"在福克兰群岛上种植百合花饰"。路易十五代表皇室赞同此项计划,却又不愿意提供资金支持,于是布干维尔决定自掏腰包资助到福克兰群岛的远行。他从布列塔尼的圣马洛港征召了船只和船员。1764 年 2 月抵达群岛,以他的水手和造船工人的城市名将其命名为马尔维纳斯群岛(les Îles Malouines,后来在西班牙语中译成 Las Islas Malvinas),首府命名为路易斯港,冠以他的皇家赞助人的名字。他选择福克兰群岛的原因尚不清楚。他对这里的第一印象毫不乐观:"一个没有人烟的地方……四周一片寂静,只有偶尔的海怪叫声;处处都透露着一种古怪和悲凉。"

但法国并不是唯一一个在此宣称主权的国家。英国人在岛上的其他地方登陆后,也企图将其占为己有;西班牙人则通过《托尔德西拉条约》宣称对整个岛屿拥有所有权,该条约在 1494 年将新大陆划分给西班牙和葡萄牙。在接下来的 50 年里,福克兰群岛先后被法国、英国、西班牙占领。随着南大西洋捕鲸业的发展,美国也声称拥有福克兰群岛的主权。1820 年,一个诞生于西班牙帝国残骸的新兴国家阿根廷也正式宣布主权要求。

我在斯坦利港码头吃岛上的第一顿晚餐(一种美味的小鳞犬牙南极鱼)时,听到隔壁餐桌的人在用西班牙语交谈。他们是几天前来参加福克兰马拉松的阿根廷人。比赛的冠军和亚军都是阿根廷人,可他们在当地却不怎么受欢迎。最近阿根廷游泳运动员的和平之旅也不受待见，他们穿的 T 恤上印着"福克兰群岛是阿根廷一部分"的字样。

第二天一早，在去拜访《企鹅新闻》——福克兰群岛的主要报纸——的编辑的路上，我注意到海洋勘探中心的窗户上贴着各种手写的标语："放弃你的主权主张""承认我们的自决权""对话免谈，除非阿根廷放弃对我们的岛屿的主权要求"。公平地说，在福克兰群岛历史的大部分时间里，诸多国家之所以对其感兴趣更多地是因为它们所处的位置，而非它们属于哪里。罗斯探险队在 1842 年的造访也不例外。

探险队甫一登陆，首要任务就是绘制他们的行程图。罗斯把这项任务委派给了恐怖号的副船长约翰·戴维斯。在写给妹妹艾米丽的长信结尾，他（戴维斯）承认最近压力很大。"我眼睛都快瞎了，一直在夜以继日地绘制英国必须抵达之地的图表。"第二天，他才如释重负地写道："我终于绘制完了，罗斯船长认为他完成得非常出色。"在戴维斯这封充满真情实意的长篇书信里，我们可以感受到这个年轻人，还有航行中的其他许多人，在离开家两年半之后，对于家人和亲人的强烈思念。"替我亲吻我最爱、最爱的妈妈。"他在结尾处要求道。"至于艾伦，你可以亲吻她——还有你自己——带着对所有的姑娘和朋友们的爱与怀念。而我，也将一如既往地，是你至爱的哥哥。"

随着冬天临近，最迫切的需求就是为船员们提供稳定的食物来源。大家被指派出去屠宰任何可食用的东西，主要是鹅、兔子和当地的野牛，它们都是法国在 1764 年第一次抵达这里时带到岛上的牲畜所繁衍。胡克形容它们"拥有不屈不挠的勇气和难以

第九章 "这个地方糟糕得超出想象"

驯服的凶猛",还描述了一场猎人和猎物之间戏剧性的对抗:"勇敢的幽冥号炮手被击倒,他身体两侧的草皮被一头受伤发狂的公牛用角犁出了沟。"

当皇家海军双桅船绿箭号(Arrow)驶进路易斯港时,罗斯无疑松了一口气,这艘船之前一直在勘察这些岛,就如何对付这些肉多但危险的野兽能够提供更切实有效的建议和方法。他们建议用狗。

麦考密克博士自称其第一次射击之旅发生在4月11日。他似乎重新找回了打猎的热情。他发现沿着沙滩的低洼沙洲里有野兔,他打到了9只。"返程路上还打到几只鸟",包括1只鹰、4只画眉和从船上射下的1只雄性山地雁。5月9日,他打到了3只蛎鹬、1只兔子、2只黑鹰和1只背部灰白混杂的鹰。10天后,他的狩猎袋里又多了4只山地雁——"烤熟后,可以制成各种美食供我们享用",还有"4只白草雁、1只船鸭、1只褐鹰、3只鸭子、3只鸬鹚以及2只漂亮的鞘嘴鸥"。他还和托马斯·阿伯内西一起去猎野牛。有一次甚至找到了海明威的感觉。一枪打穿了一头老公牛的嘴后,那头公牛愤怒地向他们冲过来,直到这头公牛就要到他身边时,才被第二枪击倒。"那是一个令人紧张的瞬间,那头暴怒的野兽甩着犄角,鼻孔里喷着血,向我扑来,"麦考密克回忆说,"……我开了枪,它猛地跃起,然后落下……就在离我几英尺的地方,一股巨大的力量让我脚下的大地都在颤抖。"

排解无聊是很有必要的,尤其是在星期天。根据4月17日祭拜后的记录,康宁汉中士描述了休息日所遇到的危险。"他们浑然不觉地喝了一种标为朗姆酒的有害药物，醉得很厉害。晚上8点，我和船员们上岸，尽力把他们救出来：当时他们都躺在草地上。在守夜头班的时候，有一个人差点没挺过去，还好有人给他洗胃。"

5月3日，绿箭号启程前往里约热内卢，带着一些寄往家里的信件，以及罗斯希望尽快寄送新船首斜桅的请求。当他们经过幽冥号的船尾时，船员们发出三声欢呼，之后绿箭号便沿着海峡向东航行，驶进大西洋。

随着南半球冬天的临近，他们白天的工作就是进行磁场观测、狩猎野牛、稳固顶桅、架设临时的船首斜桅。他们还建了一个码头，把人和货物从船上运到岸上。为了让船员们有事可做，罗斯船长让他们去建造观测台，用于检查磁场计算；建造康宁汉所谓的"草房子"，这样当船被拖出水面安置在一旁修理和堵缝时，货物可以暂时安置在里面。布干维尔在要塞附近也建造了一个天文气象观测台。

在抵达这里的第二天，我从斯坦利港出发前往老首府路易斯港，看看是否还遗留有幽冥号和恐怖号的痕迹。我先沿着地势较高的地方走了一圈，那里还有一些观测台遗址的迹象。我继续向下来到了当年停泊船只的岸边，它们就是被拖到那里进行了一番整修。这片被胡克描述为"低矮且绿意盎然"的土地几乎没有改变。一条浅谷通向大海，一排石头延伸到海湾，那是当年他们建造的码头的遗迹。一块缓坡上有一座坚固的石头砌成的农舍，那是1843年所建的营房，可以俯瞰伯克利湾和远处低矮的岬角。

第九章 "这个地方糟糕得超出想象"

对幽冥号的船员来说,他们已经两年半没有见过家人和朋友了,这里毫无特色的景色一定让许多人感到沮丧,甚至绝望;但对于离开伦敦才两天的我来说,福克兰群岛的广阔令人耳目一新,甚至是自由无束缚的感觉。在完全无污染的空气中深呼吸,在岸上和鸟儿们——如鸬鹚、夜鹭、蛎鹬——一起散步,虽然这些鸟都对我爱搭不理的,但我还是从中获得了纯粹的快乐。

福克兰群岛一直都给人一种原始的感觉。显然直到1870年,岛上才出现了苍蝇。当它们来到岛上时,都被视为稀有的外来物种。斯坦利港的老妇人把青蝇放在笼子里饲养。查尔斯·达尔文在福克兰群岛待的时间比在加拉帕戈斯群岛待的时间更长,他和一些以狩猎为生的加乌乔人一起从路易斯港出发,在那里,他还曾在散步时发现了4亿年前的化石——后来成为构造板块存在的重要证据。"那次散步让我对福克兰群岛的整体面貌……都有了全新的认知。"他后来写道。

胡克刚刚到福克兰群岛时非常沮丧,但当他开始探索路易斯港以外的地方时,他就不再这么想了。他发现有65种开花植物,特别是当地的草丛,只要是有积水的地方它们就会长,而且长得很高,这让他很激动。

我自己对福克兰群岛的探索是从上空开始的——在福克兰群岛政府航空服务公司(FIGAS)的定期航班上。这似乎是可以离开斯坦利港又可以避开当季最后一艘大型游轮的最佳方式,游轮会在几个小时内把上千名乘客一股脑儿运送到岛上。为此我花了50英镑,坐上了一架型号为布里顿-诺曼岛民(Britten-Norman Islander)的双螺旋桨飞机开启了往返旅行。这架飞机会绕岛飞行、运送邮件,并将货物和乘客送到斯坦利港外的偏远区域。

这是一段令人兴奋的旅程。东福克兰岛的南端是一片宽阔的低洼草地,当地人称之为拉福尼亚(Lafonia)。这里的景观错落有致,蜿蜒的水湾、湖泊和池塘点缀在其中。然后,如同电影里一般梦幻,脚下的陆地突然消失,云层被拨开,我们越过开阔的海洋,朝着西福克兰岛崎岖不平、阳光明媚的海岸线前进。很快我们就越过了岩石拱门和陡峭的悬崖,小水湾变成了峡湾。我们沿着河岸直达斯蒂芬斯港(Port Stephens)的一处小的起落点,那里的飞机跑道是一片起伏颠簸的草地斜坡,终点则是一个棚子,正好可以装得下半辆汽车。

迎接飞机的是农场主的妻子和家人,还有一群好奇的秃鼻乌鸦——它们体型略大,好奇心旺盛,而且无所畏惧,经常到处嗅来嗅去地寻找各种亮闪闪的东西。大家都知道它们甚至会把汽车上的配件拆下来,摄影师是他们最喜欢的目标。飞行员警告我要保管好自己的智能手机。他说,乌鸦可是不需要密码解锁的,它们只是单纯想把手机啄成碎片。把货物交到农场主手上后,我们又横跨15英里(24千米)到了另一个地方,在占地极小的阿尔伯马尔港(Port Albemarle)接上一个人,然后穿过福克兰海峡,在群岛上空低空驰骋——对于幽冥号和恐怖号上的人来说,这样的福克兰群岛景象应该也是他们从未见过的。在这些岛屿中有两个岛——希里恩岛(Sealion)和布利克岛(Bleaker),是游客住宿的理想之地,岛周围有着数量惊人的海鸟、海豹和企鹅。

旅游业、石油储量和繁荣的捕鱼业是福克兰群岛经济复苏的

第九章 "这个地方糟糕得超出想象"

重要基础。当我们在斯坦利港上空俯视时,我看到重达 57000 吨的维丹号(*Veendam*)游轮将 1350 名乘客中的大部分人都放在了斯坦利港,让他们去逛商店、酒吧、咖啡馆和餐馆。

在 372 吨重的幽冥号上,他们正庆祝维多利亚女王 23 岁生日。据康宁汉描述,这是"肮脏而潮湿的一天",当天的庆祝方式是鸣枪敬礼,然后享受双倍供应的牛肉和朗姆酒。当天晚上,军官们在船上举办了一次丰盛的晚宴。第二天早晨 6 点,全体船员集合,趁着涨潮把船拖到岸上,再让船侧躺,方便仔细检查南极航行时受到的破坏。木匠们开始夜以继日地工作,更换木材,修复部分铜板。不到 36 小时,它就可以重新投入使用了。之后是恐怖号,但事实证明修复恐怖号是一项更加艰巨的工作。随着福克兰岛的冬天越来越寒冷,这项工作不得不在风雪交加下进行。

在这种恶劣的条件下,发生了一件恶劣的事情。来自幽冥号上的一个男孩(年轻的见习海员之一,年龄通常在 15 至 17 岁之间)指控岛上的一名加乔人对他犯下了"非正常的性犯罪"。州长穆迪及时下令进行调查,结果发现是虚假指控。男孩受到了很严厉的惩罚,被判处"在定居点的三个不同地点鞭打臀部 30 下"。在日记中,康宁汉对此事既批判又轻蔑。"我认为这是一种非常公正、温和的惩罚……如果是一个成年人,我认为他活该被绞死。雨下了一整夜。"也许这里暗示了人们对于公开展示同性恋的过激态度,这肯定是船上生活的一部分,尽管是私下的。在任何当代的文献中都没有提到过这一点。

6月底，有人看见一艘新来的船正沿着伯克利湾航行。后来发现，那是一艘来自里约热内卢的英国皇家海军战舰卡里斯福特号（Carysfort），由乔治·泡利勋爵指挥。这艘船不仅带来了国内的消息，还为幽冥号带来急需的补给和全新的船首桅。康宁汉为收到来自英国的信件和一些旧报纸欣喜若狂，但他对卡里斯福特号的船员第二天上岸休假时的行为不太满意，"所有人都喝得酩酊大醉，"他写道，"还有一个人喝得太醉了，呕吐时一块牛肉卡在他喉咙里，由于没有洗胃器，最终窒息死亡。"两天后下葬。还有一次，来自卡里斯福特号的一些人在夜里甚至闯入一位名叫约翰·斯卡利的爱尔兰人开的商店，偷走了一些酒。这艘船似乎本身也很不走运：在试图上水时，一艘小艇撞到了岩石上，不得不放弃，直到第二天早上幽冥号上才有人把它给解救了出来。

但不管幽冥号对卡里斯福特号有何看法，卡里斯福特号显然很喜欢陪伴在幽冥号身边。它的副指挥官约翰·塔尔顿给他妹妹夏洛特写了一封信，信中描述了几次非常愉快的聚会："接连不断的宴会，我们几乎每天都聚集在船舱里，先是在船长那边，然后是在我们这边。我们还在枪械房里腾出了可容纳20人的空间，为他们举办了一场盛大的香槟舞会。"罗斯船长是"一个非常有教养的人，和他在一起会让人感到很愉快"。对于罗斯最近提拔其副指挥官的事情，塔尔顿评价道："我认为恐怖号的克罗齐尔船长是一位忠实的追随者，他更适合做副指挥官，而不是当主要负责人。"奇怪的是，其他很多人也都这么认为。

卡里斯福特号和幽冥号的人似乎在某些地方达成了一致——

第九章 "这个地方糟糕得超出想象"

他们都不太喜欢总督。胡克指出"那位阁下"没有按照一般礼节请船上的事务长喝一杯。塔尔顿则认为穆迪"是个过度自命不凡的人。有一天,他在他那破旧的房子里请我吃了一顿很糟糕的晚餐,还说着一些难以想象的荒唐话"。也许这影响了塔尔顿上尉对福克兰群岛的态度。尽管他喜欢社交生活,喜欢打猎和射击,也喜欢军官室里的各种晚宴,但他实在对穆迪主管的这片地区提不起兴趣:"没有一棵灌木高过膝盖……在东福克兰也许还能找到一小块殖民地维持生计,目前来看没什么值得投资的地方。"

就这样,在幽冥号上举行了告别晚宴后,英国皇家海军卡里斯福特号在发出三声欢呼后,沿着伯克利湾渐行渐远。

* * *

虽然幽冥号和恐怖号在 7 月底的时候就已经整修完毕,但罗斯不得不待在这个荒凉阴冷、暴雨连绵的环境中,等待下一个观磁日,也就是 9 月的到来。他也一直在想办法让水手们忙碌起来,以防出现越来越多的打架和酗酒事件,于是他注意到海港上方的小公墓。

"为了让大家健康锻炼,做一些有意义的事情,"他写道,"我要求他们将一处尚没有围栏的墓地筑一道 7 英尺厚(2 米)、7 英尺高的墙。"其实没有多少坟墓需要圈起来,但其中有一位是南极探险领域的关键人物——马修·布里斯本船长。他曾陪同苏格兰捕鲸船船长詹姆斯·威德尔在 1823 年创下到达最南位置的纪录。布里斯本是一位足智多谋的船长,尽管他运气不佳,但是幸运的是他在三次沉船事故中都幸存了下来,每次他都能够利用沉船残骸为自己造一艘逃生船。然而,在 1833 年他负责英国在路易斯港的殖民地时,被一群叛变的阿根廷人和本土囚犯杀害,尸体被草草掩埋。九年后,罗斯对这位探险伙伴产生了某种亲切感,他下令将尸骨妥善安葬在新筑的墓地中,并立下一块崭新的墓碑,碑文上写着"纪念在1833年8月26日被残忍杀害的马修·布里斯本。1842年8月25日,英国海军幽冥号和恐怖号的船员将他的遗体迁至此地"。

那块墓碑现在仍然还在,墓地也还在,尽管已经荒废很久,周围杂草丛生。幽冥号和恐怖号船员建造的草皮围墙大多也都已经风化,人们很容易就能穿过围在古老墓地周围的临时栅栏。墓地的西北角,在福克兰群岛为数不多的一棵树下,有一块布里斯班墓碑的复制品。原版墓碑已经从山坡上这块裸露的地方移走,保存在斯坦利精美的船坞博物馆里。

几天后,从博物馆返回的路上,我遇到了一位现代探险家,欧内斯特·沙克尔顿号(*Ernest Shackleton*)船上的一名船员。这艘英国南极考察船刚刚从南乔治亚岛抵达港口,准备将来自南极各个偏远地区的科学家和观察员带回家。他们邀请我上船,在那里我看到他们在经过数月的孤寂后收集到的南极大陆边缘地区各种极其详尽的数据,他们也在尝试重新适应"正常"的生活。当这些现代胡克和麦考密克们听说我对他们19世纪40年代的同行感兴趣时,他们颔首表示赞赏。欧内斯特·沙克尔顿号的姊妹船叫詹姆斯·克拉克·罗斯号(*James Clark Ross*)。

结束参观后,我沿着岸边的小路走回斯坦利。海面上,在夜空的映衬下若隐若现的是各种各样的船只残骸,它们处于不同的解体阶段,诉说着南大西洋海域的危险。这条小路通向斯坦利的主街,也就是罗斯路,我觉得很自在。那么克罗齐尔船长呢,那个被塔尔顿视为"更适合当副指挥官,而不是一把手"的人呢?以他名字命名的克罗齐尔中心是斯坦利唯一的购物中心,他将永久地活在世人的心中。

Feuerländer-Typen.
Originalzeichnung von J. Buugart.

  在幽冥号的第三次南极航行中,它停靠在了火地岛(Tierra del Fuego),以便在那里建立一个地磁观测站。罗斯后来写道:"火地人确实是人类中最悲惨的种族。"不过他也承认他们是很好的伙伴。这幅德国版画雕刻于 1881 年。

第十章 "离开吉林厄姆的三年"

在指定观测日完成地磁测量后,两艘船开始为一次短途考察做准备:对好望角周围的磁活动进行调查。外科医生麦考密克平时很少出诊,当时正为一位福克兰群岛的居民患病的女儿进行最后一轮治疗。这位居民名叫艾伦·嘉丁纳,是一位46岁的海军上校,也是一名"狂热的"传教士。他的女儿最终活了下来,但嘉丁纳和其他六个人,包括他年轻的第二任妻子,在火地岛向土著传播上帝的福音时饿死了。

1842年9月8日,顺着可以扬起所有帆的风,幽冥号在早上就驶离了伯克利湾。当时,船上的海军上尉锡伯德先生和其他六名军官留在了路易斯港,负责观测台的维护。恐怖号离开时也没有带上备受尊敬的首席副官阿奇博尔德·麦克默多,因为他被诊断出已患有长期的胃病,必须回英国接受治疗。罗斯给海军部写信说明了情况,并推荐提拔麦克默多。事实上,遣送回国对于麦克默多来说并不是一次糟糕的职业选择。他后来晋升成为中将,并于32年后去世,他在南极洲的地图上留下了不可磨灭的印记,比如麦克默多海峡,此外还有以他名字命名的一个冰架、一处冰上观测站、一处干旱河谷和一条极地"公路"。

两艘船花了大约 10 天的时间才走完 425 英里（684 千米），到达了好望角。这不是一次轻松的旅程。离开福克兰群岛仅仅两天，康宁汉就记录他的船"在惊涛骇浪中努力航行"。9 月 10 日星期六的晚上，海风"刮得前所未有的猛烈"。12 日，已经"彻底演变成一场飓风。船身晃动得非常剧烈"。天气一直没有好转。15 日，海面上"巨浪滔天"。他们装好暴风帆，封好舱口后，大部分时间都待在甲板下，才扛过了这难熬的一周。相比之下，他们本来预计到达好望角的时候天气应该很恶劣，结果却发现那里海面平静，天气晴朗。"我们其实很可能在恶劣的条件下看到这个充满恐怖和风暴的海角"，罗斯似乎略带遗憾地写道。

我对他当时的失望能感同身受。在为 BBC 拍摄智利海军巡逻艇伊萨号（*Isaza*）绕行海角时，我也有过类似的经历。我们收到了严厉警告，做好迎接暴风雨的准备，如何把自己绑在铺位上，但最终却是虚惊一场——本应该波涛汹涌的大海平静无浪。罗斯当时不确定他的船在岩礁附近会不会有危险，只是稍微警戒驻留观赏了一番，而我们的智利东道主热情地放下了橡皮艇，邀请我们在好望角登陆。那天让我们对好望角感观大为改善的不仅仅是温柔和煦的天气，还有那只体型巨大、浑身湿漉漉名叫波比的狗，它从美洲大陆最边缘处的悬崖上一跃而下，热情地和我们的摄影师亲昵，好像它已经好几个星期没有见过人了一样。

我记得自己当时在想，我们是多么的荣幸才能够获得智利海军陪同。考虑到占用了对方很多的时间和空间，我向伊萨号的船长表示了歉意。毕竟，原本一艘只有 20 个人的 150 英尺（45 米）长的船上现在又多了我们 6 个人。但当我了解到在幽冥号这么一

第十章 "离开吉林厄姆的三年"

艘 105 英尺（32 米）长的船上居然有 63 个人时，我也就释怀了不少。

海角位于沃拉斯顿群岛（Wollaston Islands）的最南端，罗斯在其中的赫米特岛（Hermite Island）上发现了一个避风港——圣马丁湾（St Martin's Cove），幽冥号和恐怖号可以在这里停靠。达尔文在 13 年前曾访问过沃拉斯顿群岛，他称这里是"地球上最不宜居的国家之一"。罗斯探险队在这遭遇了冰雹、暴雪和寒风侵袭。在此期间，他们看到在海湾的入口处有一个营地，生着火，聚集了一群土著火地人。他们中有人乘着独木舟出来，指明抛锚的最佳地点，其他人紧随其后。根据康宁汉的描述，其中一艘独木舟"上面有 4 个男人、1 个女人和 1 个孩子，他们除了肩膀外都一丝不挂……女人站了起来，完全没有意识到她正处于某种微妙的境地，船上的人对她无礼地讥笑和评论"。一看到她，就会让人心生一种怜悯之情。"可怜的人，"康宁汉继续道，"她的生活一定很悲惨，因为除了独自带着一个年幼的孩子外，她还必须划着'独木船'。显然所有的工作都落在她的身上。"

罗斯乘船上岸，选好观测站的建造地址。地面清理十分费劲。在克罗齐尔船长的指挥下，他们一大队人连续工作了几天，才清理干净树木和灌木丛，却发现下面是一片沼泽。他们并没有气馁，干脆在上面打桩，一直打到黏土地基，用装满沙子的木桶建成一个相当坚固的平台。观测台就这样建立起来了。

对胡克来说，沃拉斯顿群岛充满无穷魅力。在某些方面，它们很像苏格兰的西部群岛，都有伸入陆地的狭长内海，也都有被低矮的山脉环抱的深邃而封闭的海湾。他在赫米特岛上发现了很多与英国相同的植物种类,数量远超过在南半球其他地方发现的。更令他感到好奇的是,火地岛上的许多植物物种,与他在偏远的克尔盖伦以及范迪门斯地上观察到的植物物种是一样的。考虑到南大西洋的盛行风和洋流是自西向东移动的,他只能假设克尔盖伦和塔斯马尼亚上的植物实际上都起源于火地岛,它们的种子从这片荒芜的地区经由狂风和海浪跨越了数千英里风暴肆虐的海面。

与此同时,罗斯也只看到了他们现在扎营的小岛上的萧瑟景象:"这些荒凉的景色,"他写道,"显得十分阴郁……乌云密布的天空,连绵不断的暴风和焦躁恼人的海洋,几乎完全感受不到大自然的勃勃生机。周围的寂静偶尔会被激流的空洞声响或是野蛮人的呼喊打破,而这一切只会加剧那股由内而发的敬畏之情。"

9月25日,星期天,康宁汉不无沮丧地说,"离开吉林厄姆已经三年了。"第二天,恐怖号的炮房管家因"工作一时疏忽"被横绑在一门大炮上,挨了24鞭。

随着罗斯和他的军官们在观测台展开工作,越来越多好奇的当地土著聚集在据点——有的在茅屋,有的在棚屋——观看发生了什么。罗斯对他们没什么感觉。"火地人确实是人类中最悲惨的种族,"他抱怨道,并将他们与"北方的原型,爱斯基摩人"做了不恰当的比较。他注意到,这些男人个头矮小,平均身高不超过5英尺(1.5米),而且他们都非常懒惰,让女人划独木舟、潜水寻找海卵和帽贝——他们主要的食物来源。但即使是严厉的罗斯船长也不得不承认他们是很好的伙伴。他们有一种很特别的模仿天赋,这让船员们都很着迷,而且他们随时就可以开始唱歌或起舞。一天早上，罗斯碰见几个手下在教火地人洗脸。然而，他们不喜欢肥皂的刺激感，所以改为洗手和洗脚。离开之前，探险队为他们每个人留了一套衣服。

11月初，他们离开了圣马丁湾，船上载着800棵小山毛榉树苗，准备带回树木稀少的福克兰群岛。

抵达之后，部分船员就立即开始卸货、栽树。另一部分人则被派去修理一艘英国捕鲸船哈尔凯特总督号（*Governor Halkett*），这艘装载鲸油的船发生泄漏后，紧急绕道前往福克兰群岛。他们花了一个星期的时间才把船拆开，把船头的洞堵上，之后再重新装好，所以几乎没有时间派狩猎队出去补充补给。麦考密克却尽其所能搞到了很多鸡蛋、鹅、兔子和船鸭。这次他用的不仅仅是猎枪。根据11月17日的日记，他正在试验其他杀戮动物的方法。"今天晚上，我对三只企鹅进行了氢氰酸试验，确保以最快、最人道的方式结束它们的生命。一滴稀释的酸液能在1分50秒内杀死一只鸟。"

当他们准备离开的时候，船上已经聚集了大量的动物。"我们的甲板简直成了一个大型农家庭院，"麦考密克写道，"船腹部还藏着五只羊，野猪也有五头，此外还有一窝小猪。左舷腰部有三只小牛犊……在船尾那还有两只火鸡和一只鹅……船上很多地方都摆着各种宰杀好的兔子、鹅、海豹和鹬，到处都是牛肉和小牛肉，还有鱼干。"他曾禁食马肉，但却惊恐地发现最近的早餐并不是他默认的牛排，而是"一匹年轻的小马"，被"草率地，委婉地说，在前一天被一群候补军官射杀了"。对于外科医生麦考密克来说，虽然自从他们离开英国，他曾瞄准过他所遇到的几乎每一种生物，但杀死一匹马还是让他接受不了："无论出于什么理由都不应该夺走这些无辜的生命，这让人非常难过……这些高贵的动物本应该过着幸福的自由生活……却终于如此肆无忌惮的残忍行为。"

幽冥号和恐怖号在最后一批补给被安全装载上船后，于1842年12月17日星期六开始了第三次南极航行，希望再次打破他们自己创下的最南航行纪录。但这次有些事情变得不一样了，大家的心态已经变了。前几次航行大家都是在情绪高涨的情况下开始的，但这一次却出现了反对的声音。一直以来，罗斯都受到广泛爱戴，而胡克在几个月后写给父亲的信中，第一次对探险队领队提出了批评。"我认为，去年冬天我们应该去一些比福克兰群岛更好的地方，"他写道，"如今留住军官们的只有荣誉，空洞的荣誉。"他还表示，大家对第三次的南极探险都兴趣不大。"你很难想象，我们在福克兰群岛的时候是多么热切地希望海军部能召回我们，把我们派到别的地方去。"

但是探险队的领队却不这样认为。罗斯同意这个观点的前半部分——没有人在离开福克兰群岛觉得"基本没有遗憾"，但当他在撰写自己的航行记录时，他声称船上的氛围很好，"每一个人都对前景感到很欣喜，因为我们将再次踏上更重要的旅程。"这些话说得很漂亮。但事实上，转折点已经来临。在接下来的几个月里，船长与船员们之间的关系变得越来越疏远。离开福克兰群岛后，这支探险队不再是原来的探险队了。

* * *

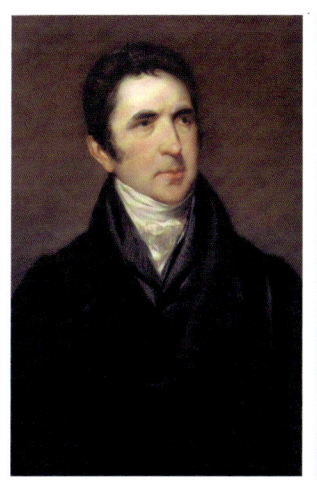

」瑟夫·班克斯，库克船长的朋友，极 　　约翰·巴罗，海军部二等秘书和 　　约翰·罗斯，易怒冲动的北极
」探险第一人。 　　　　　　　　　　　极地爱好者。 　　　　　　　　　　先驱。

自约翰·罗斯的《探索之旅》（1819）中的"穿越冰层"。

一架（1:40）幽冥号模型，模型展现了它在 1826 年的样子。

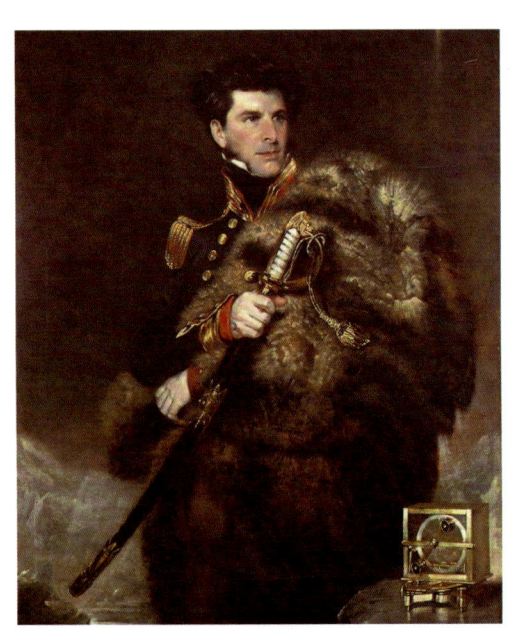

詹姆斯·克拉克·罗斯，被誉为"海军中最英俊的男人"。

伯特·麦考密克，幽冥号外科医生和鸟类调查员。　　　　弗朗西斯·克罗齐尔，"更适合做副手而非领队的人"。

尔盖伦群岛的圣诞港。该画由恐怖号副船长约翰·戴维斯绘制。

右：图为约瑟夫·胡克 1844 年出版的《南极航行植物学》中的版画，图中是他在克尔盖伦群岛发现的一种神奇的卷心菜（Pringlea antiscorbutica），富含维生素 C，可用于预防坏血病。

下：阿德利企鹅，《幽冥号和恐怖号航行动物学》（1844—1875）中的插画。这种企鹅多次出现于罗斯在南极探险中的餐桌上。

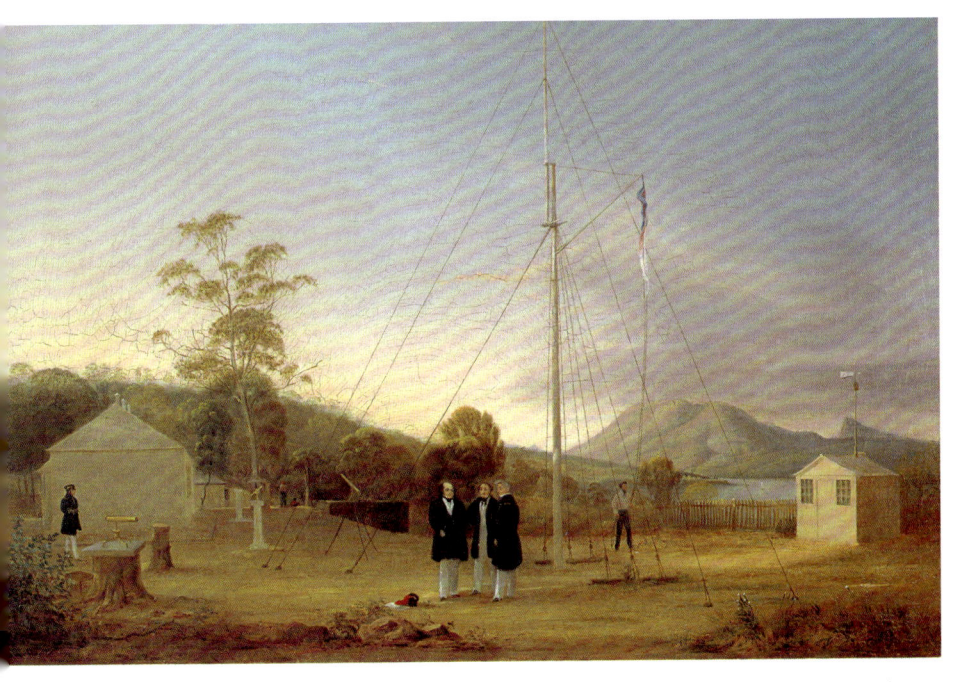

霍巴特的罗斯班克天文台。囚犯艺术家托马斯·博克基于约翰·戴维斯的素描原稿的画作。画面中心是（从左到右）约翰·富兰克林、詹姆斯·罗斯和弗朗西斯·克罗齐尔。

左：约瑟夫·胡克的南极日记中的一页，其中有他绘制的一幅冰山水彩画。

下：一只在幽冥号上使用的航海计时仪。

《南极障壁的一部分》,由恐怖号的约翰·戴维斯于 1841 年 2 月 2 日绘制的水彩画。

《迎接 1842 年的到来》,由约翰·戴维斯绘制。

幽冥号穿越冰山链》，1842 年 3 月 13 日，由约翰·戴维斯绘制。

珍·富兰克林,时年 24 岁。

约翰·富兰克林,时年 42 岁。

右:埃莉诺·富兰克林的幽冥号和恐怖号舞会邀请函。

下:幽冥号和恐怖号 1841 年 8 月在新西兰,由海洋画家约翰·威尔逊·卡迈克尔基于想象绘于若干年后。

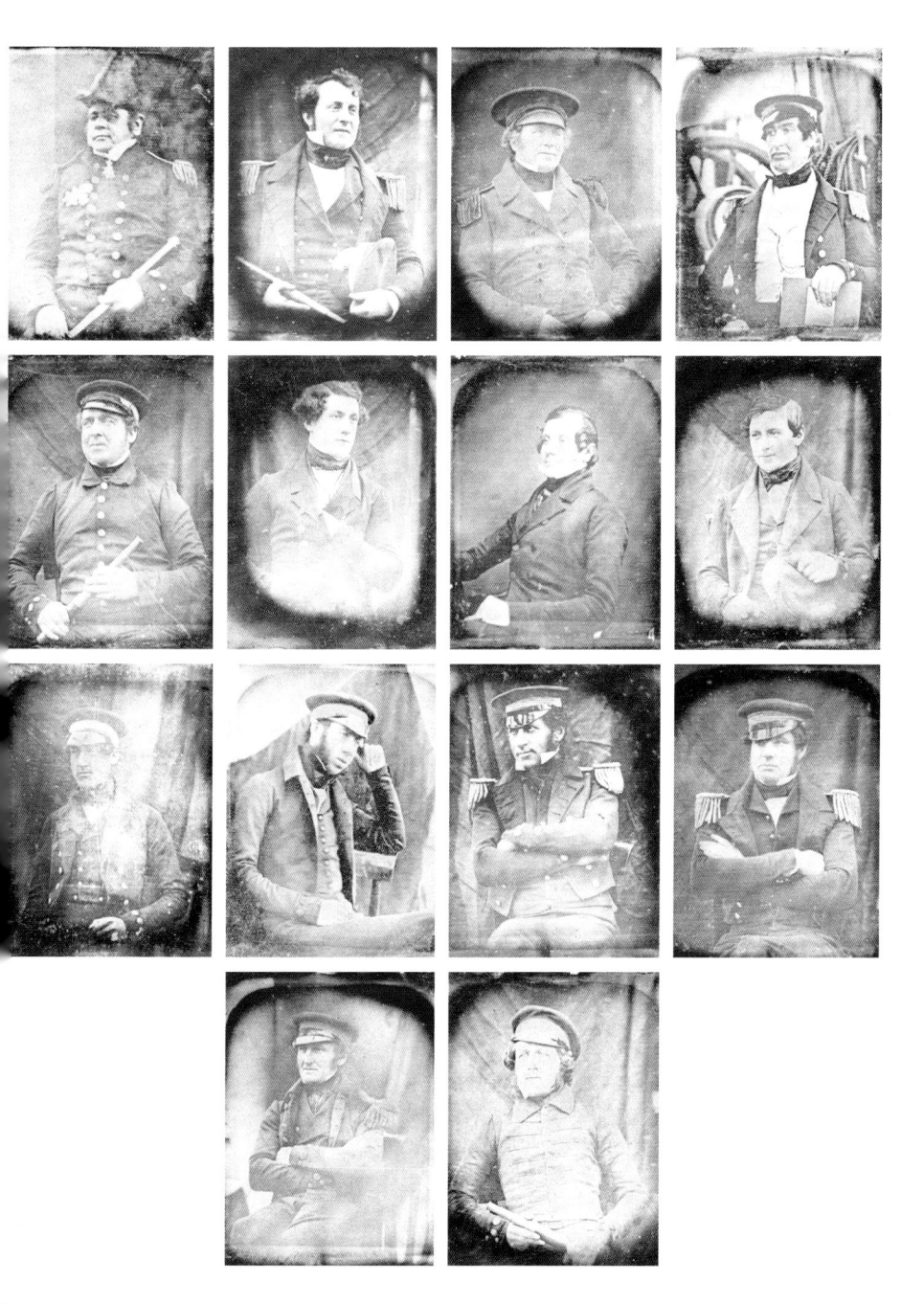

兰克林 1845 年北极探险队的银版照片。

左到右：（第一排）约翰·富兰克林、詹姆斯·菲茨詹姆斯、弗朗西斯·克罗齐尔、亨利·勒韦斯孔特，
二排）詹姆斯·里德、查尔斯·德辅、斯蒂芬·斯坦利、爱德华·库奇，（第三排）罗伯特·萨金特、
利·古德瑟、格雷厄姆·戈尔、詹姆斯·费尔霍姆，（第四排）查尔斯·奥斯默、亨利·柯林斯。

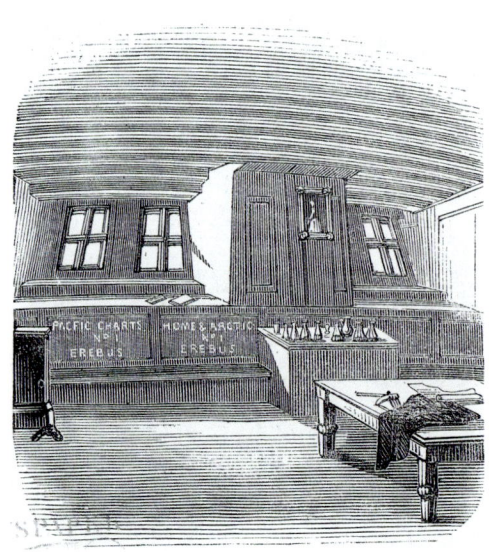

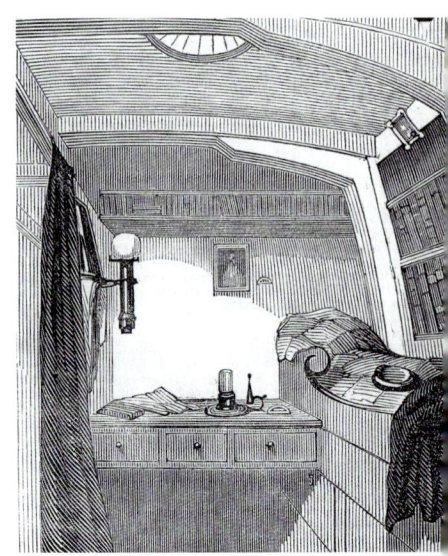

1845年5月24日《伦敦新闻画报》刊登的图片中所展现的约翰·富兰克林（左侧）和詹姆斯·菲茨詹姆斯（右侧）的舱室

1845年6月4日，与幽冥号告别：由欧文·斯坦利（开拓者号上的军官）绘制的素描。

《北极理事会策划搜寻约翰·富兰克林爵士》(1851)。
左到右:乔治·巴克、爱德华·帕里、爱德华·伯德、詹姆斯·罗斯、弗朗西斯·蒲福、约翰·巴罗、爱德华·萨宾、威廉·汉密尔顿、约翰·理查德森、弗雷德里克·比奇。

果敢者号和无畏号出发的探险队,前往寻找失踪的富兰克林探险队(1853)。

美国探险家伊莱莎·肯特·凯恩绘制的比奇岛墓地水彩画（1850）。

上：奥克尼人约翰·雷，首位还原出富兰克林探险队事情经过的人。

右：胜利角笔记，由威廉·霍布森上尉于 1859 年发现。

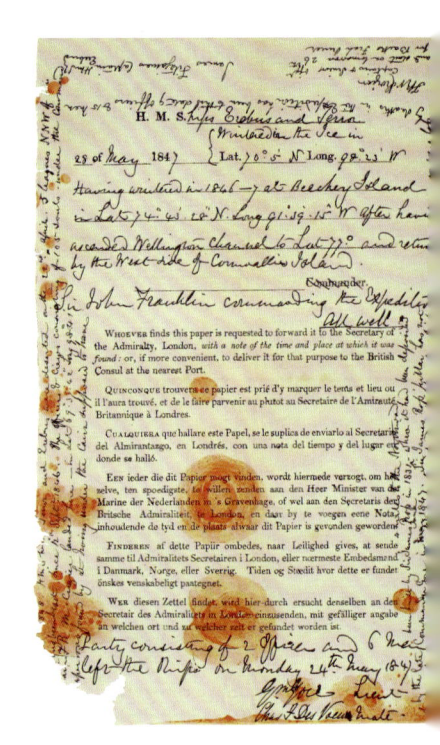

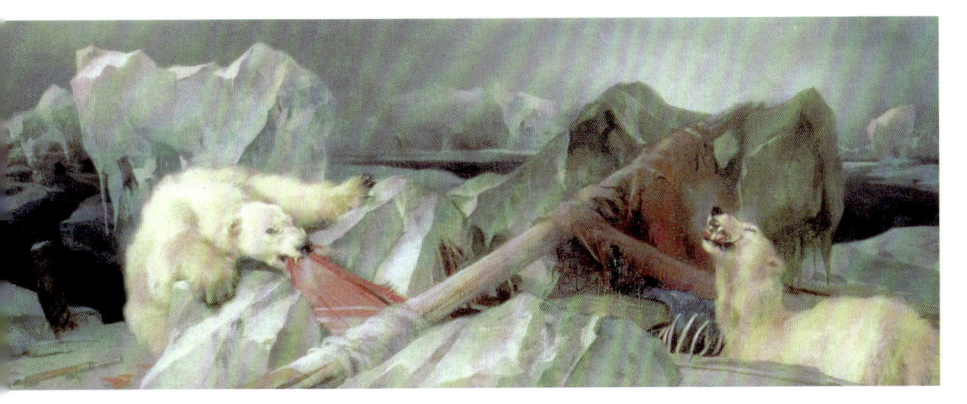

《谋事在人,成事在天》:埃德温·亨利·兰西尔对富兰克林探险的图画评论(1864)。

于伦敦滑铁卢广场的约翰·富兰克林爵士纪念碑,建于1866年。

富兰克林探险纪念碑,位于格林威治的皇家海军学院,建于1858年。

约翰·托林顿的尸体,由欧文·比蒂于 1984 年挖掘出土。

富兰克林探险队的遗物，由约翰·雷发现的圭尔夫勋章。

《基督教旋律》的副本。扉页上的字母"G.G"表明它属于戈尔上尉。

怀表式的航海计时仪。

雪镜。

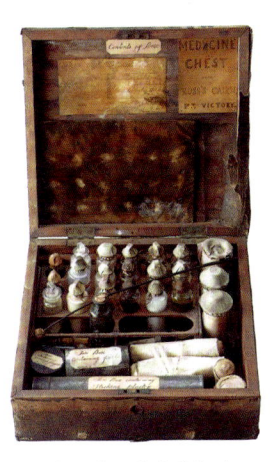

由弗朗西斯·麦克林托克于胜利角附近发现的药箱。

在幽冥号上发现的盘子。

今比奇岛墓地。其中三座标志着富兰克林探险队成员的最终安息之地。第四座属于托马斯·摩根,他是麦克卢尔救援探险队的成员,于1854年遇难。

幽冥号沉船残骸。

幽冥号的船钟。

第十章 "离开吉林厄姆的三年"

开局不利。当船只驶离港口的时候,路易斯港驻军聚集在一起向他们告别,但在鸣炮敬礼过程中引发混乱,一艘商船船长的手部骨折。据康宁汉描述,"一位属于居住地的男人右胳膊骨折,两只手掌几乎被炸掉。""我们逆风停船,""让这两个人登上我们的船并对他进行包扎。"

他们离开时,天气还是很不错的,但刚绕过彭布罗克角驶上四周不设防的海洋时,大风暴来了。无情的西风不断地冲击着他们的右舷,舱口被封住,淹死了三只猪。

平安夜那天,在南纬 $61°$ 的位置发现了第一座冰山。当晚的风浪很大,船身也处在激烈的颠簸中。对于麦考密克的鸟类伙伴来说,这一切都太难受了:"我发现我的一个小宠物——从福克兰群岛带来的一只年幼蛎鹬,双腿根本没法站立,气喘吁吁的。在这之前,它一直很活泼,胃口也很好;但现在它只会吃一丁点食物。整整消磨了一整天,它的眼神逐渐变得暗淡,当我晚上准备睡觉的时候,我发现它从篮子里钻出来,死在了甲板上。"

尽管经历了如此离别之痛,善于交际的麦考密克依然是圣诞庆祝活动的核心人物,他主持了一场"对于所处的区域来说称得上奢侈"的午餐——当时他们所处的位置是大象岛海域,74 年后,欧内斯特·沙克尔顿在此地告别遇难船员,前往南乔治亚,开启航海史上最伟大的一次拯救之旅。相比之下幽冥号的船长和军官们就幸运多了。他们在炮房里度过了 1842 年的圣诞节,还享用了小牛肉、牛头和香槟。

三天后,当船慢慢地向南航行时,第一次出现了陆地。那是南极半岛的北端,从大陆上延伸出来的一条狭长蜿蜒的区域,就

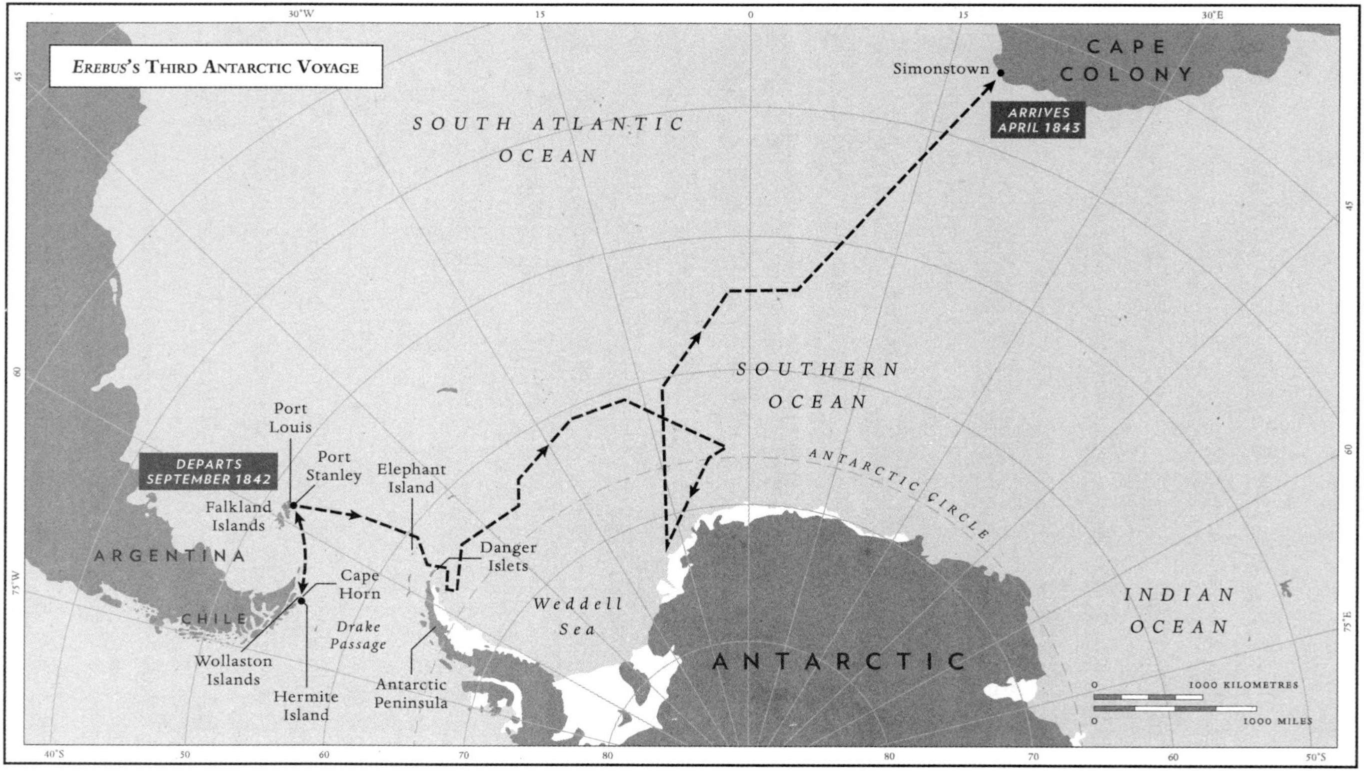
EREBUS'S THIRD ANTARCTIC VOYAGE
SOUTH ATLANTIC OCEAN
SOUTHERN OCEAN
INDIAN OCEAN
CAPE COLONY
Simonstown
ARRIVES APRIL 1843
DEPARTS SEPTEMBER 1842
Port Louis
Port Stanley
Falkland Islands
Elephant Island
Danger Islets
ARGENTINA
CHILE
Cape Horn
Drake Passage
Wollaston Islands
Hermite Island
Antarctic Peninsula
Weddell Sea
ANTARCTIC CIRCLE
ANTARCTIC
0 1000 KILOMETRES
0 1000 MILES
30°W
15
0
15
30°E
45
60
75°W
75°E
40°S
50
60
70
80
80
70
60
50°S

第十章 "离开吉林厄姆的三年"

像一只高高举起的蝎钳。

罗斯的目标是沿着20年前詹姆斯·威德尔抵达南纬74°时所走的正南方向航行。然而，海流和潮汐都不遂心意，更危险的是，突然出现了一片从未在地图上标示过的露出水面的岩石，罗斯称其为危险小岛（Danger Islets）。对于企鹅来说这显然并不危险。2016年，有人宣称其中的一个岛是150万只阿德利企鹅的超级栖息地。我有点好奇，为什么这种大型栖息地会让人觉得如此地出乎意料？之前怎么会没有人注意到150万只企鹅呢？

2015年，我有幸探索了半岛的一部分，让我深刻地理解很多事物的名字都反映了命名者的精神状态。在半岛的另一边，除了危险小岛外，还有渴望角（Cape Longing）、失望角（Cape Disappointment）、妄想角（Delusion Point）和愤怒湾（Exasperation Bay），只有实用岛（Useful Island）的名字略显积极。不得不承认，一个惹人注目的景象总能激发人内心强烈的情感。不仅陆地上有高耸的山峰，海面上同样有巍峨壮丽的景象。罗斯航行于琼维尔群岛（Joinville Island）和半岛顶端之间的狭窄海峡被称为冰山巷。一处长达37英里（60千米）的巨型分离冰架被称为B15-K，我们花了两个小时才通过。2017年夏天，一座面积相当于特拉华州的万亿吨级冰山脱离拉森冰架（Larsen Ice Shelf），漂至威德尔海。它水面以上高600英尺（182米），水面以下深700英尺（213米），因冰架受自身重量压力破裂而成。

这支探险队已经有一段时间没有为英国增加属地了，1843年1月6日机会来了。罗斯和克罗齐尔在一群军官的带领下，乘船到一小块露出水面的岩石上，他们将其命名为金字塔岛

（Pyramidal Island）。经过一个简短的仪式，英国国旗以王室的名义缓缓升起。麦考密克医生请求加入上岸队伍，但罗斯坚持任何时刻船上都必须确保至少有一名医务人员的规定，这次该轮到胡克上岸了。沮丧的麦考密克被留在幽冥号的甲板上，"通过望远镜尽可能地收集我所能收集到的东西。"我其实倒希望他能参加，因为他的观察总是充满新意。仅仅一天之后，他的日记里就有了这样一段关于企鹅的描述："像飞镖一样直立行走……活像个要去做弥撒的老僧侣。"

2月初，罗斯不情愿地把船从越来越厚的冰层中拖出来，他们已经在冰层中麻木地穿行了六个星期。船上的人的想法肯定都和威廉·康宁汉在日记中所写的一样，"我们准备撤退到好望角。"但罗斯尚未有前往好望角的打算。他下定决心要找到威德尔航行过的那片清澈水域，罗斯坚信，如果顺着这片水域走，他和他的探险队就能向南走得更远。

他们沿着冰山的边缘又往东航行了十天，小心翼翼地寻找一条能够通行的路，罗斯最终还是承认了失败。他们离之前的纪录还差480英里（772千米）。这时是3月初，冬天的冰雪正把他们团团围住。冒着大风逼近的风险，罗斯下令扬起红色海军旗，这是在向恐怖号发出信号，表示第三次也是最后一次南极航行结束。

对于罗伯特·麦考密克来说，这是一个激动人心的时刻。"在大船掉头的时候我来到了甲板，只为了最后再看一眼伫立在船尾后面的冰山。"同一天，威廉·康宁汉简单地写道："太棒了！！"

第十章 "离开吉林厄姆的三年"

从身体状态来说,幽冥号和恐怖号上的成员出奇地好,他们还拿着双倍的薪水,但长时间处于这种恶劣的环境会让每个人的情绪经受无情的折磨。海军的生活意味着长期远离家乡,这是每一个出海的人都能接受的——事实上,这也是他们其中一部分人出海的初衷——但很少有水手需要像在幽冥号和恐怖号那样在极端环境里煎熬如此长时间。在他们航行的三年半时间里,有超过一年的时间他们都处在地球上最荒凉的大陆或其附近,除了那两艘载着他们的空间狭小的船,他们一直在无情的寒冷中孤单无助,接触不到其他任何人。这已经是他们外出的第三个年头了,他们只能用冻僵的手探索着冰封的航道,在船只不停颠簸摇晃的时候,冒着入骨的寒冷紧紧抓住索具。无尽的黑暗中隐隐显现的是比桅顶高出三倍的冰山,而开普敦仍远在 2500 英里(4000 千米)之外。

海军陆战队中士康宁汉最能代表勤恳工作的海员,他在日记中尽职尽责地写下每天的细节——船帆是如何设置的、船速、航向、天气状况——只是偶尔会写下自己的一些个人观点。他们在波涛汹涌的海面上艰难地向北航行,刺骨的寒风、无休止的雨雪夹带着一股恶意蹂躏着他们。日记里的寥寥几句话与其说是指责,不如说是认命:"在船上很不舒服,但没办法。"麦考密克也没有抱怨太多:"巨浪滔天,再加上恶劣的天气,我们的处境绝对不容乐观。"这可以看作他只是在危言耸听。

更强烈的感情表达一般都蕴含在寄回家的书信中。家信不同于日记,不需要移交给海军部。从约瑟夫·胡克在幽冥号上写给他父亲的一封长信中,我们了解到了不为人知的另一面。4 月 3

日，他们到达一处比较平静的水域后，胡克痛苦地记叙了在他们开始这最后一次南极航行之前就已经显现的压力和紧张。"当我在福克兰群岛写信告诉你这会是一次轻松的巡航时，其实我是有所保留的，可能是为了让我们更团结……我们军官都心照不宣，大家都不愿继续这种单调且痛苦的日子，两艘船上的每个人都愿意放弃报酬，只要能把我们安排到一些更体面点的地方去。"

之后的文字直指罗斯这次航行初衷的症结所在："几乎没人对这次航行的科学有丝毫兴趣，"他认为，"我相信其中有一半的人都没有想到会在外面待那么久，他们本以为他们会去打猎、射熊捕鸡、享受平静的海水，以及其他在北极航行时的娱乐消遣活动。但他们大错特错了，从我们离开港口的那一天，到我们再次抛锚停靠的时候，全程都没有什么消遣可言。只有像我这样的另类，会因为一小片苔藓或者海藻而感到心满意足。"这里能让人感觉到，罗斯身上一直有着坚持到底的信念——无论是他在安妮·库尔曼父亲的反对下追求她，还是执着地沿着南部大屏障航行，期望着向南进一步深入——这很可能演变成一种让他的手下难以忍受的固执。

胡克也意识到，如果这种反叛的情绪被外界知晓了，那么他的声誉也将受到损害。所以他特意警告父亲，除了科学事实和观察结果之外，不能把这封信中的任何其他内容流传出去。毕竟，在官方看来，南极探险是成功的。而从非官方角度看，它的确付出了很多代价。胡克在向南极告别时写道——"我们即将永远地离开南极，而我无法告诉你这对我来说是多么值得高兴！"——这与康宁汉那句简单的"太棒了！"的精神内涵是一样的，只不

第十章 "离开吉林厄姆的三年"

过是私密的。根据胡克透露,在经过了三年半的航行后,他已经不会再盲目地崇拜队长了。"罗斯船长说,无论给他多少钱,他都不会再去南方探险了……即使他去,我们也不会再去了。"

3月26日,康宁汉的日记中记录了微风,船速平均每天6节,最重要的是,"没有看到冰山"。这是他日记中唯一带下划线的一句话。

1843年4月4日,桌山出现在了视线中,在与海军上将的旗舰温彻斯特号交换了旗帜后,一艘领航船护送幽冥号和恐怖号进入了西蒙湾。罗斯和克罗齐尔向海军少将珀西·乔塞林说明情况。此时距离他们离开南非前往南极探险已经过去了整整三年。

在声望方面,他们取得了前所未有的成就。在没有出现严重人员伤亡的情况下,罗斯和克罗齐尔从地球的尽头安全地带回了两艘船和128名船员。不管人们会如何批评罗斯的冷漠和有时略带强迫的领导作风,但他确实是不遗余力地完成了海军部的任务,只是没能到达南磁极而已。他的副指挥官也做了他力所能及的一切。虽然克罗齐尔船长所在的船是两艘船中相对更陈旧、更狭窄的那一艘,但他依然证明了自己是一名技术娴熟、足智多谋的航海家,全心全意地对待他的船和船员们。在最恶劣的风暴中,他也仅会在椅子上或露天甲板上打盹,24小时随时待命,为大家树立了一个很好的榜样。

这两人也都为此付出了代价。在他们离开的三年中,克罗齐尔的头发全白了,他和罗斯一起经历的种种危险给他们留下了深刻的影响。在与这两位船长共进晚餐时,少将乔塞林的女儿索菲亚·巴格特的说法很有说服力。"他们的手抖得很厉害,几乎拿不住杯子。"她在给一位朋友的信中写道,"詹姆斯·罗斯爵士告诉我……'你看到我们的手是如何抖的了吗?在南极的某一个夜晚后,我们俩就都开始这样了。'"

阿森松岛港是幽冥号在 1843 年 9 月返回英国之前停靠的最后一个港口。

第十一章　归航

如果罗斯的船员们认为他们立马就可以回家了，那说明他们还不了解自己的领队。1843年4月30日，幽冥号和恐怖号被拖出西蒙湾的时候，罗斯明确地记录下这么一段："如今，我们已经背离南极地区并开始朝着回家的方向前进，"但是他又令人不爽地补充了一段，"但是我们还有一项任务没有完成，那就是去里约热内卢观测地磁。"我们仿佛听到了在这个消息发布后，远处军官食堂里传来的咬牙切齿的声音。

他们绕道前往里约热内卢时，途经了英国最孤独的前哨——阿森松岛（Ascension island），阿森松岛是大西洋中部从4英里（6400米）深的海底升起的一座火山。1815年，英国海军部宣布在这里驻军，因为这里是距离关押拿破仑的圣赫勒拿监狱所在岛最近的陆地。事实上，圣赫勒拿距此还足有800英里（1200千米）远，这也表明了他们对于可能发生的营救事件是多么偏执和多疑。

即使是今天，阿森松岛仍然很难抵达。若想前往这个岛，唯一的选择就是搭乘每周两趟的英国皇家空军（RAF）所属航班，航班在前往福克兰群岛之前会在那里加油。在长达17个小时的飞行过程中，屏幕上显示的地图相当古怪，最初只显示了布雷兹诺顿、华盛顿和安卡拉，而一经跨过大西洋后，这些名字也都消失了。只在屏幕的右上角出现了一个小点，几分钟后，屏幕上传来一则让人感到不太真实的飞行通告："我们很快就要开始降落到阿森松岛了。"

出乎意料的是，阿森松岛的机场非常大，跑道很长，柏油停机坪也很宽阔。后来我才了解到，早些年这座岛是美国航天飞机返航时几个指定的着陆跑道之一。在马岛战争期间[①]，它是世界上最繁忙的机场之一，也是火神式轰炸机能够全天候运转的重要一环。

当天早上，停机坪上只有一架 C-17 式货机孤零零地停在那，而飞机则朝着几栋临时的服务性建筑设施滑去。其中一栋是中转休息室，有趣的是，它被称为"笼子"，在开始前往福克兰群岛的 8 小时航程之前，乘客们就在这里等待飞机加油。

这一小时我没有在"笼子"里待着，而是受到了一位皮肤黝黑、充满热情的年轻人的招待。他自称是阿森松岛的管理者。他指了指他的车，车牌号是 A1，他带我在岛上来了趟短途旅游。首先参观了位于一座名叫绿山（Green Mountain）的死火山半山腰处的优雅讲究、设备齐全的政府大楼。透过郁郁葱葱的花园，可以看到下方干燥、炙烤得如同沙漠般的海岸平原，景色特别美。岛上但凡是地势较高的地方都布满了桅杆、天线、预警穹顶和圆盘式卫星。战争或许已经结束了，美国的航天飞机也成为了过去，但作为非洲和南美洲之间的中心位置，阿森松岛成为了一

[①] 1982 年 4—6 月，英国与阿根廷两国争夺马岛主权的战争，也称作福克兰群岛战争，被视为冷战期间规模最大、战况最激烈的一次海陆空联合作战。——译者注

处通信中心。帝国的一个小不点,却是一个不容小觑的小不点。

1843年5月28日,幽冥号应该正停在下方这片深蓝色的海面上,外科医生麦考密克应该也正在与此对应的角度欣赏到同样的风景。他爬上了绿山,就像十年前来过这里的查尔斯·达尔文所做的那样。这个陡峭的火山坡高达3000英尺(900米),是自然主义者的天堂,这里有一套完整的生态系统——从宛若沙漠的地貌到热带雨林。

这个富饶的小岛另一吸引人之处就是巨型海龟。麦考密克看到过数百只,他还估计其中最大的一只超过400磅。黎明时分,当我从福克兰群岛回访时,亲眼看见了几十只这样的海龟,它们趁着夜色上岸产卵,然后拖着身子返回大海。它们在挖洞产卵后已十分疲惫,动作特别缓慢,时不时地耷拉着脑袋,似乎是在思考前方还有多远的距离。随着白天到来,气温升高,它们不得不加倍努力。军舰鸟在头顶盘旋,等待啄食孵化出来的幼崽。只有千分之一的海龟最终能活到成年。

在出发前往最后一个停靠港的前夜,麦考密克医生吃了海龟汤。西南方向的里约热内卢是一个比这座岛屿更广阔、优质的补给源,也是唯一可以给幽冥号安装新船首斜桅的地方。麦考密克趁机体验了一番城市生活,在前往欧维大街菲诺特夫人处,他购买了一盒昆虫,中途他还逛了一家"巨资打造的新兴大型酒店"。在经过一家商店时,他被30位正用羽毛做花环的克里奥尔姑娘所吸引。我们可以想象,对于一个在南极航行了整整三年的年轻人来说,看到30位克里奥尔姑娘意味着什么。但是除了提及她们，麦考密克并没有透露更多的细节，只是继续说那天晚些时候他买了两只鹦鹉，一只灰色的，一只绿色的。

罗斯则记录下了他强烈的沮丧心情，因为两艘船的所有信件都被误寄到了蒙得维的亚，且一个月内无法寄回里约热内卢。他觉得时间太久，不能再等了。为此他一完成地磁观测，装好新的首斜桅，便立刻扬帆，趁着异常强劲的南风，甩下面包山（Sugar Loaf mountain），径直向伦敦驶去。

他们离家仍有 5000 多英里（8000 千米），但风向对他们很有利。仅两个月后，也就是 8 月 30 日，他们就看到了位于锡利群岛（Isles of Scilly）的圣艾格尼丝灯塔（St Agnes Lighthouse）。罗斯的长篇记叙也接近了尾声，他记录了 9 月 2 日天亮的一刻，"旧英格兰的海岸映入眼帘"。麦考密克一如既往地为这一时刻增添了几分趣味："非常晴朗的一天，柔和的风迎面吹拂。上午 9 点，登上甲板的时候，我看见了阔别四年之久的英格兰大陆。"两天后，他们开始接近比奇角（Beachy Head），麦考密克对这一时刻的描述让人身临其境。这是一个值得庆祝的日子："海面像湖泊般平滑，无数船只点缀其间；而海岸上则是丰收的金黄色玉米地，有的被捆成一堆，有的尚未收割，一片生机勃勃。"在福克斯顿，罗斯下船赶上了去往伦敦的火车。他从车站直奔能够俯瞰泰晤士河的萨默塞特宫（Somerset House）向海军部报到。据他后来回忆，他在这里受到了"哈丁顿勋爵、威廉·盖奇爵士以及我极为尊敬的朋友蒲福海军上将和约翰·巴罗爵士的周到接待"。

1843 年 9 月 7 日星期四的早晨，幽冥号和恐怖号抵达了伍尔维奇，并在午后不久抛锚停靠。他们漫长的航行终于结束了。四

第十一章　归航

年来，幽冥号成为了 63 个人的家：这个狭小而拥挤的家在无数次的暴风雨中被甩来甩去，在波涛汹涌中被呼啸的狂风吹得变形，在冰山、严寒、撞击中被折磨得遍体鳞伤。整个旅程下来我们无以言表，只能最大程度地感谢它的表现。航海长查尔斯·塔克和船上的木匠填写了一份海军部强制要求的航行质量报告，并由船长罗斯签字。"它在海洋里是否容易摇晃？很容易。它是否容易倾斜？很容易。总的来说，它是否是一艘舒适的船？很舒适。"

对于那些在过去四年里一直把幽冥号和恐怖号当成家的人来说，也到了告别的时刻。探险队的队长虽然才 44 岁，却显然已经无意再次出海——他的身体状况也不再适合航行。漫长的旅程已经令他心力交瘁。

罗斯被授予了爵士头衔（这次他选择了接受）和来自各种机构的众多荣誉，包括伦敦和巴黎皇家地理学会颁发的勋章及牛津大学授予的荣誉博士学位。约翰·默里以 500 英镑的预付稿费委托罗斯撰写探险的过程，不过罗斯花了四年时间才完成。但他没有丝毫耽搁地迎娶了他那充满耐心的未婚妻安妮·库尔曼，他保证从今往后将不再远行，终于赢得了她父亲的同意。这桩婚姻最能表达他对于未来的打算。罗斯要挂靴退隐江湖了。

作为罗斯婚礼的伴郎，弗朗西斯·克罗齐尔的未来还会极大地受到一个女人的影响，但其结局却并不如人意。1844 年 6 月，曾令克罗齐尔在塔斯马尼亚时就非常倾心的索菲亚·克拉克罗夫特和富兰克林一家回到了伦敦。尽管她已经拒绝过他一次，但克罗齐尔还是再次试图赢得她的好感，整个夏天他都在写信，希望能和她见面。但自塔斯马尼亚岛以来,一切都没有改变,她再次拒绝了他,坚持说她不想嫁给一个在海上度过一生的男人。她只是矜持吗?克罗齐尔的传记作者迈克尔·史密斯也曾暗示:"1844年时的克罗齐尔并没有太大的魅力,灰白的头发和中年发福的身材表明他正承受着生活的重担,以至于看起来比他的实际年龄(47岁)还要稍长一些。"

毋庸置疑,他是一个非常能干的正派人士。被选为皇家学会院士就是对他能力的认可。根据胡克的记叙显示,没有任何细节能显露出罗斯质疑过其领导才能。克罗齐尔和手下的关系都很好,他还将自己佩戴了15年的银表作为礼物送给了威廉·康宁汉中士,这位来自贝尔法斯特的海军陆战队队员的日记至今仍是南极探险中最真实的记录之一。

到底是克罗齐尔的爱尔兰血统对他的授勋和晋升产生阻碍,还是他不够进取,我们已经永远无从得知,但这次远征的成功不足以弥补他在追求索菲亚·克拉克罗夫特时的失败。他变得严重抑郁,没有再次出海,而是向海军休了一年的假,拿着半薪,开始在欧洲旅行。

威廉·康宁汉中士也没有再出海。他回国两年后结婚,晋升为军需军士长,后来成为女王卫队的侍卫。1884年,他死于肝硬化,享年75岁。而他的船友、擅长绘画、充满活力的约翰·戴维斯,实现了事业上的辉煌,成为水文学家的海军助理,并发明了一种新型的改进六分仪。1877年去世,享年63岁。

他们回国后的第二年,罗伯特·麦考密克被选入皇家外科医生学院。他希望自己能以博物学家的工作业绩在海军中得到晋

第十一章 归航

升,但海军当局认定,他的任何晋升都必须以他的医学资质为依据,而他的医学资质并没有经过检验,这并非他的过错。他坚持为自己辩护,但并没有成果。1859年5月,他终于得到晋升,被任命为医院副督查,并在65岁时从该职位退休。具有讽刺意味的是,甚至是他作为博物学家的贡献成果也被其他人(包括胡克)所掩盖,他不得不自行出版自己的自传。

好在他的寿命比很多同时代的成功人士要长,1890年去世时,他90岁。

另一位著名的幸存者是约瑟夫·胡克。在他给父亲的最后一封信中,他似乎有些失望。"我从罗斯船长那里得到了很多恩惠,对此我非常感谢。"他在信中感谢父亲帮助他获得航行机会:"如果是其他人得到这样的机会,他们可能会收获更多,而这次远行也将会是一次非常幸福的旅程。总之,我非常尊敬和感谢罗斯船长,但是我却永远也不会再爱戴他。"尽管胡克离开家时的那份属于青春的欢乐和热情早已荡然无存,但他至少找到了自己的使命。"植物学陪我度过了漫长时光,不然我肯定和别人一样,变得难以忍受。"现在,这位年轻的助理外科医生成为了维多利亚时代最成功的植物学家,他撰写了四卷《南极植物志》(*Flora Antarctica*),讲述了他在这次航行中所开展的研究。后来,他接替父亲成为英国皇家植物园的主管,在这个职位任职长达20年。他获得了很多的荣誉和勋章,包括骑士爵位和功绩勋章。当幽冥号出发前往南极时,胡克才22岁;而当准备前往南极的罗伯特·福尔肯·斯科特船长邀请胡克升起标志着远征开始的旗帜时,胡克已经93岁了。约瑟夫·道尔顿·胡克生于乔治三世统治时期，迄于 1911 年 12 月 10 日乔治五世统治时期。

　　回归探险队的接待是恭敬的，但也没有非常热烈。他们已经离开很长时间了。他们最大的成果是在航行的早期阶段，尽管在那之后也做了很多工作，但罗斯不是那种用各种报告进展来迎合公众舆论的人。胡克不止一次抱怨他"对于传递消息愚蠢消极"。虽然也有升职和表彰，但没有多少人愿意举办展览或巡回演讲，而且当时除了罗斯自己对这次航行的有所描述外，关于这次航行的文章也很少。

　　直到返航的 25 年后，他们收集的所有地磁数据才被分析并发表。而那时，地磁界的十字军东征已经不再是那么紧迫的事情。捕鲸业也变得萎靡不振，因为天然气开始逐步取代鲸油用来照明，派那么多船到遥远的南方的理由就更加不充分了。露脊鲸（许多捕鲸者依靠捕杀为生）因遭到无情捕捞所剩无几，导致去南大西洋的人就更少了。

　　在接下来的 60 年里，南极几乎被人遗忘了。

　　当新一代探险家再次引发公众对南极洲的兴趣时，罗斯探险队中的大多数人都早已去世，但他们的继任者非常清楚，他们的成就都离不开罗斯和克罗齐尔以及幽冥号和恐怖号上所有船员们的努力。罗尔德·阿蒙森是其中最有成就的极地旅行者，在将近 70 年后的《南极》(*The South Pole*) 一书中表达了自己的敬意。

　　他们乘坐着两艘笨重的船——在我们看来，就相当于普通的"桶"——径直驶入了冰山的核心地带，而以前所有的探险者都认为这么做必死无疑。这不仅仅很困难，甚至是不可能的事情，

第十一章　归航

这些先辈们只要一个手的动作,就可以让螺丝钉转动,摆脱我们遇到的第一个困难。他们是英雄——最崇高的英雄。

斯科特船长对此表示赞同,他在《发现号的航行之旅》(*The Voyage of the Discovery*)一书的导言中将克拉克·罗斯探险描述为"迄今为止最辉煌、最著名的一次探险"。"没有什么事情,"他继续说,"能比向位于南极圈内的冰封地区发起进攻更让人绝望的了。然而,在这片荒凉的景色中,罗斯看到了广阔的海洋、巍峨的山脉、冒烟的火山,以及令地理学家非常感兴趣的上百个问题。"他的结论也很慷慨激昂:"可以说是詹姆斯·库克定义了南极地区,而詹姆斯·罗斯发现了它。"

幽冥号连同船上的船员,从伍尔维奇顺流而下被拖到希尔内斯。在那里,修理了镀铜层,之后它被拆卸、清理,船上的帆索和桅杆上部也都被拆除。

四年之间,船上一直回响着高声呼喊的命令、砰砰的脚步声、风帆的拍打声和半小时敲响一次的钟声。现在,1843年接近尾声,伦敦的市民开始争相购买《圣诞颂歌》(*A Christmas Carol*),幽冥号则静静地躺在那里,宽阔的梁木和粗壮的线条轻轻地摇晃在肯特郡的海岸,摇晃在泰晤士河汇入北海的河口。看着就像是一艘普普通通、等待任务的船。但它是幽冥号,曾经做过的事情让它变得不再平凡。在海洋的历史上,再也没有一艘船能够在独自航行的情况下取得它和恐怖号的成就。

幽冥号和恐怖号起航前往西北航道。

第十二章 "马上准备就绪"

南极探险队的成功带来了一个直接的但看起来很矛盾的结果——重燃人们对北极的兴趣。幽冥号和恐怖号刚停靠在码头,弗雷德里克·比奇上校——曾在1818年与约翰·富兰克林爵士一起参加过北极探险——就利用罗斯的成就来鼓动人们,激发海军再次进军北极的兴趣。但这件事真的取得实质性进展是在精力旺盛的海军部二等秘书约翰·巴罗参与之后。他曾鼓励罗斯向南远征,但他的心思——和他的抱负——还是一直在北方。如今他已经快80岁,他清楚这是实现自己毕生奋斗目标的最后一次机会:征服西北航道。在之前的25年中,西北航道的开发已经取得了很大的进展,现在东西方之间只有100英里(160千米)左右的航道还没有被彻底探索。如今需要做的就是把这些已探明的地方贯通起来。事实证明,这事说着容易实现起来其实非常困难。

对此我深深地理解。2017年8月,我乘坐一艘冰区加强型的俄罗斯船瓦维洛夫号(*Akademik Sergey Vavilov*)穿过西北航道的一段。我的第一印象是这里看起来比地图上显示的要宽广得多。地图上看着满是星罗棋布的岛屿和狭窄航道,实际上却是一片片广阔的海域和树木稀疏的高原。兰开斯特湾的东端至少有60英里（96米）宽，但到它南北两边的岛屿间的水域也至少有40英里（64千米）宽。北部的德文岛是地球上最大的无人居住的岛屿，那是一片苔原覆盖着的土地，岛屿面积和爱荷华州相当。南面是巴芬岛，是世界第五大岛，面积是英国的两倍。我们有精确的地图和海图、GPS定位、声呐探测等现代设备，为了使得导航尽可能简单，还有一艘比巴罗时期率领下的任何船只都要大上许多倍、坚固许多倍的船。即使这样，我们的船长每小时都必须调整航线，以避开堆积的冰层。和当年相比，一切似乎没有多少改进。

罗斯安全地从南极归来，展示了一个由政府资助的、精心准备的探险队可以取得的辉煌成就。秘书巴罗借助其强大的说服力，为实现他的毕生抱负做最后一搏。1844年12月，他向新任海军大臣哈丁顿勋爵提交了一份"关于试图完善西北航道开发的建议"。这份建议开门见山地陈述了他的观点："多个科学团体以及从事科学研究人士普遍认为……这次开发，或者说是航道开发的完善，将实现一条环绕北美北部海岸经由大西洋贯通到太平洋的航道，目前大量的工作已完成，距离成功仅有几步之遥，我们不应该放弃。"

巴罗提出俄罗斯人（当时已占有阿拉斯加）有可能捷足先登，从政治角度来支持自己的主张。一旦西北航道被成功贯通航行，他警告称"如果是其他国家做到了这件事，作为曾经打通东西方的英格兰，就会因为这一时的疏忽受到全世界的嘲笑，嘲笑英国在这临门一脚的犹豫不决"。他又从科学的角度强调，一次

第十二章 "马上准备就绪"

全新的探险可以帮助完成全球磁场的调查——这仍然是一个很有说服力的动机。为了讨好海军部，他还强调，这样一次远征可以为未来的海员提供培训。当时皇家海军因为没有战争，很难培养年轻军官。为了得到财务部门的支持，他声称这次航行可以在一年之内完成，所需费用只有最近返航的南极考察队的三分之一。最后值得一提的是，他指出，有两艘经过冰雪考验的船已经准备就绪，正在泰晤士河口等待。这是一个很有感召力的主张，也得到了许多强有力的支持。

对北极有极高话语权的约翰·富兰克林爵士、爱德华·帕里爵士和詹姆斯·克拉克·罗斯爵士都全力支持巴罗的提议。除了罗斯，他们都建议推行蒸汽技术，尽管这项技术在约翰·罗斯的胜利探险中没起到作用，但应该就此重视起来。萨宾上校和英国皇家学会理事会也都肯定这次探险的商业潜力，并论证了它对地磁观测和航海进步的贡献。这种不断累积、势不可当的热情，成功说服了英国首相罗伯特·皮尔爵士全力支持该提议。约翰·巴罗爵士在从海军部退休前一天得知了这一决定。对他来说这大概是最好的离别礼物了。

时间紧迫。若要保持一鼓作气的势头，探险队就必须在几个月内准备妥当。倘若他们想在结冰前到达兰开斯特湾，也就是西北通道的入口，必须在 1845 年 5 月初就启程。

眼下最紧迫的任务是挑选新的探险队领队。詹姆斯·克拉克·罗斯——也就是现在的詹姆斯爵士，在候选名单上位列第一。他已是七次探险的关键成员，在南极的探险证明他是值得信赖的。但如今基于我们对他在开普敦时手抖的了解，他拒绝这一提议或许并不太令人感到惊讶。他拒绝的理由是出于对新婚妻子和岳父的承诺，他声称自己已经44岁了，年纪太大无法胜任这份工作。这似乎是一个牵强的辩解，因为他转而推荐他59岁的朋友约翰·富兰克林爵士。所以更有可能的原因是罗斯已经厌倦了。

还有一个人强烈推荐富兰克林。珍·富兰克林夫人回到了英国，由于之前她丈夫被当时的殖民部长斯坦利勋爵解除了范迪门斯地领地总督的职务，所以她努力为她丈夫游说，还利用自己在塔斯马尼亚与詹姆斯·罗斯辛勤培养的友谊呼吁大家帮助。谈及丈夫时她很坦率："最让我担心的是，"她写信给罗斯，"在受到殖民地办公室如此让人无法接受的对待后的这一段紧急时期，我认为如果他自己的部门不重视他，这将使他变得非常敏感……我非常担心如果不能尽快得到一份体面的工作，他的内心会受到怎样的煎熬。"

罗斯曾写信给海军的水利学家弗朗西斯·蒲福爵士，在信中称赞富兰克林"非常适合指挥这样的远征"，虽然不清楚富兰克林夫人的恳求是在这封信之前还是之后，但很显然她的恳求达到了预期的效果。可并非所有人都认可这一点。例如，海军部的哈丁顿勋爵会见了富兰克林，表达了他的担忧：他已经60岁了，年纪可能太大了，无法胜任如此艰巨的任务。富兰克林气愤地回答说，"我还不到60岁，只有59岁。"至于约翰·巴罗爵士则明确表示更偏爱另一位冉冉升起的新星——32岁的指挥官詹姆斯·菲茨詹姆斯。最后很可能是爱德华·帕里爵士说了算。他告诉哈丁顿，在他看来，富兰克林是"我所知道的最佳人选"，并

第十二章 "马上准备就绪"

补充道,"如果你不让他去,他至死都会很失望的。"

因此,尽管有人怀疑约翰·富兰克林爵士是出于怜悯才被选中的,但他还是被确认为西北航道探险的领队,詹姆斯·菲茨詹姆斯则是他在幽冥号上的副指挥官。恐怖号船长兼副指挥官最初人选是约翰·洛特·斯托克斯船长担任,他曾在比格尔号进行第三次太平洋之旅时担任船长,但他拒绝了邀请,这样弗朗西斯·克罗齐尔就成为了不二之选。事实上,克罗齐尔之前收到哈丁顿勋爵的邀请,由他担任整个远征队的队长。但他当时正在欧洲的情绪平复之旅中踯躅于自己的决定。有趣的是,詹姆斯·克拉克·罗斯并不支持哈丁顿:似乎他知道克罗齐尔正处于脆弱状态,并试图保护他不让他承担太多。基于我们对于克罗齐尔心境的了解,也似乎印证了这一点。1844年晚些时候,他在佛罗伦萨写信给罗斯,向他解释了自己拒绝担任领队的决定:"我真诚地感到自己无法胜任这份职位。事实上,我一直认为自己不适合作为领袖。而你,是一如既往地,如此地了解我的想法。"仅仅几个月后,克罗齐尔觉得自己已经完全恢复了元气,能够胜任副指挥官的职位,于是1845年3月3日他正式就任。

与南极之旅相比,这次的远征在一开始就充满了各种疑虑和妥协:关于年龄的、关于心智和身体健康的,还有在某些情况下,关于这次远征是否明智。理查德·金医生是位善于争辩、坚持己见的人,他曾多次参加北极地区的陆上探险,他坚信,冰层的范围和厚度注定了任何海上穿越西北航道的成败。他写信给约翰·巴罗,非常形象地警告他,他这是在把富兰克林送到北极"充当冰山核"。

但是没时间再讨论了。船只已经准备就绪,军官和海员也都迫不及待地等着上船。就连克罗齐尔也受到这种情绪的感染,他向罗斯保证说:"我感觉不错,我是自愿去担任富兰克林爵士的副指挥官,而且不管发生什么情况,我也不愿意当领队。"在伍尔维奇船坞准备工作的过程中,克罗齐尔与詹姆斯以及安妮·罗斯住在布莱克希思(Blackheath)附近的房子里,这可能对克罗齐尔的愉快心情有些影响。

从来没有引发争论的一个问题是远征船只的选择。在南极取得成功后,幽冥号和恐怖号赢得了英国海军中最坚韧、最可靠的抗冰船的美誉。2月5日,政府下达了命令,要把临时退休停在希尔内斯的幽冥号拖到上游的伍尔维奇皇家船坞,在那里将由造船大师奥利弗·朗负责改装它和恐怖号,以执行北极任务。

即使是在我所处的年代里,伦敦河畔也在发生着巨大的变化。20世纪40年代,伦敦港是世界上最繁忙的港口,沿着河畔绵延11英里(17千米),每年装卸6万艘船。现在,贸易已经到不了那么远的上游了。现在英国的进出口主要依靠费力克斯托港(Felixstowe)、蒂尔伯里港(Tilbury)和伦敦门户港(London Gateway)。尽管如此,人们对旧日的情怀依然挥之不去,伦敦的这一地区仍然被过去岁月的痕迹所主导。虽然现在已经没有了运营的码头,但还是存在一种叫作码头区轻轨(Docklands Light Railway,简称DLR)的现代铁路,我正是搭乘它来到伍尔维奇。这种无人驾驶火车会经过浮桥驳船坞(Pontoon Dock)、金丝雀码头(Canary Wharf)和苍鹭码头(Heron Quays)等车站。从火

第十二章 "马上准备就绪"

车上我可以看到规模宏大的泰莱（Tate & Lyle）制糖厂，那一度是庞大的进口业务的中心。而如今，只有烟囱里的蒸汽吹过墙上挂着的一块标语："拯救我们的糖！"然后铁路猛地下沉，从泰晤士河底部穿行，我在南部的第一站伍尔维奇兵工厂（Woolwich Arsenal）站下车。刺骨的寒风从河上呼啸而过，我照着地图，穿过戈登将军广场，走向老兵工厂所在的建筑群。那里的大部分建筑都已被拆除，将来要重建一个豪华公寓。而一个相对不那么豪华的开发项目是由七栋塔楼组成的，沿着河向东延伸。这片塔楼附近正好有一条名叫幽冥大道（Erebus Drive）的街经过，所以我猜这里一定是码头和工厂所在的地方，也是幽冥号准备最后一次航行的地方。这条河看上去很冷，波涛汹涌，黯淡不明。

在新住宅开发项目的建筑工地入口，有两座原兵工厂的建筑幸存了下来。其中一座改造成了一家名叫"弧形表盘"的酒吧。从日晷两侧的两根顶着一堆炮弹的威猛柱子，可以一眼看出它最初的用途。与它相邻的是一座极具特色的低矮红砖建筑，有一座铅顶塔坐落在墙角，外面的草地上放着一尊大炮。这里曾是皇家黄铜铸造厂，现在是国家海事博物馆的分部，如果我的信息没错的话，这里保存着唯一一份把幽冥号从炸弹船改装成极地探索船的方案副本。

我按下门铃，进入我最近见过的最让人安心的办公环境。在这个世界上，有太多人戴着耳机坐在满是屏幕的桌子面前，而皇家黄铜铸造厂的工作人员则处在一种温馨、友好和略显杂乱的环境下慢条斯理地做事，彩色的托盘里摆满了各种水壶和咖啡罐，文件盒堆放在打印机上，而墙上用透明胶带贴满了各种图画。在这种悠闲的氛围背后，是一个非同寻常的档案馆，里面收藏着超过100万艘船只的图纸和海量的照片，这些照片目前正在数字化处理。他们已经为我定制了一系列引人入胜的、关于幽冥号和恐怖号的图纸。

上面优美地题写着，这是"奥利弗·朗先生，伍尔维奇庭院，1845年3月17日（离探险队出发仅两个月）"的成果，我被精细的细节线条所吸引，这些线条用墨汁精确地绘制在画纸上，直到170年后仍然清晰可见。

我了解了很多幽冥号外部和内部的情况。造船工人有着独属于他们自己的语言。都快到中午了，我才大概明白哪里是下甲板、肘板、槽口、扶手、枢轴、舵栓、舷窗。

我知道我不会把这些细节都记住，我想，那些起草这些图纸的人也料到会是这样。不管我有多想了解幽冥号，对于这艘船来说我永远都是一个陌生人。但这次的拜访让我和它更亲近了一些。我对它的身体结构有了更好的了解，也知道了它是如何变得那么坚韧，它内部的一切都是经过精心设计的。在黄铜铸造厂，我看到一艘坚固的船是如何被改造得更强大。我也更能明白为什么它能取得如此大的成就。这一页页硬纸上，是它赖以生存的原理。

朗和他的船员们所做的大部分工作都是针对表层的，比如增加船体和甲板的强度，提高舷墙的防水性，用铁加固船头。从内部来看，相比于之前在南极成功航行时的构造没有太大改动。厨房里保留了弗雷泽出品的烹饪和水生产系统，该系统主要借助烹饪过程中产生的蒸汽来提取冰和雪中的水。

供暖主要依靠西尔维斯特先生发明的系统，这是一种早期的中央供暖方式，从砖炉中抽取加热后的空气，通过"一个直径超过一英尺、环绕船舷的正方形铁管将舒适的暖气传导到船上的每处铺位"（来自制造商1839年的描述）。它的价值已经被证明，得到了来自伦敦的詹姆斯·罗斯船长本人的热情支持："西尔维斯特先生的这一发明非常宝贵，实际表现也十分令人钦佩，我对他的赞美之情简直无以言表。"

这两艘船最重大的改动是安装了一个较有争议的蒸汽驱动螺旋系统，这是有史以来最早应用在木壳战舰上的蒸汽系统之一。1845年1月，全权负责准备工作的爱德华·帕里爵士，在写给海军部的一封信中论证了这一点："我认为这是一种优势……这条航线上的每艘船都采用了一种小型蒸汽动力（相当于3节或4节的速度）。"他在信中写道，随后还建议"也许可以采用一对50马力的小型机车发动机，再配上一个可移动的螺旋桨，这些发动机可以安置在一个很小的空间里，而且完全不用担心被冰层破坏；这样除了通过巨大冰层之间狭窄而多变的通道之外，不会消耗燃料，而真遇到那种情况也别无选择"。

这大略就是奥利弗·朗及其团队需要做的工作。他们只有三个月的时间来完成这一切。由于没有时间制造新设备，帕里建议他们使用二手火车发动机——比当时的船用蒸汽机更轻、更小。负责这项工作的莫德斯莱、桑斯和费尔德公司购置了两辆火车头，但是对于火车头的来历大家众说纷纭。在写给罗斯的一封信中，克罗齐尔提到了多佛线。当时的《伦敦新闻画报》（*Illustrated London News*）把它们归于格林威治铁路。受人尊敬的富兰克林学者彼得·卡尼和威廉·巴特斯比则更倾向于伦敦和克罗伊登铁路。他们充分论证后表示，为了北极探险而放弃发动机的两辆火车头分别是2号"克罗伊登"和6号"阿基米德"。

不管来源是哪里，这两台发动机于4月18日抵达伍尔维奇，并被带到船只停泊的码头。詹姆斯·菲茨詹姆斯从他房间的窗户看到了其中一台："发动机由10匹乌黑的马拖了过来，重达15吨。"

发动机随后被下放到每艘船的船舱里，也就是主桅后面的一个双层高隔间内，并通过一根32英尺长（接近10米）的轴和一个7英尺（2米）高的炮铜螺旋桨连接起来。朗对船尾进行了重新设计，以便螺旋桨在不使用的时候可以收起。据《伦敦新闻画报》报道，海军部的贵族们对这种在帆船上安装蒸汽驱动螺旋桨的巧妙解决方案印象特别深刻，"完全消除了在外面运输和拆卸螺旋桨时的缺陷和困难"。

对于安装蒸汽机不感冒的人有詹姆斯·克拉克·罗斯爵士，他和他的叔叔约翰·罗斯爵士第一次站在了同一边。他们认为这些发动机携带起来很重，而且还未经过验证。他们还表示，螺旋桨升降装置的安装可能会削弱艉柱和船舵的安全性。还有一个问题是驱动发动机需要承担额外重量的煤。这个问题通过一种更轻便的"专利燃料"的发明得到了部分解决，这种燃料主要由一些压缩煤粉和煤焦油制成，每个像砖块那么大。

不管有什么疑问，近20年前从彭布罗克船台上滑下来的那艘笨重的炸弹船，如今已是海军中装备最精良的战舰之一。幽冥号和恐怖号坐拥最先进的海事技术，其25马力的动力可以帮助

第十二章 "马上准备就绪"

它们穿越冰层。不过，这也并不是什么颠覆性的技术。一艘现代化的破冰船的动力达到40000马力。

随着船上工作的开展，军官和船员的选拔也在进行。尽管詹姆斯·菲茨詹姆斯上校没有探索北极的经验，但还是由他——而非约翰·富兰克林本人——负责人员配备。他得到了约翰·巴罗爵士的全力支持。毕竟，爵士之前就推荐过他担任探险队的领队。

约翰爵士这么做也有可能是出于个人利益考虑：有证据表明菲茨詹姆斯曾帮助过巴罗的儿子乔治。乔治在驻扎东部时，遭遇了一些令人尴尬的事情："有关于个人名誉，有可能是同性恋事件，"这是来自菲茨詹姆斯的传记作家威廉·巴特斯比的一些见解，有人称他为"富兰克林探险队中的神秘人"。我们甚至不清楚菲茨詹姆斯的父母是谁。巴特斯比认为他是外交官兼花花公子詹姆斯·甘比尔爵士的私生子，甘比尔爵士曾任英国驻里约热内卢总领事。1825年，13岁左右的菲茨詹姆斯加入了海军，在他职业生涯早期服役于幼发拉底河考察队，后作为一名炮兵中尉参加了第一次鸦片战争。

从各方面来看，菲茨詹姆斯都是个受大家欢迎的好伙伴。他极擅长模仿，为人处世八面玲珑；他还擅长表演，目光敏锐，善于言辞。在第一次鸦片战争期间，在康沃利斯号上服役时，他把自己对上海的印象写成了诗：

小镇，南方，中国人在品茶，

>　　石窟，桥梁，好奇的心难耐。
>　　难解的存在；不过是惊鸿一眼，
>　　仿佛英国瓷盘，跃然浮现眼前（干净时）。

他也很勇敢。1835年，他曾跳入默西河（Mersey）救下一名溺水者。利物浦市政局为了表彰他，授予他以他名字命名的奖杯。

随着远征的临近，菲茨詹姆斯搬到了伍尔维奇，住在弗朗西斯街14号。这次探险的首席科学顾问萨宾上校就在附近的伍尔维奇学院，他在那里弄了一套设施，用于培训新任命的军官使用磁观测仪器。与此同时，菲茨詹姆斯迅速行动起来，填补各个空缺的职位。3月4日，46岁的查尔斯·奥斯默（探险队中年龄最大的一位成员，最近刚结婚，还有一个1岁的孩子）被任命为幽冥号的出纳员和事务长。他之前曾在白令海峡与比奇一起进行北极探险。曾与菲茨詹姆斯一同出航的查尔斯·弗雷德里克·德辅被选为幽冥号的大副，曾在克利俄号上任菲茨詹姆斯副指挥官的亨利·勒韦斯孔特被任命为副官。斯蒂芬·斯坦利医生曾与菲茨詹姆斯一起在康沃利斯号上航行，担任首席外科医生，他的助手哈利·古德瑟医生，与南极之旅的约瑟夫·胡克一样，也是一位热衷博物学的外科医生。

在3月紧锣密鼓招募来的人员中，还有两个是菲茨詹姆斯非常熟悉的。一个是曾和他一起在幼发拉底河考察队的詹姆斯·费尔霍姆，被选为幽冥号的三名副官之一；曾和他一起参加过第一次鸦片战争的爱德华·库奇被选为航海长。菲茨詹姆斯选择旧识

第十二章 "马上准备就绪"

而非北极经验丰富的老手的行为受到了很多人的非议。这也不无道理。假若你要和一群人低头不见抬头见地相处几个月，甚至几年的时间，那选择一些能相处得来的人自然是无可厚非的。况且并不是说那些有极地经历的人都被忽视了。除了船长本人和查尔斯·奥斯默，还有曾在捕鲸船上服役过的副船长亨利·柯林斯，以及曾参与乔治·巴克的西北航道探险的格雷厄姆·戈尔上尉。

从罗斯探险队到富兰克林探险队的六年时间里，有一种照相工艺诞生，以它的发明者路易斯·达盖尔名字命名为达盖尔摄影法（银版摄影术）。1839年，大约在罗斯探险队出发前往南极洲的同一时间，位于费城的罗伯特·科尼利厄斯拍摄了第一张人类的正面照片；1843年探险队返回时，摄影已经成为日常生活的一部分。

富兰克林夫人对最新的科学进展总是十分敏锐，她请摄影师威廉·比尔德为幽冥号上的主要军官拍摄了一些3∶4尺寸的银版照片，这些照片后来刊登在1851年9月的《伦敦新闻画报》。作为第一份这样集中展现肖像的照片是非常宝贵的，但它也无限令人心酸。它向我们展现了一群充满信心和期望的年轻人，让我们能够将人名与所代表的人一一对应，那些人却再也没有回来。

富兰克林的表现并不尽如人意。尽管他戴着的三角帽和勋章令人印象深刻，但他的夹克看起来紧绷得很不自在，面容也十分消瘦苍白。据富兰克林夫人说，他回到英国后就一直饱受流感的折磨。他一门心思地想把范迪门斯地的变故写下来。在妻子的敦促下，他正在配合着写一本进行自我辩护的小册子，占据了他大部分的精力。此外，他还在紧凑的日程安排下，进行各种个人的社交活动。与南极探险不同的是，这是一项非常公开的事业，富兰克林爵士必须在船坞迎接络绎不绝的知名访客，出席一系列的官方活动。3月20日，离出发还有不到两个月的时间，皇家炮兵队急于在这次极具影响力的远征中展现自己的作用，在伍尔维奇军官餐厅招待了100多名军官和科学家，其中富兰克林担任主宾。一个月后，他和第一勋爵一起在主教门为一个水手教堂筹集资金。同一天晚些时候，他在皇家地质学会用餐。在这种情况下，照相机不会撒谎。那是一个肩担世界重任的人。

相比之下，32岁的菲茨詹姆斯——留着卷发，没戴帽子，茂盛的络腮胡映衬着长肩章——看上去无拘无束；敞开的夹克，露出里面精致的背心，左臂还夹着一个望远镜。菲茨詹姆斯积极地给他同行的军官肖像做了有趣的旁注，其描述惟妙惟肖，让每个人都显得更加鲜活。

29岁的亨利·托马斯·邓达斯·勒韦斯孔特，左手握着幽冥号的信号书，这是唯一一张以可识别的船体部分作为背景的照片。这张照片十分有意义，我们可以看到在他的右肩上有两个用来掌舵的轮子。令人难以置信的是，这是现存的唯一一张带有幽冥号的照片。据菲茨詹姆斯所描述，勒韦斯孔特非常"害羞、保守"，并且还有罗圈腿。

来自阿伯丁（Aberdeen）的詹姆斯·里德对极地非常熟悉，他向外望着，举着眼镜，仿佛是在寻找远处的障碍物。"粗俗、聪明、不修边幅，带有浓重的北方口音。"菲茨詹姆斯如此描述。

德辅上尉左手拿着帽子，右手的大拇指塞在夹克里，虽然只有19岁半，不过看起来他想要显得更成熟一些。"他是个无可非议、聪明、随和、无忧无虑、乐于助人的年轻人。"菲茨詹姆斯描述道,还补充称德辅有一只玻璃眼睛。

外科医生斯蒂芬·斯坦利舒适地靠在椅背上,看起来很老实,头发经过了精心打理,向前梳成卷状地盖在耳朵上。"他看起来挺帅气的,但是有些胖,头发乌黑,双手还很白,总是干干净净的,卷着衬衫袖子,让人不由害怕他可能随时都会冲过来砍掉谁的腿。"

上尉爱德华·库奇不喜欢当时留胡子的时尚,他向我们露着一个恬静的微笑。"一个黑头发、平易近人的小个子……读书、写字、画画、工作的时候都很安静。除了固执,我在他的性格中找不到什么特别的地方。"

21岁的罗伯特·奥姆·萨金特是三位年轻的副官之一,担任大副一职,菲茨詹姆斯描述他是"一个和蔼可亲的小伙子。脾气非常好"。

哈利·古德瑟医生侧身坐着,身体靠在右手上,是一位资质出色的助理外科医生。那年他38岁,来自一个人才辈出的苏格兰家庭,当时已经是爱丁堡皇家外科学院博物馆的管理员。他也是探险队的博物学家。菲茨詹姆斯显然经常和他一起。"他身材笔直修长,喜欢双手插在夹克的两侧口袋里,踮着脚尖走路。他的笑声爽朗。"

同样38岁的格雷厄姆·戈尔上尉在镜头前正襟危坐,双臂紧紧地交叠着,就好像在寒冷中缩成一团,帽顶压得很低,眼睛盯着不远处。菲茨詹姆斯友善地戳穿了这位大哥的虚荣心,他称戈尔"笛子吹得特别好,画画水平时好时坏的,但总的来说是个了不起的家伙"。

克罗齐尔船长是恐怖号船员中唯一拍照的,这似乎也证实了,对于珍·富兰克林来说,这是属于约翰·富兰克林爵士的远征,而幽冥号是他的旗舰,也是他的兴趣所在。菲茨詹姆斯没有对弗朗西斯·克罗齐尔的人物肖像作旁注。

探险队军官的相关资料是相对容易获得的。为了进一步了解关于船员的信息,我们必须借助海军每艘船上的出纳员和事务长所保存的点名册和说明簿。虽然我们永远不知道水手们的真实样貌,但经过海军历史学家拉尔夫·劳埃德·琼斯的苦心研究,确实发现了一些记录,让那些常被忽视的人群更鲜活。

詹姆斯·W.布朗是"捻缝工",来自德特福德,距离伍尔维奇很近,从事填缝工作已经很多年了。这项工作的主要内容是用涂有焦油的旧绳条(常被称为填絮)来维持船缝的防水性。约翰·考威是幽冥号上的一名出色水手,32岁,已婚,右臂上纹有他自己的名字。这在皇家海军是很常见的,就像劳埃德·琼斯所说的那样,事实上,"这是为了在他们的尸体不完整的时候便于辨认。"弗朗西斯·波科克也是一位出色的水手,最初是梅德韦河口的一名渔民。根据描述,他身高 5 英尺 4 英寸(1.6 米),满脸雀斑,有着浅褐色的眼睛和浅色的头发,曾患过天花。来自朴次茅斯的约翰·斯特里克兰,21 岁,"气色很好","有轻微的天花痕迹",而约翰·富兰克林的管家埃德蒙·霍尔,手臂上有一个锚的纹身,且已经接种过天花疫苗(自 1796 年爱德华·詹纳发现天花疫苗以来,天花疫苗就已经普遍存在了)。25 岁的约瑟

第十二章 "马上准备就绪"

夫·劳埃德来自格林威治，在开船前约十天从幽冥号上退出，可能是因为他已经结婚，这让他对于前往北极的事情有了新的考虑；也可能是他敏锐地预测到了未来的结局。

幽冥号上有14名船员是"首次服役"——这些人以前没有在皇家海军服役过，但其中许多人都有过捕鲸船上的经验，或者可能已经以非官方身份在北极航行过。除了来自汉普斯特德的詹姆斯·哈特33岁，幽冥号上的大部分新兵都只有20多岁。

虽然船只已经够逼仄的了，但这次幽冥号和恐怖号上的人员数量比起南极探险的时候还要多11人。新增的职位是每艘船上增加三名一级司炉工（大概是负责操纵蒸汽机的）、一名工程师，以及之前没有的极地专家，他们都很擅长极地航行。詹姆斯·里德在幽冥号服役，而托马斯·布兰基在恐怖号服役，两人都曾在捕鲸船上工作过。布兰基的本名是布兰金霍恩，曾经在惠特比开过一段时间的酒吧。为了参加探险，詹姆斯·里德放弃了当时正准备前往魁北克的海神号提供的工作，写信给他的妻子解释道，"很多人都觉得我很奇怪，但他们如果像我一样了解极地的话，他们也肯定会去的，"他还心虚地加了一句，"这说明，我不害怕，因为我活得更像个男人"。

除了一名水手长、一名工程师和一名木匠（都是准尉）之外，幽冥号上还有22名海军士官，以及从事着诸如修帆、填缝、厨师和铁匠等工作的20名优秀水手。这两艘船上都没有普通水手，那种水手级别低，薪水也很低——这也表明了远征队地位很高，队员都是经过挑选的。

两支队伍中只有九名船员曾与罗斯一起去南极航行过：五人

在恐怖号工作，四人在幽冥号工作。理查德·沃尔，45岁，来自斯塔福德郡，此次在幽冥号的职务还是厨师。他在南极航行中的表现据说"非常出色"。34岁的詹姆斯·弗雷德里克·埃尔加·里格登被任命为船长的救生艇艇长，他曾在幽冥号在南极的航行过程中服役。根据说明簿中的描述，他"身高5英尺7英寸半（1.75米），面色红润，有着灰色的眼睛和棕色的头发，右臂纹着字母'JR'。"他是幽冥号上14个来自肯特郡的人之一，肯特郡被认为是航海之郡。此外，幽冥号上还有7名皇家海军陆战队队员和两位青年男子（海军军官候补生）。幽冥号上总共68人，平均年龄28岁。

工人们紧锣密鼓，每天工作11小时，最终按时完成主要工程，并赶上了海军大臣们计划在4月第三周进行的高层访问。他们参观了一间锚的测试室；欣赏了西尔维斯特的供暖设备和梅西的双动力黄铜舱底泵（用来处理木制船体中难以避免的渗水问题）；还特别提到加固船头的"坚固钢板"和拆去船体周围的所有镀铜保护层，"因为来自贝类或藤壶的攻击不会带来危险"。

随着发动机的安装以及甲板和船头的加固完成，工作重点转向补给和供应。海军部估计这次的远征会长达三年。北极的天空经常是灰蒙阴暗的，为了确保照明，船上采购了2700磅的鲸油或菜籽油制成的蜡烛，此外还有数百盏阿尔冈灯、带灯芯的玻璃制油灯。由于船只在中途不再提供补给，仅幽冥号，为了确保68人的生存，就备有18355磅饼干；69888磅面粉；612磅干肉饼（一种脂肪和蛋白质的浓缩物）；每份8磅共计16416磅的牛肉和

第十二章 "马上准备就绪"

每份4磅共计16320磅的猪肉,这些肉都存放在装满盐水的桶中;1928磅的糖;4822磅的巧克力;以及10920品脱的浓缩汤(蔬菜汤或肉汁汤)。最重要的是,还有为了对抗坏血病准备的4750磅的柠檬汁、蔓越莓、腌核桃、诺曼底苹果点心和储存在沙子里的胡萝卜。此外,船上还装了近8000罐腌肉。1810年,法国人尼古拉斯·阿佩特发现了用罐头保存食物的方法。在之前的两次北极探险和罗斯前往南极的探险中,这些罐头证明了它宝贵的价值。此外,船上还装载了3吨烟草和200加仑葡萄酒。为了能够维持最重要的酒类供应,这两艘船装载了4500加仑的65—70度的西印度朗姆酒。

约翰·富兰克林爵士特别关心船员们的教育和娱乐福利。他准备了各种最先进的仪器用于研究磁学、地质学、植物学和地形学。摄影师比尔德先生给了他们一台银版照相机。在冬天的几个月里,还会为这些人举办夜校,提供《普通算术》教科书、纸张、钢笔、墨水、石板和石板铅笔。

两艘船都有很大的图书馆。大多数船都只配备最基本的"海员图书馆",但在这次考察中,每艘船都增加到1200卷左右,其中包括蒸汽技术推进技术著作、过往的北极考察记录、地理学和航海杂志,以及最近的畅销书,比如《匹克威克外传》(*The Pickwick Papers*)、《尼古拉斯·尼克尔贝》(*Nicholas Nickleby*),以及《印戈耳支比故事集》(*Ingoldsby Legends*)和奥利弗·哥德史密斯(Oliver Goldsmith)的《威克菲尔德的牧师》(*The Vicar of Wakefield*)等经典作品。此外这里还有一摞幽默讽刺杂志《笨拙》(*Punch*),该杂志于四年前首次出版,一直持续到2002年。

当然，鉴于富兰克林对福音派的狂热，也少不了宗教作品。

娱乐方面主要是两架手摇风琴，每一个都备有50个不同曲调的曲目。和去南极探险时一样，官员们必须自己出资购买个人所需的食物和饮料，以及少量奢侈品，比如船上戏剧表演所需的化妆服、乐器，富兰克林添置了一个带有花押字的瓷器和特别设计的酒架。按规定每个军官还要各买一套银制勺子和叉子。

1845年5月24日的《伦敦新闻画报》刊登了一些关于住宿的木版画。尽管空间有限，菲茨詹姆斯的房间看起来还是相当舒适的。它宽约6英尺（1.8米），有一张床和书架，还有一盏油灯、一张写字台、一个脸盆和一处舷窗，舷窗上有一个被称为普雷斯顿照明器的棱镜，被嵌在甲板上，用于增强光线。约翰·富兰克林的舱室则位于船尾，带有双扇窗户，整个舱室横跨整个船尾，一边是床，另一边是储物柜，还有放海图的橱柜。一侧的桌子摆着一副国际象棋。

这一切组合在一起，构成了一个前所未有的精心安排和考虑周全的规划。

随着出发日的临近，人们的希望和期望也越来越强。和平与进步的时代已经到来，并在六年后的大博览会（the Great Exhibition）达到了顶峰，这让国家也产生了一种自信。但这种民族自信并不稳固，需要以不断取得的成就来支撑。西北航道的成功发现将会是海军部为此提供的一道美味佳肴——就像是在极力宣传英国海军、科学和技术正在逐渐走向巅峰时刻。它将证实，英国在和平时期可以像在战争时期一样伟大。詹姆斯·克拉

第十二章 "马上准备就绪"

克·罗斯的南极考察受到很多赞赏，但关注度不够。富兰克林的远征队被寄予了成为英雄的期望。

并不是每个人都被这种日益增长的自信情绪所影响。正如克罗齐尔的传记作者迈克尔·史密斯所说，某种"无敌光环"掩盖了严重的、可能危及生命的误判。在南极航程中深受克罗齐尔信任的副指挥官阿奇博尔德·麦克默多对于富兰克林是否能安全归来就持怀疑的态度。理查德·金医生更是发明了"冰山核"一词用来警示富兰克林的命运，他坚持认为这次探险将是"我们航行探索史上的一个永久污点"。约翰·罗斯爵士也持有相似的观点。作为两次探险北极的前辈，罗斯爵士坚定地认为，规模更小、更灵活的探险才是应对挑战的唯一方法。根据他的经验，北极的一些水域既窄又浅；船只越大越重，被困住的可能性就越大。约翰·罗斯在他们起航前不久会见了富兰克林，并敦促他至少在途中留下他们前进的标志，准备好食物补给点和备用船只，以备撤退时使用。毫无疑问，富兰克林根本没有考虑过失败的可能。约翰·罗斯临别时对他重申了自己的建议。"如果1847年2月没有你的消息，我愿意前去找你，"他承诺，"但请在你过冬的地方贴上显眼的通告，标明你继续前行的路线。"

4月24日海军大臣们视察后，富兰克林在幽冥号上住了下来。得益于《伦敦新闻画报》等媒体的宣传，登船视察成为了热门话题。约翰·理查德森爵士曾与富兰克林一起经历了在北极探险的各种艰难时期，他带着同名的侄子约翰一起来为他们送行。多年后回忆这次访问时，小约翰在给朋友的信中写道："我印象最深刻的……就是叔叔给了我半金镑的零花钱，而那艘船闻起来很臭。"

恐怖号在泰晤士河上测试了它的新引擎。它最高时速可以达到4节。但据恐怖号的副官之一约翰·欧文说,这艘船发出了"可怕的咆哮声,估计会把爱斯基摩人吓个不轻"。

同样可能"吓到爱斯基摩人"的还有富兰克林夫人送给幽冥号的一只猴子。"不难想象,把它打扮一番的话一定会让他们觉得很有趣。"她写道:"……我也很想送一个类似的东西给恐怖号,可是不知道克罗齐尔船长是否会喜欢一只猴子,我想我最好还是送一只凤头鹦鹉吧。"

1845年5月5日,海军部向富兰克林爵士下达了航行的相关指令,共有23条。其中大部分涉及重要的科学研究,尤其是地磁的测量。还有一个指令——只有在"深陷困境的时候"才能使用发动机。勋爵们对富兰克林的既定路线非常偏执,认定他应该向西通过兰开斯特海峡和巴罗海峡到沃克海角,然后再继续抵达白令海。他受到明确指示,不得调查任何通往北方或南方的水道。没有明确的命令要求他们堆立石标或是留下任何标识进程的东西,但有一条,"当他们遇到任何爱斯基摩人或印第安人时,需友善对待并赠送礼物",并附加:"如果可能的话,应给予报酬让他们向哈德逊湾公司各站传达调度信息。"

常规的用锡制圆筒记录落水位置的做法被保留了下来,尽管这样做被认为是为了"确定北冰洋的洋流"而非救援。海军部完全没考虑发生意外的可能。那会被视作失败主义。他们的指令体现了自信和确定。"通过白令海峡,要去三明治群岛(现在的夏威夷)……离开三明治群岛以后,要去巴拿马,在那里派一名军

第十二章 "马上准备就绪"

官到英国去,而他自己则要绕过好望角回国。"

5月8日,海军大臣哈丁顿勋爵为表达对约翰·富兰克林爵士的敬意专门举办了一场招待会,19世纪最负盛名的一群极地探险家齐聚一堂:巴罗、帕里、詹姆斯·克拉克·罗斯、萨宾和巴克,他们都为预祝这次探险成功而干杯,毕竟这次成功将一举解决西北航道的难题。

四天后,在万众瞩目中,幽冥号和恐怖号被拖到下游的格林希特(Greenhithe),这是泰晤士河南岸的一个村庄,现在位于达特福德河渡口(Dartford River Crossing)和布鲁沃特购物中心之间。最后的一批补给,包括三门6磅加农炮的弹药(皇家海军的每艘船都采取了这种预防措施),都在这里装载。船员们提前领了四个月的工资,他们去北极航行薪水翻倍——余款将在他们航行期间陆续发给他们的家人。由于一些粮食供应迟迟未到,起航延迟了将近一星期。现在大家都迫切地想要出发。富兰克林、菲茨詹姆斯和克罗齐尔知道,他们越早到达兰开斯特海峡,进入航道途中的天气情况就会越好。

尽管延误令人沮丧,但费尔霍姆上尉在寄给家里父亲的信中,描述了他们在等待出发期间船上的美好生活场景:"富兰克林夫人给了我们一些礼物,包括一只大猴子,还有一只纽芬兰犬,以及一只不会有人拒绝的猫……星期六晚上似乎一直保持着航海应有的状态,在我的舱室周围,小提琴在尽情演奏,前甲板也传来了两三首不同的歌曲。总之,大家看起来都很开心。"

5月18日,星期天,富兰克林爵士在幽冥号诵读圣典。大家都说他讲得很好。"就算他是个牧师,他的行为举止也是我所见过的最优美、最令人印象深刻的那个。"费尔霍姆写道。这是一个令人触动的时刻。富兰克林的妻子珍，他与第一任妻子所生的女儿埃莉诺，以及索菲亚·克拉克罗夫特都参加了仪式，埃莉诺和索菲亚后来还留下来帮忙整理他舱内书架上的书籍。

一切都已准备就绪。詹姆斯·菲茨詹姆斯临走前给约翰·巴罗爵士写了一封信，感谢他的帮助和支持，并特别向他承诺，"我肯定我们今年将通过西北通道，1846年2月22日，我将在罗巴甫洛夫斯克（俄罗斯的堪察加半岛的首府）和您握手。"英国皇家地理学会主席罗德里克·莫奇逊爵士也为当时人们业已爆棚的信心继续贡献了一份力量："富兰克林这个名字就是国家级的保证！"

5月19日早晨10点半起锚，船身转动360°以核实罗盘正常工作。载有24名军官和110名船员的富兰克林远征队终于踏上了征程。人群在码头边欢呼着。富兰克林爵士一直用力向家人们挥手告别，看他们渐渐远去。被漆成黑色的幽冥号船体上带着一道独特的白色条纹，它带领着有史以来装备最精良的远征队离开了英国海岸，这一景象让所有人都相信，他们一定会出色地完成任务。

直到今天，在格林希特的河边还有一家名叫约翰·富兰克林爵士的酒吧，你可以站在富兰克林家人们最后一次见到他的地方，喝点啤酒、吃点牛排和薯条。

1845年7月8日,詹姆斯·菲茨詹姆斯在迪斯科附近的捕鲸群岛抛锚停靠时为幽冥号和恐怖号绘制的一幅铅笔素描。随附的说明显示,这幅画将"和他最后的另外几封信一起,从格陵兰岛寄给富兰克林夫人"。

第十三章　西北偏北

从伦敦池延伸到大海，泰晤士河曾是世界上最伟大的海上通道之一，此时依旧沉浸在往日的荣光里。即使背负着崇高任务的幽冥号和恐怖号，也没能让河道特意为它们清出一条通路。这支有史以来装备最精良的北极探险队从岸边出发，穿梭在各种渡船、驳船、小艇、单桅船、从东北运来海煤的平底货船、试航的新型军舰、往返于远东的高大威猛的快船之间：它们都各自在为这个世界上最繁荣的城市服务。拥堵的不仅仅只是泰晤士河的水面。伦敦所有人类和工业产生的废弃物，都肆无忌惮地排入了伦敦的这片水域，而且这种情况还要一直持续下去，直到 20 年后才由约瑟夫·巴扎尔杰特爵士为伦敦提供了第一套高效的污水处理系统。

直到 1845 年 5 月，富兰克林探险队才驶入这条乌烟瘴气的航道，这显然不是十分光彩的事情。由于出发时间被迫推迟，为了尽量减小反复无常的风向干扰，海军部决定使用汽船拖曳这两艘船驶离英国的水域。负责将富兰克林探险队拖出伦敦的是响尾蛇号（HMS *Rattler*）——一艘全新的九炮单桅帆船，比幽冥号长三分之一，也是世界上第一艘由蒸汽驱动的螺旋桨战舰。在随行

第十三章　西北偏北

的各色船只中，有一艘载有补给的运输船小巴雷托号（*Barretto Junior*），当他们到达格陵兰岛后，补给才会被转移到幽冥号和恐怖号那里。幽冥号被猴子号（HMS *Monkey*）拖着，联想富兰克林夫人送给军官们的礼物，真是一艘很应景的拖船。

离开泰晤士河口后，这支小舰队就沿着东海岸向北前进，并取得了不错的进展；直到一场猛烈的风暴来临，迫使他们在萨福克郡的奥尔德堡（Aldeburgh）抛锚停泊。北海沿岸不断恶化的天气使得海军部十分惊慌，于是派人给富兰克林送了口信，建议他折返，走一条更加安全的路线——沿着英吉利海峡，绕过蜥蜴角，再向北穿过爱尔兰海。富兰克林和克罗齐尔两人都坚决反对任何改变路线的建议，他们担心会更进一步延误，因此当命令传达到他们那里的时候，他们已经再次起航了。

奥尔德堡附近的风暴让菲茨詹姆斯第一次体验到幽冥号在恶劣天气中的表现。他在日记中称它为"一个旧浴缸"，在风暴最猛烈的时候，它和恐怖号就像是"音乐钟里忽沉忽浮在一望无际的绿色大海中的小船一样"。约翰·富兰克林爵士则觉得他的船表现得很可靠。在给珍的信中，他描述了他们在诺森伯兰海岸由于大雾而与护卫舰暂时分离的场景，"老伙计幽冥号和恐怖号相处得很愉快"。或许它们永远不会成为水上最快的船，但富兰克林尊重这种伙伴关系。"看得出来，"他接着说，"幽冥号和恐怖号航行的时候很接近，它们是很好的伙伴。"然而，恶劣的天气确实影响了其他一些船只。环境持续恶化，他们一直在东北风导致的恶劣环境中奋力前进，猴子号显然已经不可能将笨重的运输船小巴雷托号一直拖到苏格兰了。它被送回伍尔维奇，取而代之是划桨式护卫舰开拓者号（HMS *Blazer*）。

随着时间的推移，军官和水手们都逐渐适应了新环境，也在各种情况中熟悉了新同事。菲茨詹姆斯和46岁的事务长查尔斯·奥斯默下棋。"我起初以为他是一个愚蠢的大叔，"他坦承，"因为他总是絮絮叨叨的，吸鼻烟，但他的心态就像年轻人一样快乐，嘴边总是说着各种古怪、枯燥的话，而且他脾气很好，一直笑眯眯的，让人很容易对他心生好感，晚饭后他经常吸点鼻烟，来几盘棋，总能赢我。"

他们出海后，富兰克林就摇身一变，不再是银版照相上所刻画的面色苍白、浑身不自在的形象。富兰克林夫人在寄给詹姆斯·克拉克·罗斯的报告中写道："富兰克林爵士的咳嗽完全好了，相信你也很高兴听到……在事务长的诱使下，他每天都会吸一撮鼻烟。"她引用了斯坦利医生的诊断结果："他已经完全从流感中恢复了回来，和他在格林希特时候大不一样，变得健康、精力充沛，是他最理想的状态。"他自己的房间一直是开放给别人参观的，他允许博物学家古德瑟先生使用一张桌子，允许斯坦利医生在另一张桌子上晾干他的鸟类标本。爱德华·库奇上尉是幽冥号上的一员，他在信中称赞富兰克林，称他"是一个非常善良的老家伙。船长在星期天的早上和傍晚都要主持教堂的礼拜仪式。简直是一名主教。大家都说，很快他就能取代英国至少一半的牧师"。

出发一周后，当船驶离法恩群岛（Farne Islands）时，富兰克林向海军部报告称，当时的风浪太大，分隔船只的船索有被卷走的危险，这样很有可能导致碰撞。他下令将两艘船的船索解

第十三章　西北偏北

开,各自前往奥克尼群岛的斯特罗姆内斯港,这是他们在到达格陵兰岛之前的最后一处集结点。

他们向北继续航行,狂风逐渐平息,当他们到达奥克尼群岛时,费尔霍姆上尉诗兴大发:"当昨晚我们穿过这些小岛之间狭窄的通道时,我看到了此生最美的景色。小岛本身不太有美感,到处光秃秃的,但是配上那一刻的天空、山穹,以及宛若玻璃的海面,那景色堪比士麦拿海湾(Gulf of Smyrna)。"

1845年5月的最后一天,星期六,他们驶进斯特罗姆内斯港。自伦敦遭遇暴风雨后,他们重新集结,延误的时间比预期的要长。小巴雷托号载着十只活公牛出发,现在需要宰杀然后把肉保存起来。然而,有四头在北上途中死亡,亟须换掉。但是斯特罗姆内斯当地人敬畏上帝,不会在安息日买卖牛,所以要过了周末才能换到牛。极地专家詹姆斯·里德在写给妻子的一封信中提到了延期的另一个原因。他称船长"不允许在船上骂人",并补充说,"约翰·富兰克林爵士不会在星期天的时候开船。"

军官们被准许上岸,但克罗齐尔不允许恐怖号上的任何一名水手离开船,担心他们喝醉。而在幽冥号上,因为前桅负责人罗伯特·辛克莱和一等水兵托马斯·沃克都是来自奥克尼,一位去见了四年未见的妻子,另一位则去探望17年没见的母亲,出于同理心菲茨詹姆斯批准了他们俩请假。星期一他们安全地回到船上,由于天气不好,出发又推迟了一天。那天晚上,斯特罗姆内斯的灯光充斥着太多的诱惑。托马斯·沃克解开船上的一艘小艇,带着另外三个水手上岸,当晚回来时几人已是筋疲力尽。

没有记录显示富兰克林是否知道这件事,但菲茨詹姆斯对他们进行了宽大处理。他承认"根据服役的规定，这些人应该受到严厉的惩罚"，但他认为，在这种情况下"人们犯错的时候很清楚自己在做什么"。凌晨4点，他命令海军陆战队大卫·布莱恩特中士和戈尔上尉负责搜寻船上剩余的非法烈酒，将其扔进海里。最终，竟花费了两个小时才将非法烈酒清除干净。违规者被允许继续留在探险队，这些人很是感激。但如果考虑到未来要发生的事，一个比菲茨詹姆斯更严厉的管理者恐怕会救他们一命。

斯特罗姆内斯是一座有着悠久航海传统的小镇。它位于奥克尼群岛最大岛屿的西侧，坐落在东南一处弯曲海岬的臂弯中，这让它免受大西洋的风浪冲击。当我寻访这些岛屿时，低矮山丘上吹着强劲的风，驱动风车的扇叶飞转，也让天空变得更清澈。明亮刺眼的阳光洒在绿油油、树木罕见、一直延伸到海中的狭长陆地上，在小镇附近悬崖的古老岩石上点饰出复杂的图案。幽冥号、恐怖号和随行的船队曾在斯特罗姆内斯中心停靠，距离那些密集的网状街道很近。那里，有三角墙的和烟囱的石墙房屋排列着一直延伸到海边，比船的桅杆矮出许多。海边还有一个码头，有一座石头砌成的简陋仓库，是哈德逊湾公司的总部。这家公司自17世纪末开始经营北极贸易，在奥克尼群岛招募了许多人。这些人往往宁愿直面冰雪的苦难，也不愿在岛上的小农场勉强维持生计。

尽管军官们对他们的任务依然保持着坚定的信心，但从恐怖号上的助理木匠亚历山大·威尔逊写给妻子萨拉的最后一封信中可以看出，普通海员们对即将发生的事情有着更现实的看法。比如海上的水手们一直都在焦虑那些未收到的信：

第十三章 西北偏北

亲爱的，我本以为到了这里就能收到你的来信，可惜没有，希望明天能收到你的来信吧。希望孩子们都过得很好，希望你的气色有所好转，你要定期送他们去学校。亲爱的，希望你还是会去经常礼拜的地方表达对主的信仰……如果此刻我们不能相见是上帝的旨意，那我期望我们将在天堂相逢并享受永生。亲爱的，每天晚上我都会躺在吊床上，为咱们亲爱的孩子们默默祈祷。亲爱的，我知道这次航行对我们所有人来说，都将是一次严峻的考验，不过这里各方面都确保了我们舒适。

斯特罗姆内斯作为北大西洋的边陲港口，往来船只在这停靠，但由于霍伊湾（Hoy Sound）红砂岩入口处的海域波涛汹涌，所以要在斯特罗姆内斯和大西洋沿岸雇佣 26 名引航员，帮助引导船只出海。但海浪常常太急，就算是引航员也无法保障可以安全返回，他们只好继续留在船上，从纽芬兰、纽约或其他地方返回。海洋的危险滋生了迷信。有一位名叫贝西·米勒的女士，住在斯特罗姆内斯山上的一间小茅屋里，向水手们"出售"风。如果你想要顺风航行，可以考虑花钱让贝西帮你定制一个。这个传统是如此根深蒂固，以至于连那些本来不信这一套的人为了以防万一也上山找她。没有记录显示有富兰克林探险队的人去见过贝西。

1845 年 6 月 3 日，星期二，终于准备出发了。亚历山大·威尔逊只来得及在信中加上了一段附言："星期一晚上。亲爱的，我还是没有收到你的来信，我们将在明早起航。所以，别了，别了，如果你已寄出信，它应该会一路跟着我们；如果它没有回到你那，就说明我已经收到了。再见，愿上帝保佑你。"

* * *

天一亮，幽冥号、恐怖号和小巴雷托号被开拓者号和响尾蛇号拖到霍伊湾。在它们的右舷边，斯特罗姆内斯最后的一座灯塔闪烁着，照亮了霍伊岛黑暗、庄严、寂静的山崖与峭壁。在下方，大西洋和北海的洋流各自起舞涡旋，然后交汇在一起。在海岬之外是白色浪花和略带咸味的海风。对于那些从未到过如此北方的人来说，绝对是一个能让人一睹不列颠风采的绝佳之地，也会激起人们内心种种复杂的思绪。

在北罗纳岛（island of North Rona）以西50英里（80千米），船队判定他们已经避开了近海礁石和逆风，响尾蛇号和开拓者号收好拖索准备返航。每个人都知道这不仅仅是一次例行告别。欧文·斯坦利，开拓者号的一名军官，绘制了船随着波涛起伏的场景，响尾蛇号的烟囱冒出了一团烟。一名目击者描述称：

在水手长的哨声中，水手们在响尾蛇号和开拓者号两侧排成一排，对于即将开始的轻松愉快的任务，大家都争先恐后、跃跃欲试。命令下达后，英国人发自肺腑地欢呼，热切而响亮，是在向约翰·富兰克林爵士和他英勇的同仁们致敬。

护卫舰从恐怖号上带回了一名一等水兵，因为他担心自己患上肺结核。对于即将开始长途航行并且空间狭窄的船来说，这是需要严肃避免的事情。在幽冥号的军官食堂里，人们开玩笑称船上的猴子杰科可能也患有肺病。在对猴子进行检查后，船医向菲茨詹姆斯报告说:"它确实咳嗽得很厉害,但除此之外,我唯一看到的症状是它抓到任何能吃的东西都吃得过快。"

菲茨詹姆斯上尉看着护送的船远去:"一两个小时后,他们就在我们的视线范围内消失了。现在我们所见的只剩下一两只老海鸥和罗纳岛的山岩。是时候看看有没有人在这项任务面前退缩了。大家都在大声呼喊着:'现在我们终于出发了!'没有人向身后投去留恋的目光。我们在老绅士的餐桌上为富兰克林夫人干杯,今天是她和她女儿的生日。"风力在逐渐增强,并且向北刮去。幽冥号在前,恐怖号紧随其后。它们都不是快船,小巴雷托号尽管满载,但为了不超过其他船,还是尽可能少放帆。

我们可以想象一下,在狭窄的房间里,詹姆斯·菲茨詹姆斯靠着桌子,房间大小虽然大概只有隔壁船长房间的四分之一,却足够舒适温暖,在床上方的凹槽里有一个书架,隔板上有一张照片,是他最亲密的朋友兼养父,威廉·康宁汉姆。他答应过威廉的妻子伊丽莎白,要为她记下这次旅行的情况。今天是他记录的第一天。他拿起一支豪猪毛笔,在墨水瓶里蘸了蘸,写道:

1845年6月8日晚上10点,女王陛下的幽冥号,海上航行。

您似乎很希望我能写本日记,供您专门阅读。现在,我确实开始写这么一本日记了,也就是现在这本,虽然这本日记本要上交海军部。但是,为了让您开心,我将时不时地把我所想到的事情记下来,可以用信件的形式,也可以是其他我当时所喜欢的形式。

我们现在只能感谢菲茨詹姆斯能够如此勤勤恳恳且形神具备地写日记。他经常为了记录他的想法和观察结果熬夜到凌晨2点，然后5点又去值班。

记录从今天晚上开始，我现在心情很好。每个人都在和自己握手（大概是在隐喻自信和沾沾自喜）。

这边还挺顺风的，每小时实际上会有7节的速度，海面也相对平静，不过也确实会有一些颠簸。这艘船的优点之一是下盘很稳，就是甲板上的颠簸和起伏略明显些。

现在，漫长的休假已经结束，考察工作正式开始了。约翰·富兰克林爵士把他的军官们召集在一起，讨论海军部的相关指示，"观察从跳蚤到鲸等一切事物的必要"。他还强调，每个人都要记笔记、写日记，描绘他们所观察到的东西，这是非常重要的。

他对科学的热情，只有他对福音派的热情才能与之媲美。无论天气如何，他都会在礼拜日布道。在菲茨詹姆斯看来，富兰克林是一位令人钦佩的演讲者。"约翰·富兰克林爵士今天非常漂亮地宣读了教堂的礼拜仪式和布道，"他的某次记录显示，"我敢说大家都能感受到他所传达的那种力量。"此外，富兰克林的坦诚、善良和对未来的热情，也都赢得了军官和船员的一致好评。费尔霍姆在写给家里的书信中就曾赞许道："自从我们出发后，富兰克林爵士就像换了一个人……看起来年轻了十岁，对每一件事都表现出极大的兴趣，一直保持着初次探险的状态，就好像从来就没有变老过似的。"富兰克林本人显然也沉浸在船上的友好气氛中,他在给爱德华·帕里爵士的信中写道:"两艘船上的军官和船员都十分热心事业,齐心协力地把工作做好,相信如果你看到了的话,也会感到很高兴。"

富兰克林爵士乐意也期待有人作伴。每天晚上,他都会邀请三位军官在他的舱室里同他一起吃饭。克罗齐尔船长就经常被邀请参加这些晚宴,但是他发现这种热情的款待也是一种考验,也许并不奇怪——为了赶赴晚宴,他必须乘坐小船来往穿行在波涛汹涌的北大西洋中。他的不情愿也可能与富兰克林的一些嗜好有关,比如用餐者不得不听他讲述他在塔斯马尼亚岛所做的各种苛政,还有那本一旦完成就会为他恢复名誉的小册子。无论如何,克罗齐尔向他的老船长詹姆斯·克拉克·罗斯承认,"富兰克林爵士非常仁慈,如果我愿意去的话,他会每天都请我在那儿吃饭,"同时他又明确表示,"我实在不愿意再去幽冥号了。"甚至有几次,他假装生病了。

菲茨詹姆斯总是在富兰克林爵士身边,这很可能是克罗齐尔不高兴的另一个原因。他们之间并没有公开的争执,但是海军部曾明确表示要让菲茨詹姆斯负责地磁观测的事宜,这使得克罗齐尔感到很不满。这也是可以理解的。陪同克拉克·罗斯经历了四年的探险,使他成为比菲茨詹姆斯更有经验的航海家。他还曾经因为地磁方面的工作成果,入选了英国皇家学会。

等到天气转好的时候,他们就能把网撒到300英寻(548米)的深处。船上的博物学家哈利·古德瑟很高兴,因为看到了许多"捕获"的软体动物和浮游生物,迫不及待地想把它们在海洋生态中的作用告诉伙伴们。而菲茨詹姆斯则没那么激动，他取笑古德瑟"对着网捞到的一袋鲸脂状的东西欣喜若狂，结果发现那只是鲸的食物残渣和一些别的动物"。

很难知道小巴雷托号上那些可怜的公牛是如何在暴风雨中生存的，但据费尔霍姆描述，幽冥号上的家畜已经适应了海上生活。那条名叫尼普顿的狗，已经被称为"老尼普"了，它在梯子上轻快地跑上跑下的。"它是我所认识的最可爱的狗，"费尔霍姆写道，"而且也是大家的最爱。"猴子杰科是"一个可怕的小偷"，"在整条船各种骚扰和捣乱，但这里的任何人都不会伤害它的。"

在接下来的几天里，船一直在令人不安的迷雾和海洋泡沫中航行，甲板下的工作也仍在继续着，为未来漫长的日子进行数月甚至数年做准备。专为这次航行所挑选的书籍都从库房里拿了出来，摆放在食堂的书架上。直率豪爽的苏格兰人极地专家里德凭借对海洋知识和航海语言的了解，与一群年轻军官们消遣解闷——比如如何更好地把盐从咸鱼中提取出来，如何识别冰原反光——冰盖上折射的光所造成的极地海市蜃楼现象。船上偶尔也会举办活动来庆祝某些重大的事件，比如6月18日是滑铁卢战役30周年纪念日，大家都聚在船长的餐桌周围，举杯祝福威灵顿公爵。

那天对詹姆斯·菲茨詹姆斯来说也是一个重要的日子。在给威廉·康宁汉姆写的信中，他提到自己有可能晋升。"在我们离开英国之前的那一天，有一次关于名誉晋升（名誉晋升是一种报酬不上涨的晋升）的谈话；如果这是真的，我想我很可能会晋升为上尉。怀着这个想法，我在晚上10点半的时候喝了一杯白兰

第十三章　西北偏北

地和水，也为你的健康干杯。"他在深夜写信的习惯并非无人察觉，"因为里德刚才搔着头说，'詹姆斯先生，为什么你似乎从来都不睡觉；你总是在写东西！'我告诉他，我睡觉的效率是别人的两倍（即别人需要睡两个小时的话，他只需要睡一个小时）。"

他们慢慢地向格陵兰岛靠近。菲茨詹姆斯被北部清澈的海水迷住了："大海的透明度是最完美的——一种美丽、细腻、冷峻的绿色，或者说是深蓝色。长长的浪柱，仿佛是用玻璃瓶的精华雕刻出来一般向我们翻滚而来；上方时不时地还顶着一个像波特头的浪头。"为了及时察觉逼近的冰山，1807年由捕鲸者转型为北极探险者的威廉·索克斯比发明了一种安置在主桅顶上的望台——由一个带箍的帆布圆筒组成，位于甲板上方100英尺（30米）处，那是极地专家里德的领地。

6月的最后一周，风向转为西南风，他们借风航行经过了格陵兰岛南端的费尔韦尔角（Cape Farewell）附近波涛汹涌的海面，最后抵达了戴维斯海峡。富兰克林似乎已经预料到了这种情况，他在家信中写道，"如果我们在没有大风的情况下绕过费尔韦尔角，这将有悖于一位格陵兰水手的长期经验。"

25日上午11点，太阳刚刚落山，菲茨詹姆斯兴奋地给伊丽莎白·康宁汉姆写信说："我很困，也很累，但今天我们首次看到了北极大陆，所以睡觉前必须写点什么。今天空气非常凉爽，包括我在内的所有人也都心情很好。我一整天都在甲板上观察。"他的同伴们换着花样钓鱼。"古德瑟正在用网捕捉一些很奇特的动物……戈尔和德辅嘴里叼着雪茄，在那边用网和长杆戳弄着，而奥斯默在一旁大笑。"他总结了大家激动期待的心情："我们欢呼雀跃,自鸣得意,想象着穿过美洲到达太平洋的捷径。"

甚至克罗齐尔船长似乎也受到了这种情绪的感染,率领恐怖号抵达戴维斯海峡的日子里,在写给侄子的信中,他很明确地说:"一切都如我所希望的那样顺利。年轻而热忱的军官们……这个国家慷慨地为我们提供了各种帮助,如果我们能为此做些什么,我将非常高兴。"不过,到底还是克罗齐尔,他忍不住对自己的乐观态度做了修饰。"我所有渴求都将有一个丰厚的回报,"他还补充道,"相信我……他们一个人都不会少的。"

温暖的天气过去了。浓雾开始降临,使得白天的气温接近冰点。他们遇到了一艘来自设得兰群岛的船只,那艘船顶风停驻邀请船长上船。当时船长正在钓鱼,主要在浅滩钓鳕鱼,或在峡湾钓鲑鱼……"无巧不成书。"菲茨詹姆斯写道。原来他发现曾经和他一起航行过的托马斯·沃克——一个四年没见过妻子的"小老头"——也在船上,他很是高兴。

第二天,他们穿过北极圈,进入了一个冰山林立、日光炫目的新世界。菲茨詹姆斯和船上的许多人一样,也是第一次看见这样的场景。"我以前以为冰山只是巨大透明的冰块,或者是结冰的岩石,"他惊奇地描述:"它们看起来像一团巨大的雪块,充满各种洞穴和黑暗的沟壑。"格陵兰岛的海岸逐渐映入眼帘,令人失望的是,山峰完全被厚重且低垂的云层遮盖住,他只能依稀辨认出冰川和峡湾。不一会儿,他们经过了一处浅滩,那里约有几百头海象群,它们"用鳍和尾巴潜水,溅起水花,留着小胡子的小脑袋上露出一副冷酷、严肃的面孔"。

现在,他们已经抵达了北纬65°以北的位置,富兰克林开始

第十三章　西北偏北

遵照海军部的指示，定期放置锡制圆筒以记录他们的位置。克罗齐尔在南极的时候就对这个流程很熟悉了。报告要写在特制的硬皮蓝纸上，以六种语言（英语、法语、西班牙语、荷兰语、丹麦语和德语）正体书写说明，以便圆筒的发现者能将其转寄给伦敦的海军部大臣。四年后，富兰克林的一个圆筒被冲到格陵兰岛海岸，距离它被扔下的地方不到200英里（321千米）。这是唯一一个被发现的圆筒。

同时，费尔霍姆也被逐渐增多的冰山所吸引，那是他此前从未见到过的类型："当经过附近的一座冰山时，我注意到这座冰山的大小和北福兰（North Foreland）差不多，它突然在一阵可怕的撞击中被撞得粉碎，水花飞溅，到处是破碎而尖利的冰块。"

格陵兰岛西部海岸几乎有一半都是迪斯科岛（Disko island），它是格陵兰岛最大的近海岛屿。1845年，这座岛作为丹麦的一个贸易和海豹捕捉站有大约100名常驻居民。捕鲸群岛则在往南几英里的迪斯科湾那边。爱德华·帕里爵士曾来过这里，他向富兰克林推荐此处，称这里是一处安全、隐蔽的地方，在这儿可以从小巴雷托号上转移物资用于建造天文台，并为前往北极的船只提供最后的补给。于是舰队就在海湾里起锚，打算第二天早晨就接着前往捕鲸群岛。

事实证明，有些事说起来容易做起来难。由于经验丰富的极地专家詹姆斯·里德一次罕见失误，幽冥号开始引导大家朝着迪斯科岛北端这一错误的方向行驶。奇怪的是，克罗齐尔船长以前来过这里，他一定知道他们走错了方向，却没有发出任何信号，只是继续向前走。或许他只是在做他最擅长的事——跟随别人的

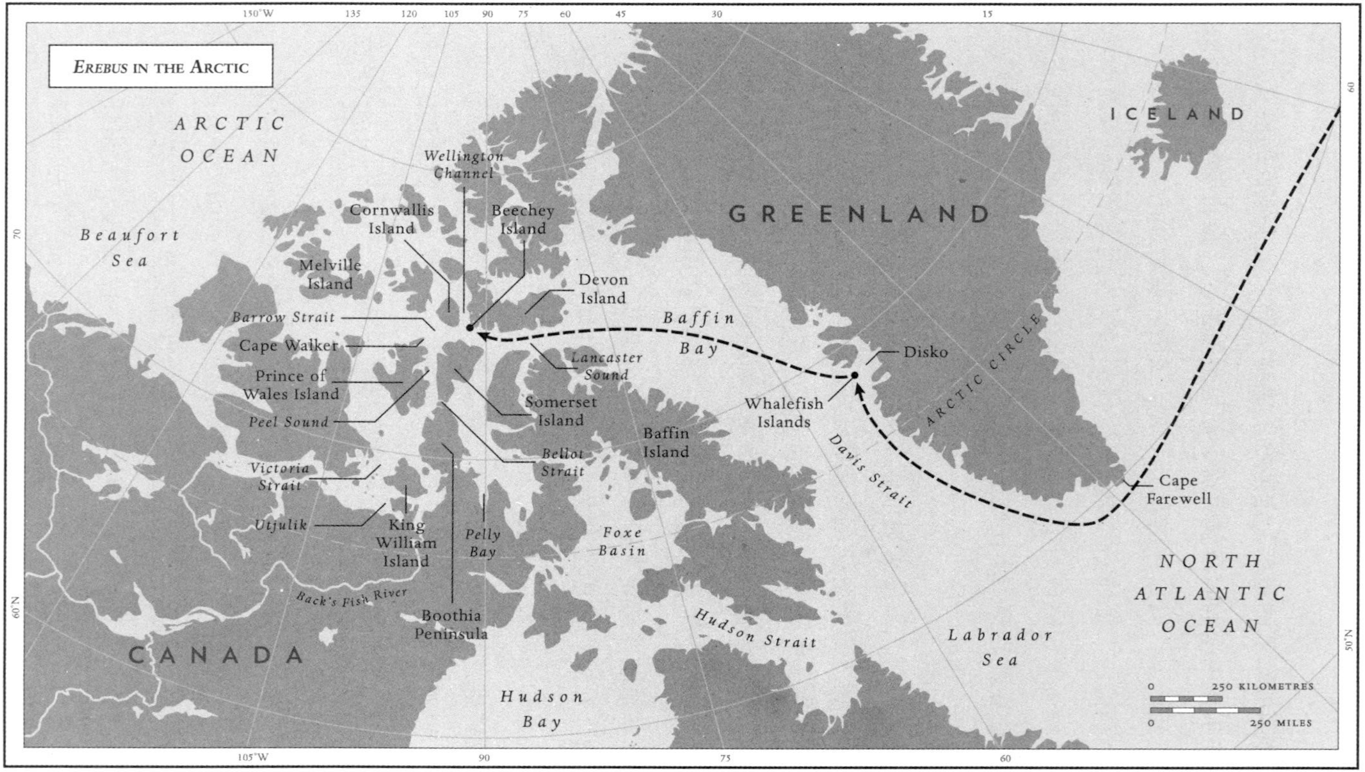
Erebus in the Arctic
ARCTIC OCEAN
Beaufort Sea
Wellington Channel
Cornwallis Island
Beechey Island
Melville Island
Devon Island
Barrow Strait
Cape Walker
Prince of Wales Island
Peel Sound
Lancaster Sound
Somerset Island
Bellot Strait
Victoria Strait
Utjulik
King William Island
Pelly Bay
Boothia Peninsula
Back's Fish River
CANADA
Hudson Bay
Foxe Basin
Baffin Island
Baffin Bay
GREENLAND
Whalefish Islands
Disko
ARCTIC CIRCLE
Davis Strait
Hudson Strait
Labrador Sea
Cape Farewell
ICELAND
NORTH ATLANTIC OCEAN
0 250 KILOMETRES
0 250 MILES
150°W
135
120
105
90
75
60
45
30
15
70
60°N
105°W
90
75
60
60
50°N

第十三章 西北偏北

脚步。但从他对幽冥号副指挥官的不待见，我们有理由怀疑他是想把这个问题留给富兰克林和菲茨詹姆斯，让他们去解决自己所犯的错误，并且体验由此带来的尴尬。

意识到错误后，他们又掉头向南找到了岛屿，但无法确定停靠的位置。一艘快艇从幽冥号放下来，上尉勒韦斯孔特划过去仔细考察了一下。他遇到了五名划着独木舟的因纽特人，其中两人引导船只到了一处狭窄、安全严密、几乎被陆地包围的海峡，他们最后停泊在那里。

"景色壮丽是真的，荒凉也是真的。"菲茨詹姆斯写道。他还提到那里有很多个头很大的蚊子。恐怖号上的工程师詹姆斯·汤普森证实了这一点，他在给家里寄的信中生动描述了这些蚊子，"咬人很厉害，我的胳膊要是被它们狠狠地咬了一口，包比英国的瓢虫还要大"。极地专家里德也对他的妻子抱怨称："我被它们咬得很难受，脸和手都肿了。"所有的这一切都让天文台的建造，以及测量磁场、磁倾角和磁场变化的重复性任务变得既让人难受又令人厌烦。"

他们很好地利用了与因纽特人的接触。古德瑟和费尔霍姆在当地的定居点花了些时间编纂了一本词典，里面包含了很多可能用得到的因纽特单词和短语。菲茨詹姆斯和费尔霍姆还尝试用了用独木舟。尤其是菲茨詹姆斯，发现这种船与身体太贴合了，很难控制："他们的独木舟特别小，昨晚我下定决心坐一个。我脱掉裤子划了一阵子，最终还是翻了，头一直朝下直到获救。"

转移小巴雷托号上的物资花了九天的时间，工人们从早上4点一直工作到晚上6点。"我们正忙着把船上的每个洞口和角落都填满货物。"富兰克林写道,"很多都放在了我的船舱里……土豆装在十个箱子里,储存起来很方便,既没妨碍古德瑟先生的桌子,也没妨碍我自己的桌子,也不妨碍另一张桌子——我想勒韦斯孔特先生会在那里做图表。"在斯特罗姆内斯被运上船的公牛中有七头在到达迪斯科岛时就已经死了。现在剩下的三头也被宰杀了,每艘船都得到四分之三或整份的牛肉挂在索具上,这也为探险队的第一个圣诞节提供了新鲜的肉。

尽管每天都要装货和例行的地磁测量,但年轻的军官们还是过得很愉快。"你都不知道我们有多幸福,"菲茨詹姆斯写道,"奥斯默刚刚从甲板上(午夜的时候)过来,现在正在用一根想象中的跳绳跳舞呢。我对他说:'你真是个乐观的人,总是兴高采烈的。'他的回答是:'先生,不在这儿快乐,还能去哪儿快乐呢?'"

* * *

但是,阅历更为丰富的两个船长此刻又在想什么呢?

约翰·富兰克林爵士知道,一旦他们告别了运输船,可能要几个月,甚至几年之后才能再收到家乡来信,所以他在捕鲸群岛上的大部分时间都在给朋友、家人、商业伙伴和海军同事写信。最长的一封信是写给他的妻子珍的。这封信长达14页,从中我们可以很好地了解他准备带领部下通过西北航道时的内心想法。

富兰克林爵士显然非常关心他的妻子,尽管她本人并没在幽冥号,但她的精神几乎在他所做的每件事上都有体现。"我挚爱的妻,"信的开头是,"为了你我开启了新的一个月。"他知道她希望在这整个探险事业中能被重视,也知道她喜欢交朋友。"菲

第十三章　西北偏北

茨詹姆斯正在画港口的草图，打算寄给你一份。戈尔先生已经为你画了一幅非常写实的画作，描绘了我们告别开拓者号和响尾蛇号的情景。军官们都对你充满敬意，这也让我感到非常欣慰。"他向她保证："我相信他们所做的事情都会让你满意。"

信中的大部分内容和海军或者探险没太大关系，反而是不断地在回顾他在范迪门斯地的遭遇，或者更重要的是——她在范迪门斯地的遭遇。他一定会上报他们一起写的那份小册子，上面将陈述他们反对蒙塔古和斯坦利勋爵的理由。他告诉她，他已经就此事征询了同事们的意见。菲茨詹姆斯当然也已经读过了，戈尔和费尔霍姆也读过了，"他们全都惊叹于蒙塔古是一个如此品行卑劣的人。"他还给克罗齐尔看了这本小册子，克罗齐尔也同样深表同情："我们单独在一起的时候，曾就这本小册子进行了一番讨论。他反复重申斯坦利勋爵和蒙塔古先生的行为是可耻的。我想他肯定也打算给你写些东西。"我们很难知道富兰克林本人对这本小册子抱有多么强烈的感情。他的妻子在背后起到了推波助澜的作用。有时他会回应她的愤怒，有时又似乎在迁就她。

自己是否具备领导能力是富兰克林爵士探讨的另一个问题。随着探险的顺利进行，即使到了现在这个阶段，人们也会留下这样的印象：他需要再三确保自己才是这次探险的最佳领导人选。他敏锐地意识到，在他担任这个职位之前就有人对他的年龄和缺乏近期经验持有保留意见，显然这种态度至今仍让他耿耿于怀。此外，也确实存在一位更合适的人选——一个他的妻子和全世界都无比钦佩的人：詹姆斯·克拉克·罗斯。

他对罗斯的感情是复杂矛盾的。一方面，富兰克林感激罗斯当初对他的举荐。"对于这次冒险他对我自始至终都表现出了友善的态度,"他写道,"他的举止是得当的,此外如果他真的想去的话,我也不会占他便宜让他帮我这个忙。"另一方面,因为心中明白罗斯才是首选,也让他有种难以下咽的苦涩。更让人难以接受的是,罗斯曾无意中透露,他拒绝了海军部的诱人条件,即使他同意领导这次远征,也希望能把远征的时间再推迟一年。罗斯认为"北冰洋的航行并不像在南极那样充满危险",很显然这不利于富兰克林爵士提高自我价值感。

为了驱散内心的各种心魔,富兰克林爵士转而讨论起他自认为的优点:"我想,相比于罗斯,也许我更容易与水手们打成一片——至于原因嘛——他显然是雄心勃勃,并希望事必躬亲——而我不会这么觉得。"

富兰克林判断,这也并非唯一的区别:"我的部下来自社会的不同阶级,相比于以往的探险队都受过更好的教育——帕里是这么说的——当然如果我们回想那些和罗斯在一起的军官,几乎只有胡克在平均水准之上。"这句话似乎透露出某种偏见,因为我们所了解的和富兰克林的见解存在一定分歧,以至于我们只能认为,这是出于一种非常强烈的自我辩护的需要。

另一个令人担忧的问题是富兰克林与弗朗西斯·克罗齐尔之间的关系,以及克罗齐尔的诡异行径。对于他的副指挥官经常不出席他的晚宴这一点,他并没有视而不见。毕竟他为人包容并且善于交际,他把他的聚会看作体现他所谓的团队凝聚力的一种方式,而实际上克罗齐尔只露过两次面,这让他感到困扰。"这话我只跟你说,"富兰克林爵士向他的妻子吐露道,"我认为自从

第十三章 西北偏北

我们出海以来,他就没有以前那股精气神了,身体状况也每况愈下。"富兰克林怀疑克罗齐尔对索菲亚的单相思是症结所在,但他想不出该怎么和克罗齐尔谈论此事。"他从来没有提起过索菲亚——也从来没有暗中指向她。我有时甚至怀疑,我跟他提起她,究竟合适不合适。"

克罗齐尔的冷淡还表现在另一个方面。考虑到克罗齐尔曾在霍巴特镇与富兰克林夫妇相处过一段时间,富兰克林爵士显然希望克罗齐尔能给富兰克林夫人写一些书信。然而,当他们上岸收集植物标本时,他称克罗齐尔告诉他,"他昨晚一直在给你写信,但因为担心你会从信中判断出他状态不好,所以把信撕了,"然后他又转回到他所倾向的克罗齐尔冷淡的理由:"毋庸置疑的是,如果他情绪低落的原因真的与索菲亚有关系的话,那他一定会给我个机会,让我们就这个问题探讨交流一番。"

毫无疑问的是,克罗齐尔很不高兴,但考虑到他抱怨的范围,我怀疑就连他自己也不能准确地指出到底是哪里出了问题。但很明显,他对菲茨詹姆斯成为磁观测的负责人而自己却被忽略这一点很不满。同样明显的是,他感受到了一些本不存在的蔑视:"我的糖和茶不见了,"有一次他写道,"福南梅森公司(F&M)一直很守时,对此我没什么可多说的——但他们居然把我的东西送到了幽冥号的菲茨詹姆斯那,账单他们倒是总能准确地认出我的名字并寄给我。"他不赞成菲茨詹姆斯准许船员在斯特罗姆内斯上岸休假,他还对幽冥号的管理方式提出了批评("看看我们指挥官的船现在是什么个样子吧。"有一次他写道:"简直是一团糟")。他对辅助蒸汽机也不太待见,因为他认为这些蒸汽机只会徒增重量，根本没什么用："我真希望这个蒸汽机能再回到那个多佛线上，让工程师坐在上面；现在他就是一个面对重重困难半死不活的可怜虫，因为没有司炉的协助他什么都做不了。"

克罗齐尔在捕鲸群岛写的最后一封信中，最能体现他的不满和气愤。这封信是写给他的老朋友兼探险家詹姆斯·克拉克·罗斯的。克罗齐尔和富兰克林最近听到的消息是，虽然他们正好赶上了春天和冰层破裂的时候，但北极的上一个冬天情况不容乐观，而下一个冬天可能会更糟。时机至关重要。"一切都在悄无声息地顺利进行着，但我担心的是，或许我们已经来迟了……"他写道，"我担心的是来得太晚了，以至于我们来不及对周围进行观察和判断就误入冰层，进而导致1824年的悲剧重演（这里是指帕里的探险队，克罗齐尔曾在其中担任海军军官候补生，他们历时八周从格陵兰岛穿越到兰开斯特海峡，在接下来的整个寒冬一直被困在冰层中）。詹姆斯，我希望你在这里，那样我就不会怀疑我们要走的路是否正确了……请注意，我不是在生气。事实上，我从来没有这么做过。"

一想起他们以前一起航海的情景，他的精神就短暂地振奋起来。"幽冥号上的古德瑟先生是个非常勤奋的家伙……他的生活习惯和胡克有些像，从来都不闲着，对他收集到的东西能很快地画出完美的草图……他有一种能让周围的人都来追求共同目标的魅力。"但内心的疑虑很快变本加厉地卷土重来。"我亲爱的詹姆斯，我现在很孤单，两艘船上都没有一个可以跟我说话的人……我不知道我还能对你说什么，我觉得我连写字的精神都没有了，而实际上，我是如此孤单，尤其当我回忆起过去的航行时，*我就*

第十三章 西北偏北

明白为什么了（斜体字），那是一种对前景难以抱有乐观心态的感觉。"

看来，克罗齐尔怀念詹姆斯·克拉克·罗斯，不比他怀念索菲亚·克拉克罗夫特少。富兰克林肯定也曾这样怀疑过。

在高级军官中，菲茨詹姆斯是一个坚定的乐天派。他的目光坚定地望着太平洋。在他给小约翰·巴罗的最后一封信中，请他转达了对父母的亲切问候。"我们打算在通过贝林海峡（Behring's Straits）的那一天为富兰克林爵士干杯祝福。"他向他保证，同时也承认现在两艘船所载的重负可能会带来风险。"如果我们熬过了这个季节，"他接着说，"就得找个地方靠岸卸货——因为像我们这样满载货物地进入太平洋是不安全的。"即便存在需要批评的地方，人们也不期望就这么当面批评一个59岁的人。在一封信中，菲茨詹姆斯透露，他觉得富兰克林爵士航行船速太快，这将导致本不应承担的风险："我所面临的唯一困难是劝说富兰克林爵士在需要的时候收帆减速。"

在他为伊丽莎白·康宁汉姆写的日记的结尾，我们看到了一些其他的焦虑迹象，这些焦虑隐藏在他后天养成的乐观主义和不可战胜的精神状态背后。菲茨詹姆斯记录了他与富兰克林的一次谈话，在谈话中他提到了他们将要面临的"一个巨大的难题"，那就是他们穿过巴芬湾到兰开斯特海湾所需的时间。兰开斯特海湾是西北航道的门户。在帕里的第一次航行中，他只用了不到10天的时间，但在他的第二次航行中，他在冰上整整花了54天的时间。

菲茨詹姆斯不是北极本地人，但他开始了解到，最大的变数就是冰层的变化。"一切都是猜测，"他总结道，"我们今年可能会很顺利，也可能不会。"

物资转移完成后，小巴雷托号带着最后的一批信件和四名因为身体不适无法继续工作的船员回到了伦敦。除了克罗齐尔轻描淡写地提到"两个生病了，另外两个毫无用武之地"外，并没有记录说明他们为什么或发生了什么事。幽冥号减少了一名船员，总人数降至67人；恐怖号减少了一名军械库工匠、一名制帆工匠和一名船员，总人数降至62人。

"我们现在准备充分，"菲茨詹姆斯在7月11日写道，"有三年的供给……甲板上堆满了煤和木桶，船头和船尾之间仅留下一条狭窄的通道。我们吃水已经很深了。"确实没有多余的空间再放下任何东西了。来自小巴雷托号的上尉格里菲斯记录显示，他带回了"两根船首锚、两根锚索、一条船、两根锚链、一些朗姆酒、牛肉、猪肉和其他不需要的物品"。

7月12日上午，格里菲斯上尉作为贵宾参加了在幽冥号上举办的告别宴会。食物是专门熏制的牛肉。两天前，他被请到船上品尝了一些罐头食品，得到了大家一致的称赞。胡萝卜"就像刚从地里挖出来的一样好吃，土豆口感也很棒、很甜，不过真没多少土豆的味道"。

当午餐接近尾声时，大家情绪高涨。虽然只是作为一项伟大事业中一个微不足道的部分，但小巴雷托号的指挥官和船员们在确保幽冥号和恐怖号安然渡过北大西洋的风暴海域方面发挥了至关重要的作用，不然那两艘船可能早就不堪重负了。约翰·富兰克林爵士在他给海军的最后一封信中表达了感激之情，他称赞格里菲斯上尉"态度热情……履行了委托给他的职务",并推荐他晋升。格里菲斯也同样表示了感激,并认为他和他的船在参与一件非同寻常的事情:"从来没有过这么一群如此英勇无畏的人聚在一起……愿上帝保佑他们!保佑他们返回白令海峡,带着不朽的名誉回到他们的故乡英国。在英国,我们将以最热忱的方式欢迎他们的归来。"

就在当天下午,小巴雷托号起锚返航。它的名字没有被历史遗忘。极具讽刺意味的是,五年后,它运送犯人到霍巴特镇,那里正是约翰·富兰克林爵士各种问题的发生地。

第二天,1845年7月13日星期天,早上6点,幽冥号和恐怖号拉锚起航,沿着西北偏北的方向,向巴芬湾和兰开斯特湾驶去。从此,他们只能依靠自己了。

一张来自英国海军部的海报,悬赏 2 万英镑,奖励任何能为失踪的富兰克林远征队提供"有效帮助"的人。

第十四章　杳无音讯

在接下来的两三个星期里，一些船只遇到过富兰克林远征队并记录了他们当时的进展。1845 年 7 月 19 日，捕鲸船老鹰号（Eagle）的斯特拉顿船长正好在乌佩纳维克（Upernavik）的丹麦贸易站停留，声称看到过两艘三桅帆船，他确定那就是幽冥号和恐怖号，正驶往巴芬湾。几天后，两艘捕鲸船进取号（Enterprise）和威尔士亲王号（Prince of Wales）非常确定看到了它们在上巴芬湾被冰山包围着。

进取号的马丁船长声称曾与约翰·富兰克林爵士以及他的一些军官交流过。尽管周围都是冰山，但他们有信心在 8 月中旬到达兰开斯特湾的入口。在后来的一份更详细的声明中，马丁声称富兰克林告诉他，他们有五年的补给，可以维持七年。

7 月 26 日，威尔士亲王号的丹内特船长在北纬 74°48′，和西经 66°13′ 的位置看到了幽冥号和恐怖号。部分军官还上船与丹内特会面，富兰克林爵士也回邀他到幽冥号共进晚餐。不过晚宴并未兑现。因为随着天气好转，能见度见好还顺风，丹内特觉得不能再耽搁了，于是第二天他们就分道扬镳了。人们普遍认为，这是除因纽特人外，最后一次有人看到探险队的记录。不过马丁船长在后来的一份证词中声称，直到7月29日或者31日的时候，他还在海平线上看到了他们的桅杆尖。

8月11日，小巴雷托号抵达了位于泰晤士河畔的德特福德皇家海军船坞，一同到来的还有自远征队的消息和信件，以及指挥官的乐观评估，引发了热烈的庆祝。格里菲斯上尉的乐观态度，后来也得到了威尔士亲王号船长的认可，这意味着海军部可以松一口气了。船已经安稳上路了，并且装备齐全，也没有严重的延误。

珍·富兰克林也松了一口气。但她总是感觉有什么事情让她焦虑不安，这也是她那活跃、焦虑的心态的典型表现。9月1日，她写信给詹姆斯·克拉克·罗斯爵士，讨论他们的共同朋友弗朗西斯·克罗齐尔的问题。当知道他从格陵兰给罗斯写过信后，她表示"他也会给我写信的，只是那封信还没有来"。为了避免有人误以为克罗齐尔和她丈夫之间有任何分歧，她不厌其详地指出，"富兰克林爵士谈论起他时表现得非常敬重，并希望有更多的时间在一起，他们的亲密关系可能对双方都大有裨益。""前几天约翰·巴罗跟我说起克罗齐尔船长时，觉得他是位非常热情的人……他还肯定地表示，克罗齐尔船长是和富兰克林爵士一起远征的最佳人选。"

虽然有很多问题都困扰着她，但随着探险队探索的逐步深入，富兰克林夫人除了等待，似乎也没有什么别的办法。为了把注意力从北极转移开，在接下来的12个月里，她大部分时间都在旅行。在继女埃莉诺的陪伴下，她游览了法国、马德拉群岛和美国。1846年年底，在探险队启程大约17个月后，她又给詹姆

第十四章 杳无音讯

斯·克拉克·罗斯写了一封信。这一次，她内心的焦虑显露无遗。似乎她已经为坏消息做好了准备。

"有时候我会想，"她写道，"我们应该庆幸并不清楚在他们身上发生了怎样的灾难，又或者他们可能正遭遇着种种可怕的困难，幸亏我们不可以像在童话里一样用魔镜随时了解他们的日常。对于他们的成功，我不敢抱有过度乐观的态度，实际上，我觉得这种想法似乎有些太自以为是了，我从心底只希望他们能够平安无事。"除了詹姆斯·罗斯外，她是最积极游说富兰克林爵士带领探险队的人。现在，她的目标已经达成，她将如此重担放在了一个已经 59 岁并且有 12 年没有指挥过船队的人身上，她是否会因此产生负罪感？

"如果这是天意，"她在信中继续写道，"我们期待着的人不能再回来，那么你愿意像寻找那些失踪的捕鲸船（十年前被困在戴维斯海峡）那样勇敢地去寻找他们吗？这样的想法，虽然我不跟他人提起，但至少还可以给我些许安慰……我相信，如果有必要的话，你们一定会不遗余力地提醒政府，在不能再拖延的时刻采取及时有效的手段。"

到了 1847 年，仍然是音讯全无，有些人认为是时候采取一些行动了。比奇船长是最早发出警报的人之一，他在 4 月向海军部提交了一份计划，建议派遣一艘船沿着幽冥号和恐怖号的航线前往巴罗海峡。他还建议派一支船队沿着大鱼河（或称背鱼河）（Great (Back's) Fish River）海岸航行。不过他的提议被海军部否决了，因为方案太复杂，而且为时尚早。他们也拒绝了约翰·罗斯爵士的救援提议。由于他已经到了退休年龄，虽然他向富兰克林承诺过如果到 1847 年还没消息的话，他会前去救援，但他与巴罗关系的恶化影响了海军部对他的态度。罗斯被明确告知，现在还没有必要对探险队进行救援。罗斯又联系了皇家学会，而皇家学会的意见和海军部一样："你会像富兰克林一样被冰层困住，那样我们将不得不再派人去找你，或许还得找些人专门照顾你。"学会主席诺坦普顿侯爵如是说。"当然，大人您的意思不会是在说，我们不会搜索富兰克林和他勇敢的同伴了吧？"罗斯如此回应。

1847 年 6 月，理查德·金医生和约翰·罗斯爵士一样，对北极探险的明智性表示了严重的怀疑——他明确地预测，如果他们在北极经历第三个冬天的话，坏血病和饥饿会威胁到两艘船上人的生命，于是他自愿率领一个搜救队，而且不只是一个普通的搜救队。"我提议，"他在给海军部的信中说，"在美国北部地区进行一次有史以来最大胆的旅行。"

理查德·金是一个不合群的人，游离在体制之外。他总是保持着一种唐突、自我、随性的态度，疏远他人。但他很难被忽视。他充满厄运的预言让珍·富兰克林夫人既恼火又不安，她对于继续搜寻失踪的探险队比任何人都要上心。1847 年 12 月，她写信给詹姆斯·罗斯：

或许您会认为是金医生对我的情绪造成了极其消极和不可忍受的影响。对于金医生本人，我不想说什么。我不希望他会是被选中的负责人，我知道有些地方你和约翰·理查德森爵士无法即刻动身前往，但我还是希望哈德逊湾公司能够收到指令或者请求

第十四章 杳无音讯

政府前去探索那些区域,而一旦其他搜索无功而返,那就只能依靠您去救援了……他说的那些不是真的吧?会不会太迟了?

詹姆斯·罗斯的观点与帕里和萨宾的观点一致,他们都认为金和约翰·罗斯在不负责任地危言耸听,更好的做法是悬赏1000英镑,用于奖励哈德逊湾捕鲸者可能收集到的任何信息。

还有一些与船员关系密切的人也和珍·富兰克林有同样的担忧。约翰·迪格尔曾与詹姆斯·克拉克·罗斯一起航行到南极,他的女儿在他们启程几个月后出生,受洗礼时被命名为玛丽·安妮·埃瑞布斯·迪格尔。这次他签约加入了富兰克林远征队,在恐怖号上担任厨师。当他的父亲听说要派出救援探险队,就给迪格尔写了一封信,落款日期是1848年1月4日:

我写这封信给你,希望你和你所在的两艘船上所有的同伴都平安无事……因为我们担[但]心再也见不到你了,我们在报纸上看到了你的情况,你被冰层困住了,还得了环皿病[坏血病]。我们信任上帝,当啄木鸟号(HMS Plover)到达你那里时,我们这些胡思乱想都不会成为现实。愿上帝保佑。亲爱的儿子,最后向你致以无尽的爱,爱你的父亲、母亲,约翰·迪格尔和菲比·迪格尔。

几个月后,约翰的父母收到了回复。那是一个蓝色的信封,上面盖着"退回寄件人,无法投递"。

当约翰·迪格尔的父亲试图联系他的儿子的时候，海军部似乎已经不再那么自满了，也许是对于自己的反应迟缓感到尴尬，1847—1848年的冬天，海军部进行三次救援远征。第一次，摩尔指挥船舰啄木鸟号驶向白令海峡，负责搜索俄属北美海岸（那里不久将成为阿拉斯加）。一无所获。

第二次，由约翰·理查德森爵士领导。他是富兰克林的亲密朋友，60岁左右，此外还有来自斯特罗姆内斯受雇于哈德逊湾公司的约翰·雷医生。雷的雕像现在矗立在斯特罗姆内斯海滨，在奥克尼群岛的砂岩石堆上，面朝大海，穿着猎人的靴子和毛皮外套，肩上挂着一把步枪——非常符合当地英雄的形象。雷和理查德森沿着麦肯齐河的下游一直来到海岸，一路寻找了班克斯群岛、沃拉斯顿群岛和维多利亚群岛之间的河道。他们做了大量的勘察工作，但依然没有发现富兰克林和船员的踪迹。

尽管詹姆斯·克拉克·罗斯爵士原本决定留在家里陪伴妻子和孩子，但他仍面临来自珍·富兰克林难以抗拒的压力，要求他加入搜寻行动。他最终同意，她又以平稳而坚定的决心巩固了她的优势局面。1847年8月3日的信中，她非常热情地感谢他："您崇高的自我奉献给了我极大的安慰。如果是您将他们从危险或死亡中解救出来，您会得到应得的奖赏。"但她接着又提出了进一步的请求："如果探险队今年秋天没有完成预期的任务返回，您是否愿意继续指挥一个新的探险队……政府非常慷慨地为这两次同时进行的探险承担费用。我想，这很可能是因为您的缘故，他们才同意承担的。"然后，她没有留给罗斯太多回旋的余地，以一个精心安排的完美论调结束了这封信："您拥有一个如此幸福的家庭,您为朋友和国家做出贡献,您做出了巨大的牺牲;而您的妻子对于您行为英勇而慷慨的默许,也是一种极大的牺牲。"

詹姆斯·罗斯别无选择,只能重返海洋完成这件事关颜面的事情。为了帮助寻找幽冥号和恐怖号——这两艘船他都非常熟悉——他带上了三名曾一同在南极探险的军官。爱德华·伯德,之前幽冥号南极考察时的首席副官,现被任命调查者号(Investigator)指挥官。约翰·罗伯逊当年是恐怖号的外科医生,以及经常在罗斯面临各种压力下陪伴左右的托马斯·阿伯内西也加入了罗斯的进取号(Enterprise)。和他们一起并肩作战的还有一位30岁的爱尔兰人,弗朗西斯·利奥波德·麦克林托克。1848年夏天,第三次救援远征出发了。他们穿过巴芬湾,进入兰开斯特湾,但没能再走很远,因为厚厚的冰层挡住了他们向西航行的道路,而且在他们周围正在迅速形成新的冰层。他们对早期极端恶劣天气的描述与当时的气象记录十分吻合。气象记录显示,富兰克林探险队出发后的三个冬天,北极都异常寒冷。罗斯在1848年所面临的情况很可能与富兰克林出发后每年所面临的情况非常相似。

他们回撤到萨默塞特岛的利奥波德港(Port Leopold)(罗斯16年前就在那里勘察过),在甲板上铺上了防水油布,准备过冬。由于天气非常寒冷,所以直到第二年5月,他们才拿起雪橇,对这一地区进行了勘察。罗斯和麦克林托克上尉沿着萨默塞特岛的北海岸工作,这里属于兰开斯特湾的南部海岸。由于罗斯没有带狗,所以只能依靠人拉雪橇,体力消耗巨大。他们发现几乎每个转弯的地方,海上通道都被堵死,几乎找不到任何有关探险队可能从哪条路通过的证据。罗斯和麦克林托克继续勘察萨默塞特岛西部，俯瞰皮尔海峡（Peel Sound），他们发现冰层堆积得非常厚，像冻了很久很久，于是他们在不同地方留下补给后便撤退了。当他们返回船上时，他们已经在39天内搜索了500英里（800千米）。

我们不能责怪罗斯返航。那里的地形异常复杂，相比他在南极的经历，他部下的情况不容乐观。在返回利奥波德港的路上，只有四人能拉雪橇，其中有两个人已经根本不能走路了。有人患上坏血病，其中包括进取号的外科医生约翰·罗伯逊。在接下来的两三个星期里，除了麦克林托克，探险队的每个人都因为这样或那样的原因生病。不出所料，他们得出结论，富兰克林和他的船不太可能走皮尔海峡这条路线。罗斯认为他们的身体状况已经不足以再挨过一个冬天了，于是决定带着探险队回家。

包括珍·富兰克林在内的许多人都感到震惊和失望。他们原以为罗斯会留下来在第二个夏天继续寻找。暂且抛开他手下的健康状况不谈，人们都怀疑罗斯是否还能在北极再待一年。出于对老朋友的责任感，并且这种责任感还是在富兰克林夫人巧妙而投入的操控下，他同意进行了这一次救援行动。但他最近刚结婚，有两个年幼的孩子，还有一个出版商等着他完成他的南极航行记录。在有很多年轻人跃跃欲试的情况下，他真的愿意再次承担北极之旅的各种压力、不适和苦难吗？有人怀疑他已经受够了。

富兰克林夫人作了最后的呼吁。"我恳求您，"她在11月12日的信中请求他：

第十四章 杳无音讯

请允许我用语言唤醒您最珍视、最神圣的东西。请您像我一样，回想一下您曾慷慨而诚挚地认为……我的丈夫应该得到指挥权……您还记得您曾为富兰克林爵士争取到了您亲爱的、忠实的克罗齐尔的帮助和陪伴，虽然我知道您不需要任何刺激来唤起您对两位朋友的深厚感情，但请允许我借助这些事实作为额外的理由以说明我为什么如此期待您发挥作用，用您那无与伦比的精力，设计救援方案，并期待您能一直坚持这样做，直到北冰洋和海岸的所有分支都搜索一遍。

如果她希望这段虚张声势的感情要挟能让罗斯再次前往北极，那她只能失望了。詹姆斯·罗斯再也没有去寻找富兰克林。但是富兰克林夫人仍然在坚持。在索菲亚·克拉克罗夫特——她已经变成了像她舅妈一样争强好胜的人了——的帮助和鼓动下，她把目光转向了其他富有影响力的人，只要他们能帮助她寻找丈夫。她持续不断施压，狂热地写信，以致她在贝德福德的住宅被人们戏称为"炮台"。

矛盾的是，富兰克林夫人的救援活动居然因为罗斯的失败而得到了很大的推动。像詹姆斯·克拉克·罗斯这样杰出的探险家都会空手而归，这为寻找富兰克林的工作增添了一种更加严肃、现实的色彩。在三次准备充分的救援远征中，罗斯的救援队是最引人注目的，但依然没有发现有关富兰克林下落的信息。这不仅给海军部，也给英国公众带来了灾难性的征兆。这件事最终愈演愈烈，也越来越让人绝望。

随着救援的展开，希望开始逐渐被对悲剧的清醒认知所取代，富兰克林的命运吸引了全世界的关注。北极荒原的全景图在伦敦和布莱顿吸引了大批人的关注，船只的虚假目击消息和伪造瓶子里的信息也不断被报道，在接下来的十年，共组织了36次独立救援探险，第一次正朝着北极冰封的方向进发。海军部派出进取号（詹姆斯·罗斯没有参与）和调查者号到白令海峡搜寻通道西端。两艘帆船和两艘汽船被派往海峡另一端的兰开斯特海峡。哈德逊湾公司派出了一支探险队，由约翰·罗斯爵士率领，并得到了公众捐款的支持。他们乘坐的是12吨重的游艇玛丽号（以他妻子的名字命名）。就连曾担任幽冥号外科医生的爱鸟人士，罗伯特·麦考密克也乘坐一艘敞篷船，沿着惠灵顿海峡进行了为期三周的航行，这艘船的名字很应景，叫作无望号（*Forlorn Hope*）。富兰克林夫人也没闲着，她向俄国沙皇尼古拉一世和美国总统扎卡里·泰勒寻求帮助。虽然圣彼得堡没有应允，但美国政府装备了两艘船，并于1850年5月从纽约起航。

这种高强度的努力终于得到了回报。1850年8月23日，也就是富兰克林离开后的第五年夏天，援助者号（HMS *Assistance*）船长伊拉斯谟·奥曼尼在德文岛西南端的莱利角发现了第一批探险队的痕迹："海军用品的碎片、部分破旧的衣服、保存完好的肉罐头。"当他们在岸边搜寻更有价值的东西时，有人注意到附近比奇岛（Beechey Island）的岬角上有一个石堆。这时，拓荒者号（HMS *Pioneer*）也加入了奥曼尼救援队。拓荒者号是一艘蒸汽船，属于救援队伍的增援队伍，船长谢拉德·奥斯本后来在他的著作《北极日志的失落叶》（*Stray Leaves from an Arctic*

Journal）中讲述了这一令人兴奋的发现。人们冲向"黑暗而蹙额的悬崖……太陡了，甚至连一片雪花都挂不住……攀爬上陡峭的山坡，石堆被推倒，每一块石头都被翻了个遍……但很可惜！没有找到任何文件或记录"。

海域的其他船只也都聚集在岛上，其中有一艘名为富兰克林夫人号（*Lady Franklin*）的船，船长是威廉·佩妮。船上的水手带来了一个不同寻常的消息：在荒凉的、布满灰色碎石的海滩上发现了三座坟墓。三个木制墓板表明这里是这三个人的最后安息地：首席司炉工约翰·托林顿，"于1846年1月1日在英国军舰恐怖号上去世，时年20岁"；约翰·哈特内尔，幽冥号的一等水兵，"死于1846年1月4日，时年25岁"；威廉·布雷恩，幽冥号的海军陆战队成员，"死于1846年4月3日，时年32岁"。在他的墓碑上刻着这样一段话："'今日就可以选择所要事奉的'——《约书亚记》，第24章，第15节。"

沿着海滩继续前进，他们在砾石中发现了雪橇车的痕迹，痕迹深到足以让谢拉德·奥斯本断定"富兰克林一行没有意识到旅行设备轻巧便携的重要性"。附近还有第二个石冢。它有7英尺（2米）高，由600个装满碎石的食品罐头组成。

比奇岛的发现既有意义又令人沮丧。奥斯本上尉总结："每个人都觉得有些事情非常令人费解，因为没有发现任何记录，或者任何书面证据与富兰克林和克罗齐尔从这个地方前往何处有关。"线索似乎是从那里开始的，却没有指明下一步方向。

他们所能做的最好选择就是沿着海军部命令富兰克林走的路线前进。因此，奥曼尼船长向西航行，来到了威尔士亲王岛北端的沃克角（Cape Walker）。他什么也没有发现，但他得出结论：富兰克林不可能按照计划中的路线从沃克角向南穿过白令海峡，因为这条路线会被古老的海洋冰层堵住无法穿行。他的预感是对的。我们现在知道，富兰克林在早些时候前往了更往南的皮尔海峡。

探险队的失踪似乎是完全无法解释的。在更南边的地方，出现了另一个可能的证据。由约翰·雷领导的一支陆路探险队在维多利亚海峡西岸搜索时，发现了两块疑似残骸的东西。一根是橡木支架，另一根看起来像是来自小艇旗杆的一部分。一根白绳通过两个铜钉固定住，两根钉子上都有宽箭头的印记，皇家海军的所有装备都有这样的印记。由于无法确认富兰克林偏离海军部既定航线后的路线，雷认为这些碎片是从北方漂流过来的。直到几年后，才有人意识到这两艘船可能比他想象的要近得多。

随着失踪后的第七个年头临近，越来越多的令人头痛的问题发生。海军部也无能为力。人们对这次远征的兴趣仍然十分高涨，而且转向沙文主义。

捐款从全国各地纷至沓来。多亏了历史学家理查德·西里亚克斯的辛勤工作，我们知道其中有一笔来自富兰克林的出生地林肯郡的斯皮尔斯比，另一笔来自贝尔法斯特自然历史和哲学协会（Belfast Natural History and Philosophical Society），克罗齐尔是协会成员之一。范迪门斯地的人们慷慨募集了1872英镑，这一定让富兰克林夫人很感动，"因为这个殖民地已经与我们尊敬的前副总督的命运有了特殊的关联，任何细节都会引起人们最大的同情。"富兰克林夫人用这笔捐款资助了1852年的伊莎贝尔号（*Isabel*）救援远征。奥古斯都·英格菲尔德担任指挥官，虽然没有发现富兰克林的踪迹，但探险队探索了很多不为人知的北极地区并绘制成地图，发现并命名了埃尔斯米尔岛（Ellesmere Island），该岛成为世界上第十大岛屿，也是地球上最崎岖、最壮观的一片陆地。

基于至此的发现，几乎可以肯定这支探险队并没有到过沃克角以西，也没有走过南边任何一条严重结冰的通道。这样就只剩下了北部的、位于康沃利斯岛（Cornwallis Island）和德文岛之间的威灵顿海峡。海军部曾建议富兰克林，如果他发现前路被冰挡住，可以考虑走这条路线。这是一个有根据的选择。

因此，由爱德华·贝尔彻爵士率领海军部探险队乘坐帆船援助者号和蒸汽驱动的拓荒者号沿威灵顿海峡而上；亨利·凯勒特则率果敢者号（*Resolute*）和无畏号（*Intrepid*）前去调查梅尔维尔岛。贝尔彻在比奇岛又待了一个冬天，留下了一个避难处和补给品仓库，并把它命名为诺森伯兰之家（Northumberland House）。最终，他只带一艘完好无损的船返航，其余的船都被困在了冰层里。他和凯勒特都没有找到有关富兰克林或他手下或船只的任何证据。后来两人仍在寻找海军部曾指示富兰克林去的地方，而不是他实际去的地方。

当然也有一些附带的成果。负责指挥调查者号的是颇有名望的罗伯特·约翰·勒梅苏里尔·麦克卢尔，负责指挥进取号的是理查德·科林森，他们从 1850 年起就开始了搜寻工作。他们率领船安全地通过了白令海峡，就在快要找到通往梅尔维尔岛的路时，船被困住了。1853 年，在熬过了两个严酷的冬天后，麦克卢尔和他的队伍在冰天雪地里弃船而去，从西部陆路登陆与来自东部的贝尔彻会合。麦克卢尔声称这是人类第一次穿过西北航道，尽管不完全是从海上穿越。

由于搜救一直没有收获，海军部认为探险队已经失踪了八年，不可能还有人员幸存下来，因此没有理由再冒着生命危险和消耗公共资金继续进行徒劳的救援。据估计，他们已经在搜寻工作上花费了大约70万英镑（约合现在2800万英镑或现在3900万美元）。他们现在还有其他事情要处理：欧洲在经历了30年的和平之后，英国在克里米亚卷入了与俄国的战争。

1854年1月20日，海军部宣布，除非在当年3月前获得远征队幸存的消息，否则幽冥号和恐怖号的人员将从海军名单上移除，宣布他们为女王陛下英勇牺牲。富兰克林夫人拒绝接受这一决定，称这"在上帝看来是专横放肆的"。她拒绝领取寡妇抚恤金，也拒绝穿黑色衣服。对她来说，没有消息仍然意味着就是好消息。

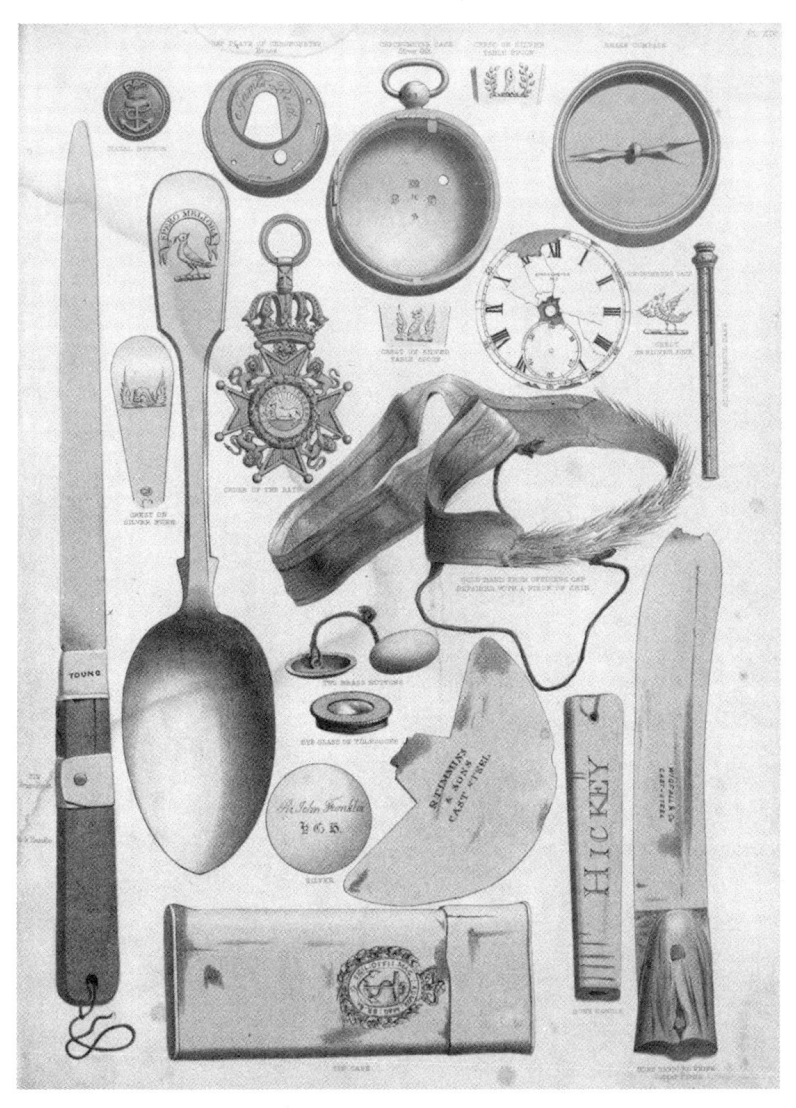

1854年，探险家约翰·雷在沿着北极海岸航行时，找到了一些富兰克林探险队的物品，从餐具到约翰·富兰克林爵士的勋章。

第十五章　真相显露

就在走投无路之时，北方传来消息，情形峰回路转。其中涉及一个人，他曾在富兰克林的事件中起到过重要作用。

1854年，为哈德逊湾公司工作的奥克尼人约翰·雷在之前几年的一次陆上搜寻中发现了一些物品，之后他沿着北极海岸前进，想对这片偏远地区开展一次完整的调查。他以因纽特人的方式旅行，沿途搭建冰屋。4月21日，当到达佩利湾（Pelly Bay）海岸时，他遇到了"一位非常聪明的爱斯基摩人"正乘狗拉雪橇，另一位因纽特人因纽普希朱克也加入了他们，而且这人乐于和雷进行交易。在交流过程中，雷通过一名翻译习惯性地向他询问，是否在该地区见到过外国人（kabloonas）。他说自己没有见过，但是听别人说有一群白人死在西边的某地，"在一条大河的对岸"。这位因纽特人随身带着某个军官的金色帽带，雷买下了这个东西后，继续执行任务。回到佩利湾后，雷又遇到了名叫因纽普希朱克的因纽特人，这次雷从跟他一起的其他因纽特人那里买到更多东西，其中有一把银制勺子和叉子，上面刻有F. R. M. C的家族徽章。雷当时并不知道那是弗朗西斯·罗登·莫伊拉·克罗齐尔（Francis Rawdon Moira Crozier）的首字母缩写。

第十五章 真相显露

之后他们还给他带来了其他一些东西——20年前因他在地中海服役被授予的富兰克林的汉诺威勋章；一组属于幽冥号上七名军官的银器；一件印有 FDV 6.1845 的背心（FDV 是幽冥号大副查尔斯·弗雷德里克·德辅（Charles Frederick Des Voeux）的首字母缩写）。

渐渐地，在因纽普希朱克和其他因纽特人的帮助下，雷拼凑出了这次远征最后几天大致可能的情形。据他们讲述，1850年，有人看到40人在"经历了四个冬天后"从威廉国王岛（King William island）向南前行。他们一直拖着几辆雪橇，其中一辆雪橇上有一只小船。他们都不会说因纽特语，但通过手语交流表明自己的某艘船或者几艘船被冰层压碎了，所以他们弃船向南走以寻找食物。大多数人都很瘦弱，但他们的领队则是一个高大魁梧的中年男子，大家估计那应该是弗朗西斯·克罗齐尔。因纽特人叫他阿格洛卡（Aglooka）。他从当地人那里购买了一些海豹肉。由于双方很难进一步交流，他们就继续前进了。

同一个季节的晚些时候，因纽特人说，在某地发现了30具尸体，在附近的一个岛上发现了5具尸体。那些尸体有的是在帐篷里，有的是在一艘翻了的船下发现的。描述中的地点很像是大鱼河河口。

真相被逐渐揭露开来。而接下来发生的事却真正令人毛骨悚然。"从许多残破的尸体和锅里的东西来看，"根据因纽特人的描述，雷在报告中称，"很明显，我们可怜的同胞为了能活下去已经被迫做出了最后的可怕选择。"

回到伦敦后，雷向海军部提交了他的报告。这引发了轩然大波。一份报告副本立即发给了富兰克林夫人,并在第二天凌晨 2 点送达。索菲亚把这个消息告诉了她。"无法想象用任何语言,"索菲亚后来写道,"来描述那晚内心的惊悚。"

令雷大为惊慌的是,他提交给海军部的报告被刊登在了《泰晤士报》,有关吃人的指控——"最后的可怕选择"——也被其他报纸纷纷转载。一股恐惧和抵触的浪潮在全国蔓延。由于揭露的内容是如此地令人震惊和挑战人类底线,人们都难以接受。有人认为,英国人不可能做出这种行为。雷不应该相信因纽特人的一面之词。而力挺珍·富兰克林的权贵人物查尔斯·狄更斯(19世纪英国著名的批判现实主义小说家)也介入其中,他在自己创办的周刊《家常话》(*Household Words*)中奋力为探险队队员辩护,认为他们是"训练有素的海军翘楚"。带着怒意,他还将他们与因纽特人进行对比:"这些人有着高尚的行为举止,有伟大的目标引导着他们,"他写道,"……他们和那些个茹毛饮血、整天喋喋不休的粗人相比,就像宇宙和尘埃一样有着云泥之别。"

为什么在乎这样的诽谤呢?狄更斯提出疑问。"因为他们真的……死了,"他气愤地大喊:

我们当然很介意这个事情。因为他们为这个国家付出了生命,理应得到国家的尊重,他们不会再向这个国家索求公平和仁慈……富兰克林不会再回来了,无法再回来写下他们从苦难到放弃的真实故事……因为他们四散在雪地里,既不会知道后人对他们的怀念,也无力阻止肉体的腐蚀分解,唯有冬天的风会将他

第十五章 真相显露

们送回家……请温柔地对待他们,如同对待尚在襁褓中的婴儿一般。请不要在面对他们的过往和结局时,毫无缘由地不寒而栗。请相信他们的坚定,相信他们的刚毅,相信他们崇高的责任感,相信他们的勇气和信仰。

雷也通过《家常话》进行回复,他为因纽特人及翻译人员辩护,避免他们受到愈演愈烈的指控——认为是因纽特人袭击了富兰克林等人,因纽特人才是真正的食人族。但他的话却没人听得进去。雷并没有因为发现第一批真正的证据而受到赞扬,更别说他还发现了这些人死亡的地点,反而被官方口诛笔伐。按照之前的规定,第一个发现探险队行踪证据的人会有10000英镑的奖励,富兰克林夫人也试图阻止支付这笔钱,尽管最终这笔钱还是支付了。雷始终没有得到公众的认可。已经有许多位北极探险家封爵了——帕里、富兰克林、约翰·理查德森、约翰和詹姆斯·罗斯。为什么像约翰·雷这样了解北极的人却没有呢?

奥克尼群岛的人仍然十分喜爱和钦佩他。我看到了他在斯特罗姆内斯的雕像,也去拜访了他的故居——那座位于克莱斯特(Clestrain)的宏伟而荒芜的大厅,从海湾望向对面,那是他的家乡的方向。他最精致的一处纪念碑是位于柯克沃尔(Kirkwall)的圣马格纳斯大教堂(St Magnus Cathedral)的墓碑。雷披着北极毛皮侧卧,双臂背在脑后,脸上长满胡须,身旁则放着一本打开的书和一支步枪。那是一个忙于工作的男人。看起来也不像是英雄。雷是阿蒙森和南森那种类型的探险家,善于倾听当地人的意见,向他们学习吃穿以及生存的方法。他在一生中绘制了1750

英里（2800千米）未知区域的地图，而且仅以牺牲一人为代价。与他发现的这次探险队灾难般的命运相比，是多么鲜明的讽刺。

回到伦敦后，珍·富兰克林仍然不肯相信她的丈夫可能已经不在人世。雷的报告对她打击很大，但并没有浇灭她继续奋斗的天性。她继续定期写信给富兰克林爵士，信中还是各种闲言碎语，这些信随同救援船被一起送出去。其中一封信中她委托伊莎贝尔号威廉·肯尼迪船长，信中写道："亲爱的，我相信，你一直没有忘记你的国家和你的朋友，以及留给你的使命……请代我向你的朋友和同伴致以最亲切的问候。"这封信的日期是1853年3月30日，当时距离富兰克林和他的同伴们失踪已经八年了。

富兰克林夫人自己先后投入了35000英镑（约合现在150万英镑）用于搜救，当前的搜寻也不再是广撒网式，而是目标更明确。在两位哈德逊商人詹姆斯·安德森和詹姆斯·斯图尔特发现船只残骸后，富兰克林夫人再次开始利用她的人脉。查尔斯·狄更斯在皇家地理学会的一场募捐会上发表讲话，用富兰克林的传记作家安德鲁·兰伯特的话来说，这给了他另一个机会来证明，"1854年，他是正确的，而不是雷。富兰克林和他的部下是作为高贵的基督教英雄死去的，而非充满兽性的野蛮人。"

募捐会最终筹集了3000英镑，足够委托并装备一艘名为狐狸号的三桅式蒸汽驱动游艇。这艘船重177吨，大约有幽冥号的一半大小。与通常派往北极的船只相比，这艘船更小，更灵活，而且它吃水很浅，可以更好地在北美海岸的淤塞水道中航行。船上有25名船员，其中大多数人都有过北极经验，船长是38岁的爱尔兰人弗朗西斯·利奥波德·麦克林托克，来自邓多克

第十五章　真相显露

（Dundalk），他曾在 1848 年和罗斯一起进行救援行动，那次他们两人一起开发并改进了雪橇的使用方法。不过这一次，他确保他们不会重蹈覆辙，不会再让人类代替狗来拉雪橇。这次不是探寻藏宝的探险。这次搜寻要做到快速、轻巧、适应性强，不是照本宣科地应用海军学校里讲授的知识，而是要将从当地人那学到的经验付诸实践。

狐狸号在 1857 年 7 月离开英国，但是冬天被困在了巴芬湾的冰层里，直到第二年 4 月底才脱险，再次航行。根据雷的报告，远征队辨明了方向，沿着皮尔湾向南航行，但是这次被冰层封锁住了前方的通道，不得不绕萨默塞特走了一圈。威廉·肯尼迪和约瑟夫-勒内·贝洛特发现一条一英里宽的海峡，将布西亚半岛一分为二——这个半岛后来被证明是一个独立的岛屿。海峡被命名为贝洛特海峡，根据它的发现者（贝洛特）命名，麦克林托克试图乘坐狐狸号穿过这条狭窄的海峡，却发现海峡的西端被冰封住了。于是他在海峡的东端建了一个基地。直到 1859 年 2 月，他和他的手下才第一次驾上雪橇进行考察。

在沿着布西亚半岛西海岸向南行进时，麦克林托克和他的两名同伴遇到了因纽特人，他们正在兜售遗物，还听他们讲了一些故事。其中一人说，有人看见一艘三桅船在威廉国王岛的西边沉没。4 月，温度计显示 -30 ℃，麦克林托克和他的副指挥官威廉·霍布森上尉，带着 10 个人和 4 辆雪橇（两辆人拉雪橇和两辆狗拉雪橇）前往该岛。途中，他们遇到了一位名叫乌那李（Oona-lee）的因纽特老人，得知在更南的一个叫乌特朱利克（Oot-loolik 或 Utjulik）的地方，有一艘船被冰层逼到了岸上。还有人说，在船上发现了一具"大块头"的尸体，并且"牙齿很长"。所有迹象表明，麦克林托克和他的手下正在接近灾难中心。是时候用确凿的证据来辟除谣言了。

在他们到达布西亚半岛西南海岸的维多利亚角后，队伍兵分两路。麦克林托克等人继续向南，向大鱼河河口方向搜寻，那里是三年前约翰·雷首次得知的因纽特人有所发现的地方。霍布森上尉则带着另一队去调查关于威廉国王岛西海岸的失事船只的真相。

霍布森在1859年8月1日提交的报告从未发表过，直到最近加拿大图书档案馆才公布了一份副本。2014年4月，道格·斯滕顿在《北极》杂志上发表了一篇评论。它不像日记或日志那么正式，但却讲述了一个令人信服的故事。故事从霍布森和他的团队向西出发，穿越詹姆斯·罗斯海峡的坚硬冰面开始。霍布森细致而准确地描述了当时的场景："这些冰似乎只生长了一年；虽然许多地方的冰层都被压得粉碎，但我们很容易就找到了穿过冰丘的平坦道路；这里有许多很沉重的冰块，显然是因外力形成又漂流到这里被阻挡了下来；它们实在太大了，以至于在天气比较阴沉的时候，我们经常把它们错看成小岛。"

汇集了诸多悲剧的威廉国王岛一直被视为一处极地荒岛。霍布森称其为"被海水冲出来的碎石滩……一处低矮、贫瘠的石灰岩海岸"。这里是一望无际的平坦，总是阴沉沉的，没有任何可以遮蔽寒风和冰雪的所在，对搜寻者和幸存者来说，这里的环境特别残酷。

第十五章 真相显露

1859 年 5 月 3 日，在离开维多利亚角仅五天后，他们在岛上最北端的费利克斯角（Cape Felix）附近发现了一个石堆和一个营地的遗迹。他们兴奋地拨开石堆，却只发现一张折成三角形的空白纸片和一段绳索的碎片。这个结果让人失望透顶。霍布森写道，"我坚信这张纸中曾记录了一些信息，但字迹（可能是铅笔写的）因为时间太久消失了。"营地看起来有大约 12 名官兵生活，有 3 顶倒塌的小帐篷，下面"摊着熊皮和毯子，它们看起来就像前主人刚刚使用完一样"。

岸边分散着一些被丢弃的物品——炉灶、测斜仪、徽章、一副残损的眼镜、一些酒瓶的碎片、几根麻绳、黄铜窗帘杆（历史学家安·萨沃斯认为，可能是打算送给当地人的礼物）、一个红木药箱和几包烟草。霍布森不太确定建立营地的具体缘由，但可以明确的是"营地是在匆忙中被遗弃的，我想他们一定是返回到了船上，"他总结道，"不然在其他情况下，他们都不应该会离开自己的帐篷、睡具和炊具。"

新的证据不断被发现。5 月 5 日，他们发现了一棵高约 18 英尺（5 米）的云杉，被人用锯齿锯成两半，估计用来作为燃料。次日，他们又发现了另一处规模更小的石堆，里面有一把断裂的镐头和一个空的茶罐或者咖啡罐。一个小时的搜寻无果后，他们继续往南走，发现了第三处石堆，周围散落着"大量的工具"。由于有很多东西需要进一步调查，他们在附近搭起了帐篷。5 月 6 日中午，他们正式开展调查工作。

霍布森对接下来发生的事情描述得极其简洁。他写道："人们很快就在一堆石头中发现了一个小圆筒，而那些石头很显然是从石堆的顶上掉下来的。"之后他继续对发现的内容进行了阐述，"里面包含了一份失踪的探险队行踪的简要说明。"但这几句话并没有确切地描述他的发现。这份"简要说明"现在被称为"胜利角笔记"（Victory Point note），是探险史上极其重要的一份文件。

严格来讲，那里并不是真正意义上的"胜利角"。研究富兰克林探险队的专家理查德·西里亚克斯指出，1830 年詹姆斯·克拉克·罗斯首次在地图上记录了该地点，并将其命名为胜利角，而记录的石堆其实位于该地点以北的 4 英里（6 千米）处。"简要说明"写在一种标准规格的纸张上——分发给探险队的专用纸张，用于记录他们的位置，可以存放起来或扔到海里。纸上用六种语言正体标明："无论谁发现了这张纸"，都应"将它转交给伦敦海军部大臣，**并注明发现它的时间和地点**；或者，如果方便的话，将它转交给最近港口的英国领事"。

虽然锡筒锈迹斑斑，但纸上的字迹还清晰可辨，经核实被认定为菲茨詹姆斯的笔迹。它记录了一个日期和一个位置——1847 年 5 月 28 日（距离船离开格林希特差不多两年了），"英国皇家海军舰艇幽冥号和恐怖号两艘船在北纬 70°5′ 西经 98°23′ 的冰层中过冬。"接着，便是对他们行程的简要描述："1846 年至 1847 年，在比奇岛过冬……沿着惠灵顿海峡向上航行来到北纬 77°，然后又折返回康沃利斯岛的西侧。"约翰·富兰克林爵士为这次远征的指挥官，纸上有令人宽慰的文字"一切都很顺利"，并在下面画上了下划线表示强调。在纸的底部还有一些补充文字："由两名军官和六名士兵组成的队伍于 1847 年 5 月 24 日星期一离开船"。记录后有"上尉格雷厄姆·戈尔"和"大副查尔斯·弗雷

第十五章　真相显露

德里克·德辅"的签名。

这份文字记录自信地表达，一切都很顺利。但即使在这个阶段，也有蛛丝马迹表明，事情已经有些不对劲了。首先，菲茨詹姆斯把日期弄错了：他们在比奇岛过冬的时间是1845—1846年，而不是1846—1847年。对此理查德·西里亚克斯的解释是，错误的日期只是一处笔误，表明这份记录没有受到重视。但这也可能是探险队成员逐渐迷失方向的一个迹象。事实上，这份记录既不是富兰克林本人写的也没有他的签名，这也是一个不好的预兆。

但是霍布森发现的这张纸的边缘处记录的信息其实才是最重要的。大约11个月后，也就是1848年4月25日，菲茨詹姆斯记录下了一些文字。通过支离破碎的描述，我们可以感受到一种逐渐绝望的变化：

恐怖号和幽冥号在4月22日被遗弃，[两]艘船[从]1846年9月12日起就被困在距此北西北5里格（27千米）处。军官和船员共105人——在［船］长克罗齐尔的指挥下在此登岸——纬度为69°37′42″，经度为98°41′。[这]张纸是由欧文上尉在石堆下发现的，石堆应该是詹姆斯·罗斯爵士在1831年建的，距离北方4英里（6千米）——1847年6月，由已故军官戈尔将纸存放在那里。

真正令人痛心疾首的在后面："约翰·富兰克林爵士于1847年6月11日去世，这次远征队到目前为止共损失了9名军官和

15名士兵。"后面的署名是"詹姆斯·菲茨詹姆斯,幽冥号船长"以及"高级军官弗朗西斯·罗登·莫伊拉·克罗齐尔船长"。在签名后,克罗齐尔补充了一句,"明天26日开始前往背鱼河。"

把这些记录拼凑起来,会发现戈尔和德辅不止一次地把记录装在了密封容器里。但他们弄错了胜利角的位置(胜利角是詹姆斯·克拉克·罗斯在1830年命名的,而菲茨詹姆斯似乎认为是1831年),所以把记录的纸留在了北边4英里处的一个石堆里。之后,他们继续向南前进,留下了另一份内容完全相同的记录副本(该副本后来被找到,但没有被修复)。当他们回到船上时,约翰·富兰克林爵士已经去世了,而此时距菲茨詹姆斯写下"一切都很顺利"并标上下划线以表强调仅过去三个星期。从所谓的胜利角那里补充的记录来判断,从那时起,情况已经糟糕到需要让剩下的105人全体放弃两艘船的地步了。11个月后,他们来到了威廉国王岛,戈尔也去世了。欧文上尉在胜利角以北4英里处的一个石堆里发现了第一份密封的记录,并把它带给了克罗齐尔和菲茨詹姆斯。他们补充了最新的坏消息,然后将容器重新密封并放回原处,11年后霍布森在那里发现了它。

由于纷飞的大雪,霍布森难以对现场进行更彻底的搜索,在复制了一份文件后,他便拿着文件和发现物品的清单,沿着海岸线向南行进。说起来容易做起来难,因为"这里实际上根本没有海岸线指引方向"。他们在风雪中迷失了方向,以至于他们的下一处营地根本就不在海边,而是在内陆向里4英里处的一个湖边。

1859年5月24日,他们在海滩上发现了一艘船。它被埋

第十五章 真相显露

在积雪中,几乎不可见。在费力清理了如岩石般坚硬的冰雪之后,他们发现这是两艘船上附带的快艇,这艘快艇长约 28 英尺(8 米),旁边还有一个结实的雪橇,3 英寸(7.5 厘米)粗的捕鲸叉索也被丢弃在附近。经过调整和减轻重量后,这艘快艇可以放在雪橇上拖着在陆地上行驶穿过小岛。雪橇本身重 750 磅(340 千克),估计需要七八个人借助绳索才能拉动它。在船头还发现了两支步枪,以及大量的弹药。"在船尾的被单上……还有一块尺寸较大的人类颌骨。周围还有其他差不多大的骨头。"在遗骸旁边还发现了一只印有"帕金森和弗罗德沙姆(Parkinson & Frodsham)"的天文表。霍布森认为这很可能是某位军官的尸骨。船上还躺着另一个人的遗骸。

被发现的船上还有一个贮藏物品的仓库,当时的幸存成员一定认为这些物品很重要才会带着它们向南走了这么长的一段路,前往被称为大鱼河或者背鱼河的地方。这些物品主要包括 11 个甜品叉子、11 个甜品勺子和 4 把茶匙,茶匙上印有属于恐怖号和幽冥号的军官的纹饰,还有 5 瓶破旧的酒壶、几本便携的宗教书籍、一本《威克菲尔德牧师传》、一小份肉干罐头、大量的毛毯、熊皮、厚呢夹克、裤子、手套、长袜、皮靴、一个海泡石烟斗和几根陶泥烟枪。

霍布森因为坏血病致残,在出发的第 74 天后,他带着轰动的发现回到狐狸号上。四天后麦克林托克和他的队伍也回来了。最初他们一无所获。他们在背鱼河河口没有发现任何属于探险队的东西,也没有几个本地人可以交流。但在他们返程经过威廉国王岛时，发现了一具漂白的人类骨架，面朝下趴在一个砾石山脊上。身体部分被雪覆盖，根据衣服的碎片可以确认是一名乘务员，可能是恐怖号炮房管家托马斯·阿米蒂奇。

在这个可怕的发现中，最令人感兴趣的是附近一个袖珍笔记，里面记载了一些难以辨认的文字和图画。其中有一张属于亨利·佩格尔的海员证书，据说他是阿米蒂奇的好友。这个笔记被后人称为"佩格尔手稿"，里面的内容很难翻译和解读。它们看着像是在探险过程中写的，读起来像是胡言乱语；有些句子显然是为了好玩写得颠三倒四的，还有一些句子看起来像书信里的片段。拉塞尔·波特称这些手稿为"来自死亡北海的古卷"，他花了很多精力试图破译这些手稿。佩格尔在其中一页上写下了一副联句，开头是"哦死亡，你的毒刺在哪里？舒适海湾里的墓地"（O Death where is thy sting, The Grave at Comfort Cove）。这里第一行文字一般用于葬礼的悼词。舒适海湾（Comfort Cove），或者说舒适的海湾指的是阿森松岛一个著名的水手的墓地。所以这些话会不会是悼词的一部分？如果是的话，又是给谁的呢？这两行之后的内容是"曾经的染坊，还有特拉法加的棚房"（the Dyer was and whare Traffelegar）。曾经参加过特拉法加远征队进行作战的人只有富兰克林。这是为富兰克林的葬礼而写的吗？不是由军官，而是由亨利·佩格尔这样的普通水手写的吗？佩格尔的手稿至今仍然是个谜，鉴于探险队几乎没有留下什么书面材料，这份手稿显得弥足珍贵。

沿着海岸再往北走，麦克林托克看到了霍布森发现的那艘快艇。他认为船头朝北是一个很重要的信息。这表明，当时人们正

第十五章 真相显露

在把它拖回失事的船上，而不是离开。

1859 年 9 月 23 日，狐狸号返回伦敦的布莱克沃码头（Blackwall Docks），这艘船虽然是所有派出搜救船只中最小的，但是搜寻最成功的，它最终宣告了约翰·巴罗爵士的伟大梦想以一场灾难告终：富兰克林和他的部下们再也不会回来了。

五年前，雷对这次探险最后几天的描述，激起了人们的恐惧和愤慨。而今狐狸号把富兰克林探险队面对可怕逆境最终还是牺牲了的消息带回港口后，人们怀着爱国的感激之心接受了它。现在，全国人民都在哀悼并大谈牺牲与奉献。雷还在为他应得的奖励继续努力，霍布森却立即得到了晋升。议会投票决定给麦克林托克的部下和船员发放 5000 英镑奖金，麦克林托克本人被维多利亚女王封为爵士，皇家地理学会授予麦克林托克赞助者奖章。

麦克林托克随后把这次搜救过程写成了一本书《狐狸号的北冰洋之旅》，畅销一时。当然，它主要讲述的是一个充满戏剧色彩的悲惨故事。但它也引起了人们更深层次的共鸣——尽管科学发展取得了很大的进步，大自然的威胁力仍不可小觑。达尔文的《物种起源》与《狐狸号的北冰洋之旅》同一年出版，对于那些体会到受大自然威胁的人来说，富兰克林这支探险队的命运可以看作一种典型的狂妄傲慢的结果。埃德温·兰西尔受此启发创作了一幅令人毛骨悚然的画作，画的是探险队的最后残骸——旗帜和所有东西都在浮冰上被北极熊撕成碎片。标题说明了一切：谋事在人，成事在天。

这场惨重的灾难中唯一令人感到安慰的是，尸体是在足够偏南的地方发现的,这证明了克罗齐尔已经带领他的船员们到达了西北航道的海上连接链的最后一环。伴随着狐狸号带回的证据,没有人敢质疑富兰克林的探险——就算不是这位英勇的船长本人——已经实现了既定目标。这也是后来为纪念他们而建的雕像上的题词,是皇家地理学会授予珍·富兰克林女士创立者奖章上的题词。珍·富兰克林女士是历史上第一位被学会授予该荣誉的女性。

1859年5月24日，一支由威廉·霍布森上尉率领的探险队在威廉国王岛偶然发现了一艘船。里面有两具遗骸，其中一具可能是军官的，另一具是"年纪小得多"的年轻男子。

第十六章　生与死

到 19 世纪 60 年代初，人们对于富兰克林那命中注定要失败的探险的整个过程已经相当清晰了。现在已知的是，幽冥号和恐怖号在离开格陵兰岛，经过巴芬湾，穿过兰开斯特海峡之后，富兰克林和克罗齐尔在比奇岛扎营过冬。同样是在 1845 年，当然更有可能是 1846 年夏初，他们沿着威灵顿海峡向西北航行，估计是要寻找一条新的路线，能够绕过巴罗海峡厚重冰层的层层阻碍。由于未找到通路，他们绕到了以前未被探索过的康沃利斯岛海岸（事实证明，这可能是寻找西北航道的一条死路，但是对这一部分地图的探索是非常值得尊敬的，在之后的 100 年里，这部分区域都没有再被探索）。

随着西部冰层的再次堆积，富兰克林决定带领他的船南下，并试图找到一条可通行的路线。他们似乎找到了未结冰的清澈海面，并成功地沿着皮尔湾航行，穿行在萨默塞特岛和威尔士亲王岛之间，一直前进着，直到 1846 年夏末，他们抵达了维多利亚海峡。在这里，他们遇到一片难以穿越的冰层，积年累月的冰层厚度达到了 40 英尺（12 米）甚至 50 英尺（15 米）——历史学家安·萨沃斯对这一过程的追溯令人印象深刻，"伴随着冲刷、

第十六章 生与死

翻滚和呻吟,我们蛮横地冲进了这个后来被称为麦克林托克海峡的地方"。

他们为什么没有选择威廉国王岛东边一侧的隐蔽路线?至今仍然没有答案,但似乎更可能的原因是他们不了解地形。毋庸置疑,富兰克林和克罗齐尔一定曾弯腰伏在船尾宽大船舱里的桌子上,仔细研究海图上那些最新发现的陆地,而海图的细节往往不够详尽。他们可能会有印着花押字的餐盘和私人定制的银制餐具,但他们没有足够优质的海图。根据海军部提供给富兰克林的海图,威廉国王岛那片地区根本不是一个岛屿,而是一片由地峡连接到布西亚半岛上的陆地。而三位经验丰富的北极探险家——约翰·罗斯爵士、彼得·迪塞和托马斯·辛普森——也都认为詹姆斯·罗斯海峡与大陆相连。因此,富兰克林和克罗齐尔继续向南航行,驶进了一处将吞噬他们生命的极地陷阱。胜利角笔记记录了他们第一次发现被"冰层围困"的日子是1846年9月12日。我们知道,直到1848年4月,他们仍然被困。颇具讽刺意味的是,他们当时处于大西洋和太平洋海水的交汇处。那是他们离这两个大洋最近的时刻。

北极的冬天异常残酷,尤其是有三个月的时间要在完全黑暗中度过。直到1848年4月,富兰克林和他的士兵们已经经历了六个月的黑暗。此外,他们的航行正好赶上了北极有史以来最寒冷的时期,即使是过了一整个夏天,冰层的围困也没有减弱的迹象。

遗憾的是,在又一个异常寒冷的冬天,我们没有关于幽冥号船上生活的记录。那只猴子杰科和那条狗尼普顿后来怎么样了?

就在戈尔和德辅出发一个月后，富兰克林的去世又给大家带来了多大的打击？从事后的角度来看，我们可以断定他们注定悲剧，很难想象他们是带着怎样的坚持和毅力面对残酷的肉体折磨。这些船装备精良，充分考虑了船员们在探险旅程中自娱自乐的需求——有书籍、木工工具、手摇风琴和其他乐器。我们知道，富兰克林爵士非常喜欢宗教和教育，热衷于帮助他的水手们提高自身素质。接替他担任探险队领队的克罗齐尔还在继续这些活动吗？船员平时会保持多少运动量？他们是怎样打发时间的？

要想了解幽冥号和恐怖号上的人们长期受困的生活情况，我们首先想到的方法就是参考其他船只在类似情况下发生了什么。情况最为类似的也许是1819年帕里探险队的赫克拉号和狂怒号。与约翰·富兰克林爵士一样，爱德华·帕里爵士也是受命去寻找西北航道。习惯于在北极航行的捕鲸者需要确保他们的工作在夏末前完成，但帕里还有任务要完成，所以他别无选择，只能继续留在那里，经历长达数月的漫长黑暗。

在他的著作《航海日志》中，他描绘了冬天他们在船上的凄凉一幕："最荒芜沉闷的死寂"和"毫无生气的存在"。他还让我们了解到寒冷的可怕之处——这种寒冷会让你的皮肤脱落。在温度达到 $-24\ °F$（$-31℃$）的时候，"接触任何金属物体都会是一种痛苦的事情……我们发现这是很有必要的……在处理六分仪和其他仪器时要格外小心，尤其是望远镜的目镜。"

我们知道，冬天临近，帕里将他的赫克拉号进行了特别改造，拆除了船上的大部分桅杆，在甲板上加盖了一块篷布，以提供遮蔽和活动空间。在这种情况下，安·萨沃斯写下了极其珍贵的记录,其中提到帕里的手下"被命令在甲板上一圈一圈地跑,还要跟着风琴的曲调,时不常就是他们自创的歌曲"。

帕里还非常重视戏剧表演,他鼓励人们搭建场景和舞台剧。他甚至自己也写过一部剧《西北航道》又称《航行结束》——真是一个危险的剧名。这样的戏剧娱乐是很受欢迎的,"对那些知识匮乏的人们的思想产生了深远影响,"赫克拉号的事务长威廉·霍珀在他的日记中兴奋地写道,"这非常有利于大家提高自身的学术素养。"他们制作了一份周报《北乔治亚州冬季纪事》,"在地球北极15°内的地方……进行创作和编辑。"帕里始终坚持"培养良好的幽默感,在持续的黑暗中提供有趣的消遣"。

他的这种精神和做法被果敢号效仿。该船是1852年被派去搜寻富兰克林的舰队之一,船上备有一台印刷机,船上成员还印制两份报纸,《北极新闻画报》和《北极曙光》。船上的皇家北极剧院上演了一出特别的哑剧《零》,如果这还不够,船上还有一个皇家北极赌场。果敢号上尉霍雷肖·奥斯汀乔装打扮参加化装舞会,其中一名军官写道,一个"怪模怪样的人大喊'把旧椅子修一修!'"直到他发出"熟悉的笑声",我们才知道原来是"我们永远开朗的领队"。

当然,富兰克林探险队要在北极度过的不是一个冬天,是连续三个冬天。他们后期的经历可能更像是调查者号的助理外科医生亨利·皮尔斯在1852年被困在班克斯岛外的厚冰中所描述的那样:

……想象一下,一艘冻住的船,甲板上覆盖着1英尺(30厘米)或者18英寸(45厘米)深的积雪……-30至-40℃,伴有强风……大雪连绵……无孔不入地穿过一切,覆盖所有。与此同时,狂风在帆索之间穿行咆哮。一个人自己置身在这样的甲板上,周围只有一盏灯笼,散发着微弱的烛光。有五六个军官在右舷边走动着,一直说个不停;其他二三十人一声不吭,慢慢地在左舷踱来踱去。闭上眼睛,身上满是纷飞的雪花和冻结的水汽……想象这样的场景会让人对这个冬天的日常有所了解。

那是调查者号的第二个冬天。而富兰克林船上的人在这样的条件下度过了三个冬天,这几乎是不可想象的。如果幽冥号真的是以地狱中最黑暗的地方来命名的话,它现在一定是感觉回家了。

另一个引起激烈争论的话题是船员被迫弃船时的健康状况。

在探险队出发约50年后,北极旅行家、皇家地理学会主席克莱门茨·马卡姆爵士直截了当地将他们的死亡归咎于他们随身携带罐头的质量。他强调,海军部抛弃了原本为南极探险队提供罐头的供应商,选择了一家报价更低廉的公司。该公司由匈牙利人斯蒂芬·戈德纳建立,食品都按照自己的配方,工厂位于摩尔达维亚的加拉茨。由于牵涉启用新的供应商,菲茨詹姆斯当时提出过警告:在他们离开伦敦之前,应该对其中十分之一的罐头进行抽样检查,但被富兰克林否决了。可能是因为时间紧迫,他觉得当局已经采取了预防措施。"所以,"马卡姆总结说,"海军部在毫不知情,也毫无担忧的情况下,兴高采烈地将装着不宜食用

第十六章 生与死

的、垃圾的红色圆柱形锡制罐头堆满船舱。那些勇敢的人在起航前就被慢性毒药判处了死刑。"

一代人过去了,他竟然还需要如此激烈地辩论这件事。这表明关于戈德纳罪责的争论已经持续了一段时间,这些指控在1939年出版的《历史上的罐头食品》再次出现。研究此类问题的历史学家J. C. 德拉蒙德推测,"戈德纳为幽冥号和恐怖号准备的食品之所以变质,可能是因为准备工作过于匆忙,导致他难以按时完成合同。"这也是最近斯科特·库克曼在其著作《冰原反光》中提出的观点,书中认为罐头食品中含有肉毒杆菌。

值得注意的是,在富兰克林探险的年代,那些需要包装的"罐头"要重于2—6磅(1—3千克)。更大的罐头需要处理更长的时间以消灭细菌,戈德纳的仓促行为是有风险的。因此,从1849年起,许多存储食品的仓库都不断传出劣质罐头和变质肉的恶性报道也就不足为奇了。1850年,皇家威廉庭院(Royal William Yard)销毁了11108磅(5吨)戈德纳肉类罐头食品。即便如此,戈德纳罐头食品还是在1851年的世界博览会上赢得了奖项。尽管马卡姆很肯定,但并没有确凿的证据表明戈德纳的食物对任何生命损失负有责任。如果它真的质量有问题,为什么还会有这么多探险队成员坚持活了那么久。

近年来,有人提出了另一种完全不同的解释。1984年,由欧文·比蒂率领的一支小队挖掘出了远征队的前三名遇难者遗体,他们分别是幽冥号的约翰·哈特内尔、威廉·布雷恩以及恐怖号的约翰·托林顿,他们被埋葬在了比奇岛的海岸上。头发样本分析显示,铅含量明显超标。在《冻结的时间》(*Frozen in*

Time）中，比蒂和约翰·基格提出了一种说法，认为用于密封罐头的铅逐渐渗入了探险队成员生存所依赖的食物里，加速了他们的死亡。

其他间接证据似乎也支持罐头有毒的论点。正如拉塞尔·波特所强调的，甲板上的人们的饮食差别很大。大部分船员吃的都是一些勉强果腹的食物，比如咸猪肉和硬面包，由队伍每周指定一名厨师负责烹饪；而高级军官和船长一起用餐，他们会有自己的供应，由自己的管家负责。我们知道克罗齐尔船长和费尔霍姆上尉曾经从福南梅森公司采购货物，而且几乎可以肯定他们不是唯一的买家。军官们会享受最好的茶叶、烟草、葡萄酒和烈酒——还有当时被视为奢侈品的罐头。根据胜利角笔记的记录显示，截止到1848年4月的死亡人数中，有9名军官和15名水手。鉴于军官与船员的比例大约是1∶6，军官的死亡人数如此之高令人咋舌，这也是罐头食品可能有问题的进一步佐证。

随着越来越多的遗骸被发现以及法医技术的进步，最近也有人认为铅才是罪魁祸首。支持的论据也发生了一点变化。2008年，詹姆斯·菲茨詹姆斯的传记作者威廉·巴特斯比注意到死者软组织中含有大量有毒金属，他指出，在之前的几次探险中，包括克拉克·罗斯的南极航行中，铅密封罐头中的食物都是可以安全使用的。他还提出，对于幽冥号和恐怖号上的人来说，最有可能的中毒来源实际上是包含铅管和水箱的热水系统，我们知道，这些都是专门为富兰克林远征而改装的。为了公平起见，我们需要指出这个提议也是存在争议的。彼得·卡尼认为，这艘船所采用的加热方式与南极探险时所用的西尔维斯特加热系统几乎相同

(在他看来，问题的根源在于融化冰块用于饮用、清洁的过程)，而根据格拉斯哥大学的基思·米勒、阿德里安·鲍曼和其他人的研究表明，基于铅管道在维多利亚时期英格兰的普及应用，在那个时期的人类遗骸中找到这种金属的痕迹不足为奇。

另一种说法源于1848年詹姆斯·罗斯爵士和弗朗西斯·麦克林托克寻找失踪的探险队失败的一次搜寻。陪同他们的外科医生约翰·罗伯逊不仅注意到在陆地上生活是不可能的（这里"既没有鹿、野兔、松鸡，"他指出，"甚至连一条鱼都没有"），而且还对他们随身携带的食物提出了严厉的批评。他形容这些肉"质量低劣，数量不足，这种腌肉对于承包商来说简直是一种耻辱"。至于柠檬汁，准备量极其不足，在预防坏血病方面毫无用处（坏血病是由于长期缺乏维生素C导致的，是许多探险队悲剧的源头。包括罗伯逊在内的许多探险队成员，在回到船上之前都饱受这种疾病的困扰）。

麦克林托克当时的观点不足为奇——之后，受人敬仰的富兰克林学者理查德·西里亚克斯在他1939年首次出版的《约翰·富兰克林爵士最后的北极探险》一书中，也认为死亡的主要原因不是食物中毒，而是坏血病。西里亚克斯用因纽特人的证词支持他的论点，他们看到白人的牙齿不好并且牙龈肿胀（这是两种很显著的症状）。美国探险家弗雷德里克·施瓦特卡曾在1878年前去寻找富兰克林遗体，当时有一位因纽特妇女告诉他，她所见过的男人都很瘦，他们的嘴"又干又硬又黑"。1847年5月28日的第一份胜利角笔记中，没有提到任何死亡，但在不到一年后的附言中，就列出了24名死者，两者之间的明显差异表明，真凶是在极地的最后一个冬天。抗坏血病所需的柠檬汁在一段时间后会变质，而提供必需维生素 C 的新鲜蔬菜和水果不可避免地供应短缺，这与已知情况是相符的。西里亚克斯还指出，坏血病的潜伏期很长，症状往往需要 18 个月左右才会逐渐显现，但当坏血病开始发作，病情就会迅速恶化。这解释了在第三个致命的冬天死亡人数迅速增加的原因，也说明了克罗齐尔和其他人为什么觉得他们别无选择，只能撤离船只，尝试在陆地上求生。

即使最为顽强并且健康的人在陆地旅行时也将面临严峻的考验，更不用说那些因患有坏血病、身体虚弱的人了。海军部的探险队并没有学会如何在陆地上生活。借用拉塞尔·波特的话来说，这些船"被视为强大、坚固、可移动的探索的家园"。只要他们还在船上，各种补给都能满足他们的需求。但是一旦坏血病开始发作，就没有了翻盘的机会。随着他们的行走，病情会逐渐恶化，牙龈肿胀，牙齿松动。随之而来的是皮下出血、呼吸困难和极度疲劳。最终会无法再忍受下去，他们会在走路的时候跌倒，然后被那些无力埋葬他们的人们抛弃。

毫无疑问，没有哪种说法能适用于所有的死亡事件。因此，一个可能的解释必然是包含多种因素：富兰克林的手下由于缺乏均衡的营养饮食而变得虚弱，这使得他们易于感染和患病。2016 年，珍妮·克里斯滕森领导的研究团队检查了在比奇岛遇难的约翰·哈特内尔的脚指甲和拇指甲。指甲会保留人体内的营养成分，记录一个人在生命的最后几个月的健康状况。他们发现哈特内尔死于肺结核（当然，团队中曾有一个人感染了，不过在离开斯特姆内斯后不久就被治好了）。还有证据表明他们普遍患有锌

第十六章　生与死

缺乏症,这表明新鲜肉类或罐装肉类的营养含量从一开始就没有达到健康水平。基思·米勒和阿德里安·鲍曼等人根据当时的探险记录展开研究,认为富兰克林的部下可能患有常见的呼吸和胃肠道疾病,而恶劣的环境又加剧了这些疾病。

坏血病是导致死亡和健康水平普遍下降的重要因素。他们总结道,军官存在更高的死亡率并不是因为他们食用了更多的罐头,而是因为军官大部分时间都在打猎,有更多的时间暴露在船外的恶劣环境中。

最终,任何试图找到答案的尝试,或者对各种情形的考虑,都可能解释探险队的命运。这有点像在极地里航行,一条路线堵住了,就会出现另一条新的路线。例如,最近一项针对遗骸的 DNA 研究得出了一个令人震惊的发现,有四具遗骸没有 Y 染色体(即男性性染色体),这表明是欧洲女性的遗骸。其实对这种矛盾最可能的解释是,由于现有材料的数量或质量问题,对旧 DNA 样本的研究通常无法扩增 Y 染色体。但参与其中的研究人员有趣地指出,"我们不能排除……这种可能……没有人注意到 17 至 18 世纪的皇家海军中有乔装打扮的女性存在;他们列举了汉娜·斯内尔、玛丽·蕾丝和玛丽·安·塔尔博特的例子。"据说,在拿破仑战争期间,玛丽·安·塔尔博特至少在两艘船上服役过,在她负伤离开海军后才被发现是女性。无论幽冥号和恐怖号上是否存在女性,这都是在寻找原因的过程中出现的一个有趣的插曲。

最终可以肯定的是,那些在富兰克林远征队服役的人只是在错误的时间出现在了错误的地方。他们最后来到了一个偏远群岛最不友好的角落，并处于一个就连当地因纽特人都称之为"没有夏天的年代"。

无论导致他们命运的可能原因是什么，当他们弃船而逃后，他们所处困境之残酷是常人难以想象的。那些船是他们三年来的家，而当它的桅杆从他们身后消失的时候，哪还有什么希望能让他们继续前进呢？他们头顶只有微弱的阳光，脚踩硬实的冰雪，还不得不拖着沉重的雪橇。在船上，他们至少还能有一些保护，抵御凛冽的寒风。但是在这个低矮、裸露、没有树木的岛上，严寒是常人无法忍受的。生存的意志从何而来？是否有一个鼓舞人心的灵魂人物用他的真知灼见带领他们坚持下去？弗朗西斯·克罗齐尔是否在这种情况下挺身而出并成为那样的人呢？当他们遇到一群和他们短暂交流后便消失的因纽特人时，他们是否燃起了什么希望？是否有一刻他们失去了所有的希望，还是希望在很久以前就消失了？我们每个人都有一种与生俱来的对生存的渴望，足以与绝望抗衡。但是最终还是躲不掉——那令人生惧的死亡方式。

有人可能会说，如果能早点派出救援队伍，也许就能救下他们的生命；如果有更好的地图，也许就能帮助他们更好的探索；富兰克林和海军部应该更加重视他们留下标示航线的石堆。有人指责克罗齐尔在弃船后带领幸存者走错了方向，尽管他知道1825年帕里远征队在狂怒海滩留下了一些补给（45年后，有一支队伍发现这些补给品依然保存完好），但他却朝着西南方向，前往1250英里（2000千米）以外的哈德逊湾哨所，那里恰恰有着当地最困难、最危险的河流。但是克罗齐尔所能做的选择很少。当人们用雪橇载着食物和补给艰难前进时，他们会发现无论往哪个方向前进都苦难重重，而狂怒海滩离他们还有一段距离。据称，他们带着三艘快艇（霍布森在威廉国王岛上发现了其中一艘，因纽特人称他们还见过另外两艘），所以他们的计划很可能是尽快找到开阔的水域，而到那时，船将会是一种更为舒适便捷的交通工具。

只有找到新的证据，我们才能更确切地知道当时的探险队领导者的想法。皇家海军在保存记录方面一向是非常严谨的。船长和大副的航海日志，以及船上外科医生的病历本，都会在幽冥号和恐怖号上定期保存，除非纪律完全崩溃，否则记录就会一直保存到最后。海洋考古学家赖安·哈里斯指出，航海日志是用亚麻纸写的，这种纸在冰冷的海水中也能保存下来。所以有些人希望能在船上找到这些文件；还有一些人担心，考虑到因纽特人自己没有用纸的习惯，他们很可能会随意丢弃了各种他们看到的记录。这些文件很可能在很久以前就被风吹走了。历史痛恨空白，凡是我们不知道的，总会有人想知道。何况这种规模的灾难需要一个合理的解释。他们不能就这么白白牺牲。

查尔斯·法兰西斯·霍尔在其1864年出版的回忆录《与爱斯基摩人的生活》中,讲述了他在试图解开富兰克林远征之谜的过程中与因纽特人建立的友谊。这幅图是此书的卷首插图。

第十七章　因纽特人说

1848年4月21日，耶稣受难日，这是目前我们所知的远征队在船上度过的最后一个夜晚。他们一直遵守着海军部的第11条指令——"两艘船不得分开"。为此幽冥号和恐怖号直到最后都一直相伴左右。而今，两艘船一起漂流在冰面上，船上空无一人，任凭大自然摆布。

也有可能事实并非如此。随着一项基于因纽特人口述内容的研究，另一种解释逐渐浮出水面。约翰·雷已证明倾听因纽特人意见的重要性——事实上，他也正因如此才成为首位获知探险队相关命运的人。在他之后，有两名开布鲁纳人（kabloonas，主要指混迹在北极的白种人）收集了更多的信息，他们和雷一样，和因纽特人接触密切，会使用他们的语言。

其中一位叫查尔斯·法兰西斯·霍尔，他相信寻找富兰克林远征队的幸存成员是上帝对他的指引，他一直坚信他们当中有些人还活着，且和本地人生活在一起。霍尔是拓荒时代的美国人，曾做过铁匠、雕刻家和出版商。1860年，他搭乘着一艘美国捕鲸船来到了巴芬岛。他一直没找到富兰克林等人，但在那里待了两年后，他和两名本地人——塔库利图（Too-koo-li-too

或 Taqulittuq）和艾皮维（Ebierbing 或 Ipivik）——结下了深厚的友谊。直到 1869 年的第二次北极航行中，他才到达了威廉国王岛——富兰克林搜寻者们的圣地。接待他的因纽特人不太愿意花时间寻找富兰克林团队在岛上的落脚点。毕竟那里很难狩到猎物，他们还需要过自己的日子。霍尔最终还是没能搜索完所有的地点，这让他不免有些沮丧，但他从因纽特人那里获悉了丰富的故事，为一些非常有趣的猜想提供了素材。

1878 年，又有一位美国人，美国陆军中尉弗雷德里克·施瓦特卡也加入了搜寻的行列。他带领了一支调查考察队，不过这一次不是在上帝的指引下，而是在美国地理学会的赞助支持下。他与因纽特人进行了密切合作，并在威廉国王岛和阿德莱德半岛（Adelaide Peninsula）经过一个夏天的仔细梳理，最终让雷和霍尔之前听到的许多故事得到了证实。施瓦特卡发现了很多遗物，其中包括一具后来被证明是约翰·欧文上尉的遗骨。这是富兰克林探险队被运回的仅有的两具遗体之一，如今葬于爱丁堡的迪恩公墓。

大卫·C.伍德曼在他 1991 年出版的《解开富兰克林之谜》一书中，基于所有已知的记录，对船和船员最后的日子作了另一番描述。这本书并非盖棺定论——尚未有任何关于富兰克林远征的记载能做到这一点——但它是发人深省的。他总结道："140 年来，因纽普希朱克和赛乌提楚（See-u-ti-chu）对雷所讲述的悲剧故事已经得到了广泛的接受和认可……这些对事件的描述是准确的。但这不是故事的全部。"

施瓦特卡和霍尔收集到的因纽特人的说法是，他们第一次看到幽冥号和恐怖号是在 1848 年年末，甚至是在船只被遗弃后的 1849 年。不仅如此，他们所有的描述还一致认为当时船上有人，而且还有一些因纽特人上船与船员们进行了交谈。然而，胜利角笔记清楚地指出，当时所有幸存的探险队成员都在 1848 年 4 月 22 日离开了船向南进发。然而，我们不应该假设他们一直都在一起。有些人在大陆上苦苦挣扎，最终在一处被施瓦特卡称作"饥饿湾"（Starvation Cove）的地方死去，但如果 1849 年因纽特人还在船上看到过人的话，那么这表明至少还有一些人可能又返回了。

伍德曼发现了一个强有力的证据表明曾经有人回到了船上。那就是施瓦特卡中尉在胜利角发现的一座坟墓，从挂在骨头上的军服碎片上的一枚奖章可以看出，那是恐怖号上的欧文上尉。坟墓挖得很得体，周围还有一些笨重的石头。这座坟墓一定是由一群健壮的男人挖成的。但是什么时候呢？在胜利角笔记中提到欧文的时候他还活着，所以他不可能在 1848 年 4 月他们离开之前就去世了。这座坟墓的发现为伍德曼提供了证据，证明欧文或可能还有其他人回来了，并至少重新回到了其中一艘船上，这也证实了因纽特人反复讲述的在威廉国王岛东北部遇见白人的故事，而那时候他们应该已经离开很久了。这使得伍德曼确信一点，即 105 人的队伍实际上并没有走多远就分开了，一部分人向南寻找动物狩猎，一部分人向东去寻找哈德逊湾公司的仓库，还有一部分人则回到了船上。

综合所有证据、传言和民间故事，似乎富兰克林远征队的成员和船只在最后的日子里最有可能的情况是这样的：1848 年 4

月,也就是富兰克林去世10个月后,克罗齐尔和菲茨詹姆斯带领剩下的人,拉着三辆雪橇,穿越了大约15英里(24千米)的冰面到达胜利角。在这里欧文上尉奉命到几英里外的石堆取11个月前戈尔和德辅留下的两张"一切顺利"的字条中的一张。根据头一年冬天发生种种可怕事件,菲茨詹姆斯修正了之前言辞愉悦的信。克罗齐尔用略显无力的手在上面签了字,并补充说他们将在第二天前往背鱼河。他们在胜利角留下了很多东西,大概是为了减轻负担。这就能解释为什么霍布森发现了一堆毯子和绳子。他们一定是沿着海岸走了50英里(80千米)才停下,把小船丢在后面,可能是为了遮蔽,并为行进减轻负担。这是探险队第一次分散开的位置,那些身体还不错的探险队成员带着一些补给继续南下,而他们可能在前往背鱼河的过程中再次分散出一部分人。有一部分人可能是由于严重的坏血病难以移动,留在原地,而其他人可能身体还撑得住,步履蹒跚地返回了船上。

一路的尸骸标明了他们向南行进的过程。在赫歇尔角(Cape Herschel)以东发现的一具遗体,可能是托马斯·阿米蒂奇,他倒下时身边还放着佩格尔的笔记本。另一具遗体由霍尔发现,当时被认为是亨利·勒韦斯孔特的,随后被运回英国。1904年,阿蒙森探险队发现了两具骨架。最后的幸存者穿过海峡,在他们前进的过程中发现了西北通道。在大陆上的饥饿湾发现的几具尸体可以证实这一点,距离背鱼河只有几英里。那里便是向南方前进的那队人的终点。

如果因纽特人所说是真实的,那几个留在威廉国王岛的人返回了船上,几乎可以肯定的是他们熬过了第四个冬天,然后又离

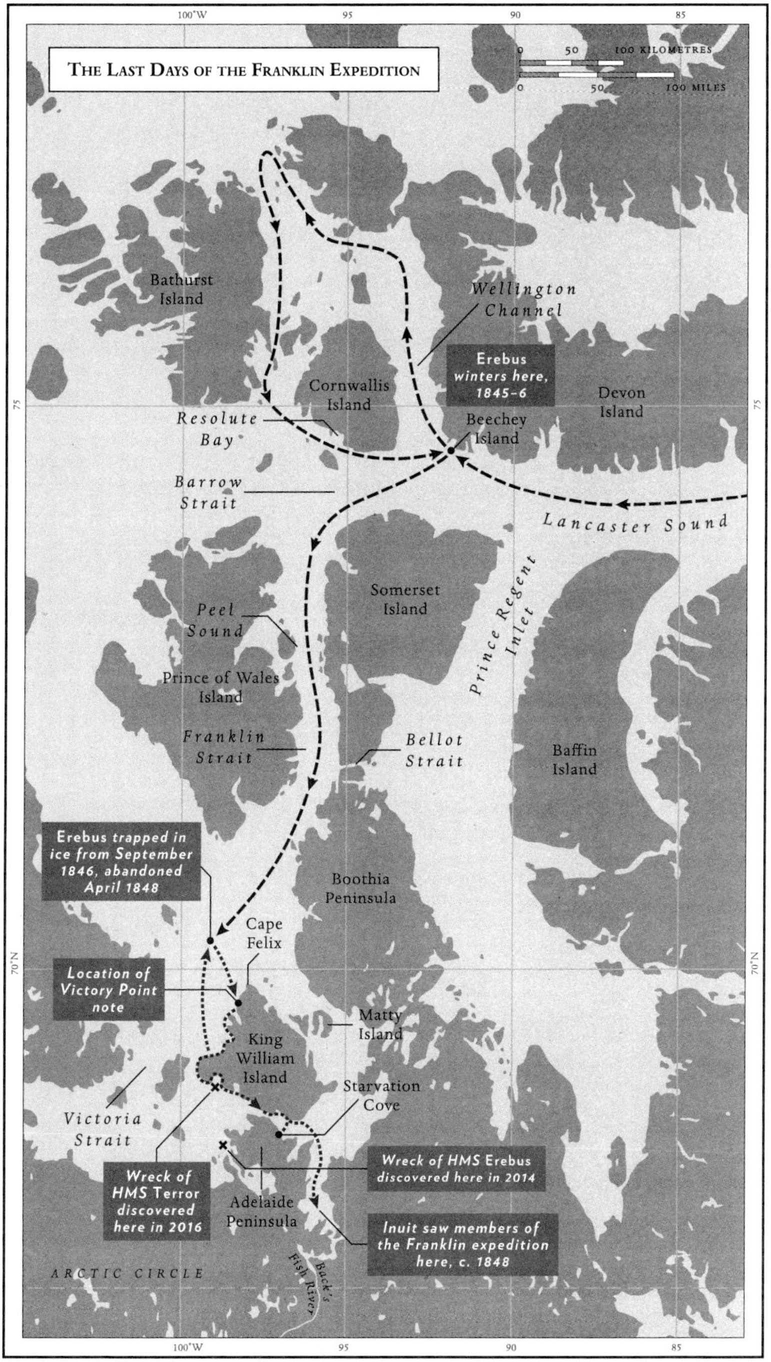

THE LAST DAYS OF THE FRANKLIN EXPEDITION
0 50 100 KILOMETRES
0 50 100 MILES
100°W
95
90
85
75
70°N
Bathurst Island
Wellington Channel
Erebus winters here, 1845–6
Cornwallis Island
Devon Island
Resolute Bay
Beechey Island
Barrow Strait
Lancaster Sound
Somerset Island
Prince Regent Inlet
Peel Sound
Prince of Wales Island
Franklin Strait
Bellot Strait
Baffin Island
Erebus trapped in ice from September 1846, abandoned April 1848
Boothia Peninsula
Cape Felix
Location of Victory Point note
Matty Island
King William Island
Starvation Cove
Victoria Strait
Wreck of HMS Erebus discovered here in 2014
Wreck of HMS Terror discovered here in 2016
Adelaide Peninsula
Inuit saw members of the Franklin expedition here, c. 1848
ARCTIC CIRCLE
Back's Fish River

开了船——根据因纽特人的证言描述——去射杀驯鹿,就再也没有回来。

没有证据表明,到 1850 年年底的时候,富兰克林远征队的 129 名探险者中还有人活着。这意味着,在所有派出的救援行动中,只有最早的那次才有机会挽救他们。

那幽冥号和恐怖号呢?它们,或者说它一直出现在因纽特人故事中;在很多故事中,在威廉国王岛以南的某个地方,海豹猎人在一个叫乌特朱利克的地方看到了一艘船,那是一处"髯海豹聚集地"。因纽特人曾登上船,并告诉查尔斯·霍尔,船上空无一人,只有一具身材高大的白人尸体躺在地板上:"这具尸体肉体完整,也就是说,他的遗体保存完好——需要五个人才能抬动。船上的味道很难闻。"他们详细描述了船内部的情况,以及他们在船上发现的东西,由此可以确定那就是幽冥号或者恐怖号。

故事发展到 1851 年出现了一个奇怪的转折。有人看到了两艘看起来非常像幽冥号和恐怖号的船只在纽芬兰附近的一座冰山上。一艘经过的船只革新号(*Renovation*)看见了它们,但是没有尝试去接近它们。在 20 世纪 20 年代,海军中校鲁伯特·古尔德热衷他所谓的"难以解释的事实",他仔细研究了海军部关于目击事件的报告,并没有完全否定它,而是提出了一些有趣的发现。这两艘船在外观上与幽冥号和恐怖号非常相似,都有平坦的甲板,一艘比另一艘稍微大一些。它们在浮冰上靠得很近,可以推断它们一定来自北极的某个地方,而且它们似乎已被仔细地拆解过。两艘都不是捕鲸船,而且都被遗弃了。古尔德通过研究北极洋流,发现有一股由西向东的逆流,很有可能正是这股逆流把

第十七章 因纽特人说

废弃的船带到了大西洋。根据最近的研究来看，它们不会是富兰克林的船，那么它们又是谁的呢？

幽冥号和恐怖号在他们的船员消失后不久变得不知去向。在因纽特人的族群间，几乎没有发现船只的布料或其他相关的物品。如果它们长时间在海上漂浮的话，它们肯定会被拆得七零八落，但霍尔和施瓦特卡等人都没有发现任何相关的证据。这说明两只船没有长期在水面上，与因纽特人的故事相吻合。根据他们所说其中一艘船被冰层压碎后沉没，而另一艘（很可能是幽冥号）由于本地人去撬木头当柴火的时候造成了船体破损，导致它在一处浅水区沉没，以至于桅杆的顶部仍露出在水面之上。

远征队队员与因纽特人的关系至今仍是个未解之谜。虽然威廉国王岛并没有太多的猎物，但也足以吸引各处的因纽特人前来狩猎。在远征队队员们被困在冰层中的近两年时间里，倘若幽冥号和恐怖号上没有人去寻求因纽特人的帮助是非常不可思议的。他们可以交换食物并收集情报，了解所处的位置以及如何脱困，就好像帕里和詹姆斯·罗斯这样的北极探险家在与当地人打交道方面所做的一样。我们还知道，幽冥号上的一些军官在迪斯科湾曾编纂了一本有关因纽特人常用语的手册，所以他们一定曾试图与因纽特人进行接触过。那么，当1848年他们走上冰面时，为什么看起来还是如此毫无准备呢？富兰克林在1819年至1822年的铜矿河探险中曾因死板地遵守海军命令而遭到过一些人的批评。他是否仍然缺乏灵活性，从而导致他没能充分利用因纽特人的专长呢？

不幸的是，大部分与本地人接触的机会一直都被他们忽视，直到他们真正需要的时候。探险队曾庆幸自己有如此精良的食物和装备，然而却在真正关键的做法上留下了致命一击。他们原以为自己已经万事俱备，却直到最后才幡然悔悟，但是已经为时已晚。当他们离开木制堡垒暴露在这片土地上的时候，他们最需要的就是当地的情报，但那时他们已经奄奄一息。因纽特人肯定也意识到了这一点。这些人的状态一定让他们感到震惊，也可能因此被他们排斥。双方错过互帮互助的时机。

在1880年10月美国地理学会的庆祝晚宴上，施瓦特卡中尉告诉大家，他认为有关富兰克林的相关重要记录被销毁已经是毋庸置疑的事情了，他在著作《漫长的北极搜索》一书中总结，"富兰克林的问题"在"各种关键的地方"都已经得到了解答。伦敦皇家地理学会的秘书赞同他的观点。克莱门茨·马卡姆爵士也认为施瓦特卡的历程是"举世无双的壮举"，他代表英国同胞向他表示敬意，他们将"永远感激这些勇敢的美国人的善举，他们温柔地收集并埋葬了我们英雄的部分遗骨——而我们也很清楚，这项任务需要面对很大的风险和艰辛"。

当初激起搜寻行动的愤慨、受伤的民族自豪感，以及报纸、出版商和读者们对那些恐怖细节的兴趣都已逐渐消退了。这也让人觉得，似乎一切都快结束了。在富兰克林探险队出发35年后，人们一直在努力寻找的原因，就像一直在被努力寻找的幸存者一样，到头不过是一场空。

但有一样东西没有减弱，那就是珍·富兰克林的热情。她也许很不情愿地接受了丈夫就此离去，但从某种程度上说，丈夫的离去使得她更容易挽回他的声誉。范迪门斯地发生的不愉快已经变得无足轻重。关于同类相食的可疑指控已被优雅地搁置一旁。她丈夫年纪太大或太不适合率领这次探险的说法，也已经因为他的悲惨命运而消退。而今她的任务就是让他的名声更长久地被记住。他的遗体也许永远都不会被发现，但她会让他的形象永存在石头和青铜之上。在一些有权有势朋友的帮助下，她成功游说议会投票同意为富兰克林爵士的雕像捐赠2000英镑。这座雕像于1866年在伦敦滑铁卢广场（Waterloo Place）揭幕，竖立在雅典娜俱乐部（Athenaeum Club，富兰克林是该俱乐部创始人之一）精致的外墙旁边。在雕塑家马修·诺布尔的雕琢下，富兰克林爵士昂首挺胸，他的雕像下方刻着"富兰克林"。用现代评论家罗伯特·道格拉斯-费尔赫斯特的话来说："活着的时候，他是一个矮胖、秃顶、中等身材的男人，死后，他变成了一个8英尺（2.5米）的坚毅大汉，矗立在威风的花岗岩底座之上。"

浮雕描绘了他被埋葬在冰天雪地里的情景，他的棺材被一面旗帜半掩着，两旁站着哀悼者。这自然是雕塑家的想象，因为富兰克林的死亡地点和死因仍然是一个未解之谜。下方大理石底座上的铭文也美化了富兰克林的形象。那个曾吃自己靴子的人成了"伟大的北极航海家"，他"和其勇敢的同伴……牺牲了自己的生命，成功发现了西北航道"。

后一种说法从未被正面证实，但珍·富兰克林用母鸟护巢般的凶狠为其辩护。她猛烈抨击了罗伯特·麦克卢尔，因为他声称自己在1853—1854年发现这条通道，是首位发现西北航道的人，尽管是通过雪橇和船发现的。据说，珍还对塔斯马尼亚州霍巴特镇的富兰克林雕像上的铭文感到恼火，因为雕像的铭文写道，富兰克林爵士是"在尝试寻找西北通道中牺牲的"。她愤怒地回应，他何止是尝试，他成功了。

在我看来，最好的纪念碑是矗立在格林威治皇家海军学院教堂入口处由理查德·韦斯特马科特雕刻的大理石浮雕，虽然这处浮雕只是为了纪念军官们。浮雕的两边各有一个人物的侧面。一个代表希望，另一个代表绝望。富兰克林夫人不太喜欢这个没怎么展示胜利反而体现远征残酷现实的作品。正如富兰克林传记作者安德鲁·兰伯特所写的那样，"它远没有达到针对英雄形象的要求。"探险队中仅有的两具遗体被确认并运回英国，而这处浮雕就矗立在其中一处的安息地之上。大理石牌匾上写着："富兰克林的一位同伴的遗体葬于此，他在北极地区遇难。"该尸骸是查尔斯·霍尔发现的，很长一段时间都被误认为是勒韦斯孔特上尉，但现在几乎可以确定是哈利·古德瑟，也就是幽冥号的助理外科医生。可能是因为在当时被认为有点不合时宜，在此后的很长一段时间里，这个引人深思的纪念碑一直都被隐藏在教堂的祭坛后面。

19世纪80年代初，大部分西北航道任务的主要参与者都已经相继离世。除了富兰克林和克罗齐尔，还有约翰·巴罗，他死于1848年，去世时间与他那支烜赫一时的探险队的领袖们死在冰面上的时间差不多。弗朗西斯·蒲福、爱德华·帕里以及富兰克林爵士和詹姆斯·罗斯爵士也都已经去世快20年了。在那些老将里，只有爱德华·萨宾还活着。他92岁了，是当时滑铁卢战争后开始的黄金探险时代的唯一幸存者。

第十七章 因纽特人说

那种伴随着搜索及其各种可怕发现的狂热气氛而今已经逐渐平息。因兰西尔生动画作所引发的惊恐早已不在，取而代之的是一种令人疲倦的宿命接受，更多的是怀旧而非愤怒。1874年，约翰·埃弗里特·米莱在他的画作《西北通道》中流露出了这种新情绪。一位老船长坐在他的办公桌前，眼神忧伤而恍惚，桌上有张摊开的海图。他的女儿坐在地板上，靠在他身旁看航海日志，空出一只手轻轻握着他的手。这是维多利亚时代晚期对富兰克林远征队的描摹。这么说也许有点伤感，但作品确实传达出一种挥之不去的悲伤——那种失去梦想的遗憾。对于精力旺盛的富兰克林夫人来说，丈夫的死讯却给了她前所未有的地位。她成了国际知名人士，她的坚持、忠诚和奉献受到广泛赞扬。尽管她在搜寻工作上花了很多钱，但她还是在肯辛顿戈尔租了一套豪华的房子，皇家地理学会后来也在这条伦敦的街道上设立了总部。她在这里过着时髦的生活，积极开展社交，举办晚宴，密切关注颂词和纪念活动的措辞，以及有关这次探险的书籍的准确性。就像她在丈夫生前所做的一样，在他死后，她继续"管理"着她的丈夫。

1875年7月18日，在珍·富兰克林83岁时最终走到了她的人生终点。她至死都拒绝服用她不信任的药物。其中一则讣告写道："北极之谜是伴随她一生的问题和目的，而她的逝去也许会让她知晓真相，想到这一点，我们内心的遗憾也得以舒缓。"如果她知道弗朗西斯·麦克林托克、理查德·科林森和伊拉斯谟·奥曼尼在葬礼上为她抬灵柩，约瑟夫·胡克和威廉·霍布森也到场致敬，没有什么比这更会让她高兴了。

在她去世两周后，她丈夫的半身像在威斯敏斯特大教堂揭幕，这是她为丈夫争取荣耀的最后一次确定性胜利。这座半身像就位于西门内一处汉白玉壁龛里。

纪念碑上镌刻的题词由富兰克林侄女的丈夫阿尔弗雷德·罗德·丁尼生所写：

> 衣冠冢
> 埋骨之处，北境茫茫
> 但你航海者的英灵，
> 正翻然翱翔，
> 往天堂而行。

这几行字浓缩了各种复杂的情感，而正是这种情感使得富兰克林成为维多利亚时代的精神典范。这是一种永不该在人间而只能在天堂被评价的牺牲精神。一种达到某种崇高境界、超越失败的牺牲。它在悲痛中将整个国家团结在一起，在悲痛中蕴含荣光。

1912 年，同样的情绪也在另一起英雄式的失败中浮现，当时罗伯特·福尔肯·斯科特在从南极返程的途中去世，这也引发了类似的国民创伤。多年后，这种情绪仍萦绕不去。在法国战场上——为国捐躯是美好且正确的（*Dulce et decorum est pro patria mori*）[①]。

[①] 此句曾经常出现在阵亡战士的纪念碑上，后常用于谴责战争。——译者注

第十七章　因纽特人说

在伦敦的滑铁卢广场,第一尊富兰克林雕像的对面竖立的是纪念斯科特船长的纪念碑。他未能找到南极点,而富兰克林也未能成功横渡西北航道。第一个发现极点的人是罗尔德·阿蒙森,第一个从海上横渡西北航道的人也是罗尔德·阿蒙森,伦敦却没有他的纪念碑。

对新近发现的幽冥号的首次潜水调查。

第十八章　重生

20世纪20年代，随着第一次世界大战落幕，全球逐渐恢复了平衡，对于富兰克林及其命运的好奇开始被再次摆上桌面。但正如富兰克林的研究者拉塞尔·波特所解释的那样，"这是一种全新的好奇——并非为了拯救他人或解决什么遗留问题，而是一种对于未知的边缘不安分的试探。"

近代对于富兰克林进行探究的动力与其说是来自英国的民族自豪感，倒不如说是来自加拿大的国民认同感的增强。当富兰克林出发前往西北航道时，加拿大还没有成立。直到1867年，也就是他死后20年，一个殖民地联盟才联合建立了加拿大主权。20世纪初，它已向西扩展至九个省。在第一次世界大战中，许多加拿大人在与盟国一起战斗中牺牲。1920年，他们的牺牲得到了承认，这个年轻的国家被接纳为国际联盟成员国。

富兰克林的命运让许多加拿大人为之着迷。这与他们对遥远而神秘的极北地区的迷恋密不可分。这是一个尚未完全解开的谜团，需要进一步去探寻。拉克兰·伯瓦什是典型代表之一，作为一名政府工作人员，供职于西北地区内政部，协助勘测极北地区大片的土地和岛屿。在威廉国王岛探测时，他从因纽特人那里听说，有人在詹姆斯·罗斯海峡的马蒂岛（Matty Island）发现了一堆木箱，引发了人们的猜测。有人认为曾经可能有一艘船沿着东线经过了威廉国王岛。

20世纪30年代，哈德逊湾公司的威廉·帕迪·吉布森从他所在的约阿港（Gjoa Haven）基地出发，多次造访了背鱼河附近最后一批探险队成员死亡的地点。他小心翼翼地收集并埋葬了散落在地面上的骨头，其中有七个是头骨。

20世纪40年代末，加拿大皇家骑警队的亨利·拉森飞到威廉国王岛，为了减少燃料在恐怖湾附近着陆。之后的几天，他徒步对西部海岸线进行了仔细考察。在菲利克斯角的两块长满青苔的石头之间，他发现了一具颅骨，后来被证实属于一名年轻的白人男子。它比之前被发现的富兰克林探险队所有成员的遗骸位置都要靠北。

轻型飞机和水上飞机充分利用了相对短暂的夏季，扩大了勘探范围。一位名为罗伯特的飞行员在担任西北地区专员期间，成立了富兰克林调查小组。除此之外，根据因纽特人的讲述，曾有一个男人被一群白人（*kabloonas*）带到布西亚半岛，在礼炮中下葬。他们据此跟踪调查了富兰克林埋葬的可能地点。

这一切的努力使得更多更新但有时又相互矛盾的证据出现，不过尚且没有什么新的证据能真正颠覆雷、霍尔和施瓦特卡已有的发现，主要是一些热心的业余爱好者的工作成果。爱好者们只负责发现线索，但不能提供答案。

20世纪80年代初，方法有了本质性的创新，搜索范围更加集中且专业，便有了一些惊人的发现。人类学家欧文·比蒂对威

第十八章 重生

廉国王岛进行深入调查。他常常徒步，仔细而有条理地检查着所有他感兴趣的地方，找出各种证据无声诉说着最后那几个月的恐怖岁月。他发现了带有割痕的股骨，表明存在人吃人的行径，还有一些骨头碎片表明头骨是被人故意打碎的。

正是比蒂对威廉国王岛遗址的细致考察，使他获得了富兰克林整个搜索过程中最轰动的一处发现。1984年，他和他的团队飞往比奇岛，并获得许可挖掘自1846年以来一直埋在那里的三具尸体。他们打开的第一口棺材属于20岁约翰·托林顿，他是恐怖号的一名司炉工。比蒂和约翰·基格在他们的书《冻结的时间》中描述，覆盖在棺材上的腐败蓝色织物散发出一股恶臭，盖子缓缓解开的那一刻，他们头顶笼罩一片黑色的雷云，他们为保护营地而建的壁式帐篷在逐渐暴躁的风中啪啪作响。棺材从永久冻土层中抬出后，人们才发现棺材非常坚固，棺身和盖子都是用红木做的。我很好奇，富兰克林远征队当时带来了多少棺材？他们将这些东西装上船，又怎么可能不影响那盲目乐观的好胜心呢？

根据照片显示，寒冷的环境使约翰·托林顿的尸体非常完好地保存了下来，但这也不由得让人感到不安。这是因为他看起来太年轻了，看起来仿佛昨天才去世一样。他的眼睛一直睁着，从古老的眼窝里凝视着我们，他的嘴唇向后缩着，牙齿露了出来，好像临死前还有话没有说完。比蒂和他的同事阿尔恩·卡尔森用时四小时完成了尸检："整个内部结构完全被冻结了。在采集样本之前，必须先将每个器官解冻。"

接着被打开的坟墓是约翰·哈特内尔的，他是幽冥号的一位一等水兵。棺材埋在地下不到 3 英尺（不足 1 米）的地方，只有托林顿棺材的一半深。比蒂发现一粒从尸体上脱落的衬衫袖口。哈特内尔被冰包裹着，完全看不清他的具体面貌。温水轻轻地淋在冰面上，他的样貌才变得逐渐清晰起来。他看上去比托林顿更怪诞，也更痛苦，面部表情就像狂欢节所戴的面具一样。他的一个眼窝是空洞的，嘴唇也裂开，感觉像是在闷声尖叫中死去。他和托林顿一样，在被重新下葬之前，都被拍下了详尽的照片。这些照片传遍了世界。这是自 1851 年幽冥号官员的银版照片公开之后，人们再次直接看到富兰克林探险队成员的肖像。"早前"的他们自信满满；"后来"的他们令人害怕。

两年后，1986 年，比蒂和他的团队再次回到比奇岛，完成对约翰·哈特内尔遗体的检查工作，并挖出了埋葬在那里的第三具尸体——幽冥号七名皇家海军陆战队队员之一，威廉·布雷恩。他们整整挖了一天一夜才将永久冻土层挖透，露出哈特内尔的棺材。当他们的尸体慢慢裸露出来时，出乎所有人意料的情况出现了。从哈特内尔的胸口到腹部有一个 Y 形的缝合切口，这表明在他死后不久就接受了尸检：可能是船上的医生担心死亡原因和感染扩散的可能性。根据威廉·布雷恩的尸体状况估计，他死时只有 88 磅（40 千克）重。比蒂和基格称其是"名副其实的皮包骨头"。这三个人都是在很早期就去世的，而无论导致他们死亡的原因是什么，都是在他们离开伦敦不到一年的时间内发生的。

比蒂在比奇岛上的工作成果重新开启了关于罐头食品是否是探险队灾祸原因的辩论，尽管这三个成员可能的死亡原因都是肺结核，但每一具尸体的含铅量都是预期值的三到四倍。在岛上，

第十八章 重生

比蒂检查了废弃的罐头堆，发现用于密封锡罐的铅焊料涂得很厚且随意，这表明很有可能是这些多余的铅污染了食物。不过，最近的研究对这一理论提出了质疑，但当时的宣传极大地推动了国际社会对探险队命运的关注。

从20世纪90年代起，大卫·伍德曼就加倍努力地搜索他认为的幽冥号可能藏身的区域。他部署了声呐扫描仪和金属探测器，但因为覆盖区域非常广泛，工作推进得十分困难。他全力以赴也没有换来什么实质性的结果。但是，因为对大片区域进行了检查，也为后续的搜查起到了排除的作用。幽冥号一定就在下面的某个地方。只是我们需要更多的资源、更好的设备以及像当初派出的每一支北极探险队所拥有的决心去找回它。

1994年，加拿大广播公司制作了一部名为《富兰克林神秘失踪事件》(*The Mysterious Franklin Disappearance*)的纪录片，该片记录了一个名叫巴里·兰福德的人在比奇岛上开展的搜索活动。一同参与的还有玛格丽特·阿特伍德和皮埃尔·伯顿，其中玛格丽特·阿特伍德曾为比蒂和基格根据比奇岛的发现所著书籍写过序，皮埃尔·伯顿则是《北极圣杯》(*The Arctic Grail*)的作者。他们的参与证实了富兰克林的命运现在是加拿大的故事——这件事发生在他们的国家，而且很多重要的证词来自他们的因纽特人。

1997年8月，英国和加拿大政府谨慎达成一项重要协议——《英国和加拿大政府关于幽冥号和恐怖号沉船的谅解备忘录》(A Memorandum of Understanding between the Governments of Great Britain and Canada Pertaining to the Shipwrecks HMS *Erebus* and

HMS Terror），推动了这件事的进程。根据协议，"英国，作为沉船的所有人，特此将沉船及其内装物的保管和控制权转让给加拿大政府。"

之后的一项条款进一步界定了所有权问题："若有任何一艘沉船被确定位置和身份时，英国将把从该沉船中打捞上来的一切东西及其内装物转让给加拿大。""但是对皇家海军有重大意义的黄金和文物除外。"而加拿大需要确保任何处理沉船的人都将"虔诚地对待沉船地点或附近发现的任何人类遗骸，并避免将其带出海域"。1999年4月，以因纽特人为主的领地建立，强调了人们对他们在这一事件中所起作用的日益关注和尊重。从那时起，富兰克林的墓地就不再属于西北地区，而是位于努纳武特地区。

在这种所有权转移的激励下，搜索富兰克林的步伐在千禧年前后加快了速度。在20世纪90年代中期到2008年间，共有21支探险队前往北方，大多数都是私人资助的。其中包括大卫·伍德曼和汤姆·葛罗斯的雪橇或雪地摩托探险队、爱尔兰和加拿大组建的纪录片团队以及由美国运通赞助的探险队，他们喊着"梦想万岁"的口号，重走富兰克林当年的路线。

2008年，搜索行动出现了巨大的飞跃。俄罗斯人在此前一年对北极表现出了一些兴趣，惊动了海军部。俄罗斯科考人员把一面钛合金制俄罗斯国旗插在了北极点的洋底。这一举动引起了极大的关注。它高调地表明俄罗斯对北极海域主张主权的意图，并受到了加拿大保守党总理斯蒂芬·哈珀的强烈回应。哈珀明确表示，北极主权是最优先考虑的事项："加拿大有权力捍卫自己对北极的主权；我们也必须充分利用好它。"但实际情况要复杂得多。

第十八章 重生

理论上，每个邻国都有 12 海里的近海控制区域。除此之外，这片海域是国际性的，这意味着兰开斯特海峡和巴罗海峡之间足够宽广，可以有一条国际水路穿行其中，而不单单是加拿大水道。随着北极变暖，西北航道的无冰时间可能会更长，这使其成为大西洋—太平洋运输的一个非常有吸引力的选择，对于一些运营商来说，这条航线比巴拿马运河航线短 10 天。

哈珀仍在继续推进，除了提出加拿大对北极海底的所有权要求外，他还宣布计划建立 8 艘北极海上巡逻船，并质疑美国声称从波弗特海（Beaufort Sea）到巴芬湾的 950 英里（1500 千米）西北通道是国际水道。为了传达这一想法，哈珀每年夏天都要去遥远的北方访问几天，并给当地带去一些好处，比如投资修建新机场或新公路。

北极相关敏感问题所带来的一个附带收获是加拿大公园管理局获得了公共资金，资助由政府支持搜索富兰克林船只下落的行动。自 1992 年以来，这片可能存在幽冥号和恐怖号遗骸的地区一直是国家历史遗迹，现在是时候找出它们的确切位置了。

第一支探险队由罗伯特·加尼尔和瑞恩·哈里斯率领，因纽特历史学家路易·卡姆卡可担任顾问，通过 2008 年短暂的夏季窗口期向北考察。最终确定了几处可能会有所收获的地点。第二年，搜索工作没有获得资助。2010 年，加拿大公园管理局的一个团队在更偏西位置，即班克斯岛附近的梅西湾发现一艘沉船，但它既不是幽冥号，也不是恐怖号，而是皇家海军的调查者号，当时它被派出寻找富兰克林一行人，后来被麦克卢尔船长遗弃在冰面上。

同年，两位千万富翁慈善家——开发黑莓的公司创始人兼首席执行官吉姆·贝尔斯利和企业家蒂姆·麦克唐纳加入搜索的行列。他们宣布开启北极研究基金会计划，并准备了一艘专门为搜索而设计的船——马丁·伯格曼号（*Martin Bergmann*），以纪念在 2011 年去世，享年 55 岁的加拿大科学家和海洋生物学家。

　　在接下来的三年，加拿大公园管理局的考古学家们再次回到了这片地区，但恶劣的天气、缺少合适的海图使得在如此广阔的海域进行精确的搜寻十分困难，也愈发让人感到沮丧。2014 年的夏天，天气预计良好，加拿大政府投入大量资金组建了 2014 年维多利亚海峡探险团队。加拿大海军、海岸警卫队、冰区营运局、水道测绘局甚至航天局都参与其中协助搜索。

　　一支无敌舰队诞生了。这不禁让人想起了 19 世纪 50 年代的各种伟大搜索，这次还配备了 21 世纪的高科技设备。强大的加拿大海岸警卫队破冰船威尔弗里德·劳雷尔号（*Sir Wilfrid Laurier*）携带两个自航水下机器人，其中一个是 7½ 英尺（2.3 米）长的被称为 AUV（自主水下航行器）的淡黄色水下航行器，其配备的声呐设备非常先进，只不过以前从未测试过。为了体现历史的延续性，加拿大公园管理局派出了一艘较小的辅助船也被命名为调查者号。与 19 世纪 50 年代的调查者号不同，这一次它将成为幸运儿。

　　尽管最初的天气预测很乐观，但实际情况却并未如愿。维多利亚海峡完全被冰覆盖，这种规模是近五年来从未出现过的，一些船不得不被限制在毛德皇后湾（Queen Maud Gulf）附近——那里位于既定搜索区域以南，至少没有结冰。

第十八章 重生

参与搜索的考古学家道格·斯滕顿充分利用被迫改变后的计划，围绕阿德莱德半岛海岸附近的威尔莫特湾和克兰普顿湾周围一些面积不大且稀疏的岛屿进行了勘察。他的计划是找到一个好位置放置 GPS 接收卫星信号，以便显示水深，有利于判断棘手的浅水道的适航性。他注意到有一个岛上有被遗弃的、因纽特人的环形帐篷的迹象，于是下令海岸警卫队飞行员安德鲁·斯特林降落，以便近距离观察。当斯滕顿拍照和测量时，斯特林便沿着海岸漫步，消磨时间。突然他看到一个生锈的金属物半裸露在沙子外面一下子愣住了。尽管他是飞行员，但他十分了解考古学，心中自是有了几分判断。

他看到的是一块已生锈的 U 形铁，又长又重。他叫斯滕顿来看。这位经验丰富的考古学家既困惑又激动。拍完照片后，他接过金属物仔细检查，发现了他要找的东西——代表皇家海军财产的特制宽箭头标记。斯特林又在附近发现了一块风化的木头，上面嵌着一颗生锈的钉子。种种迹象表明，这金属物是来自某重要装置的碎片，不是小船、雪橇或营地的组件，是来自船上的甲板，一艘古老的船的甲板。他们一回到船上，威尔弗里德·劳雷尔号的考古学家乔纳森·穆尔就在电脑上研究起来。他找到了富兰克林所在船的详细图纸，和我在伍尔维奇的国家海事博物馆看到的一模一样。大约半个小时后，他确定斯特林在海滩上发现的与其中一艘失事船只上的构成物相吻合——是一个吊艇柱的舵栓，一种用来把小船从母船的一侧升起和放下的装置。

当天晚上，威尔弗里德·劳雷尔号上的每个人都兴奋不已，不仅是因为发现了金属物本身，还因为在特定地点找到这个特殊设备所具有的意义。舵栓太重了，不可能飘得太远，也不会被风吹走。由此可以判断，不管它来自哪里，那艘船肯定就在附近，而且可能非常近。

果然没有等多久。9月1日发现了舵栓，9月2日随着搜索区域迅速调整，海上"割草式搜索"这项艰巨的任务再次开始了，声呐图像显示，他们的判断是正确的。在他们下方36英尺（10米）的地方有一艘船，直挺挺地立在海底。

9月7日，一个配有照相机的水下机器人（ROV）下水后，才最终确认这一发现。当时，海面波涛汹涌，能见度越来越低。威尔弗里德·劳雷尔号的人神经一直紧绷，直到第一个视频特写镜头清晰地说明了海底的这艘沉船确实是富兰克林船队的其中一艘，虽然船尾断裂，但除此之外它看起来就像初次下水时一样。威尔弗里德·劳雷尔号的船长比尔·努恩激动地流下眼泪。他原以为是维多利亚海峡的冰层让他们远离了探索区，但事实恰恰相反。"有人在推着我们寻找答案。"他说，"有人等了太久了，想要我们解开这个谜。"

一个谜团被解开，随之又出现许多其他谜团。船漂流的距离比任何人想象的都要远，当然，除了因纽特人，因为他们一直都是对的。它怎么会跑到乌特朱利克这么远的南方？它是往南航行还是被冰带到了那里？船上的人是否一直坚持到最后，还是当它到这里时，早已被遗弃？还有一些令人感兴趣的问题。哪些物品可能还在船上？冰冷的北极海水能否完好地保存它们？而其中最令人焦急的是，如果它是幽冥号，是否意味着考古学家有一天可能会找约翰·富兰克林爵士的遗体？富兰克林是不是并没有像因纽特人所说的那样埋在布西亚半岛，而是躺在他的船舱深处的棺材里，等待着永远不会发生的返程？

2014年9月9日，在渥太华举行的一场新闻发布会上，哈珀总理向全世界宣布，发现了富兰克林的一艘船。又经过几天，水下考古学家们多次下潜后，终于毫无疑问地确认被发现的不仅是富兰克林的船，还有詹姆斯·克拉克·罗斯、乔治·海伊和菲利普·布洛克的船。

所有曾经为它服役的人早已离世，但随着加拿大和世界各地人们的努力，幽冥号重生了。

诺森伯兰小屋废墟。这里是 19 世纪 50 年代为富兰克林建造的避难所，那时候绝望中的人们都希望他还活着。

尾声　重返西北航道

> 啊，哪怕只有一次，我也要去西北航道
> 看着富兰克林的手伸向波弗特海
> 顺着温暖的航线穿过广袤的荒土
> 开辟一条通往大海的西北航道。

在加拿大摄政王湾，一艘经过抗冰加固的俄罗斯勘测船谢尔盖·瓦维洛夫号上，我在船上的酒吧里纵情地唱着这首斯坦·罗杰斯的经典歌曲。2017年8月，已是午夜，太阳仍未落入地平线下，金色的光芒透过厚厚玻璃窗依旧刺眼。第二天我们要穿过贝洛特海峡，进入皮尔海峡，那里已经非常接近富兰克林故事的核心地带。船上95名富兰克林粉丝兴奋无比，一些人在拉塞尔·波特的吉他伴奏下，和我一起唱着歌。他们趁着北极这个短暂的夏季窗口期，想亲自目睹曾在书上见过的地标，感受富兰克林和他的伙伴们曾经历过的，期望能对这场灾难和荣耀更多一些了解。

能参加这次旅行我觉得十分幸运。这里是西北航道，尽管现代技术有了诸多进步，但受制于恶劣的气候条件，大部分的游船都只能在 8—9 月这段时间内通航。人们对富兰克林的一切都很痴迷，这些船提前一年就已经被预订满。极地探险公司 One Ocean Expeditions 听说我对幽冥号的兴趣，竭尽全力将我塞上了这艘船。"塞"是最关键的一个词，因为他们唯一能找到的空闲角落就是无人居住的驾驶舱。驾驶舱非常小，而且浴室里的淋浴要半天才能淋湿全身，但好在它所处位置很高，在六层甲板上，位于船桥和酒吧之间。

> 从戴维斯海峡往西走，据说就是那儿
> 通往东方的海路，很多人为此死去，
> 寻找宝藏与荣耀，风霜里，无踪迹。
> 无人问津的孤独石堆。
> 啊，哪怕只有一次，我也要去西北航道。

五天之前，我在 35000 英尺（10000 米）高空看到了戴维斯海峡。离开希思罗机场三个半小时后，我有幸看到了格陵兰海岸的壮伟景色（我喜欢靠窗的座位），其他人都在盯着屏幕看电影或小憩，但我的目光却难以从这个异常雄伟的岛屿上移开。我们飞驰而过，穿过迪斯科湾以南不远的东海岸。曾经，富兰克林在那里和他的手下开玩笑，给家里写了最后一封信，还打了鸭子，计划着一年后在俄罗斯见面。

从埃德蒙顿（Edmonton）转机前往耶洛奈夫（Yellowknife）和雷索卢特湾（Resolute Bay）时，航班有更多的靠窗座位，飞机尾翼上有一只北极熊的图案。草原、农舍和星罗棋布的林地被湖泊和森林所取代。在耶洛奈夫附近，可以看到火灾季节留下的痕迹。在去雷索卢特湾的最后阶段，树木消失了，我们飞过了一片似乎无穷无尽、令人生畏的荒凉苔原。冰川槽——冰川作用在岩石上留下的沟槽——绵延数百英里，其间点缀着冰湖。那是一片坚硬、空旷的土地，被恰当地称为"荒原"。

离开伦敦还不到36小时，我们就在雷索卢特湾登陆了。我来到了康沃利斯岛，幽冥号和恐怖号最早就是在这被发现的。我所乘坐的船谢尔盖·瓦维洛夫号非常坚固结实，外形也不太光滑——这些特质让我不禁联想到幽冥号。和幽冥号一样，它的船头也为了极地工作专门改造加强；它建造之初也是为了其他目的，没有人确切知道具体是什么，可能是某种准军事类的情报收集。尽管苏联在瓦维洛夫号建成后一年就解体了，但这艘船还是保留了一些昔日的痕迹。船上有41名强壮的俄罗斯船员，负责维持船只的运转，除了带领我们乘坐卓达牌橡皮艇以及到海岸接送我们外，很少见到他们的身影。船长的名字叫贝鲁格（与我们期望看到的鲸拼写相同）。他看起来很冷漠。除了管理和维护这艘船的人，船上还有22名"工作人员"，包括厨师和女服务员，像塔蒂亚娜和玛利亚这些可爱的人会帮我们把衣服拿去洗，然后再在第二天早上把衣服熨好送回。塔蒂亚娜似乎误以为我是一个著名的电影明星，但又觉得狭窄的船舱和一头凌乱的头发与这一身份并不相符。我不敢告诉她，不敢告诉玛利亚或贝鲁格上尉，也不敢告诉任何俄罗斯人，我最近演过《斯大林之死》中的维亚切斯拉夫·莫洛托夫（Vyacheslav Molotov）。

上船的前几天，我们接到了各种让人毛骨悚然的警告。北极熊会杀人，不过攻击群体的可能性要小于攻击个体；它们有很强的嗅觉，如果它们饿了，它们能跑得比马还快；任何时候都要跟紧你的导游，不要像富兰克林那样乱跑；进出登陆艇时要格外小心；在导游准备好之前不要乱动；最重要的是，上岸后不要碰任何东西。在我目光所及之处都是一些没有植被的平顶岩石堆，似乎也没什么东西可以碰。

这些警告让人更加紧张，也在警醒我们所处位置的非比寻常——这里深入北极圈数百英里，已然是西北航道的中心地带。

凌晨 4 点左右。我从混乱的梦中醒来——因为时差的缘故没睡多久——但太阳却已经升起来了。我看了看地图，发现我们正行驶在巴罗海峡，那是西北通道的一条重要航道。早餐时间，我们就离开了比奇岛，那里给我一种很奇怪的熟悉感。

一道黑色岩石峭壁笔直地高耸着，由此形成的海岸线环绕着整个海湾，那里是幽冥号和恐怖号在离开英国后第一个冬天的藏身之处。我们到这里时正值盛夏，但刺骨的寒风依然高达每小时30 海里，足以将整个海面撕裂开，也因此延误了当天的登陆时机。第二天早上，海浪平息了下来，我乘坐第一批卓达牌橡皮艇上岸。这些小艇通常一次能载十几个人，但这天的第一艘小艇只有我们六个人。除了拉塞尔·波特和我之外，还有四个带着步枪的向导，他们的任务是在这一带放哨，主要提防北极熊。

拉塞尔和我无比庆幸能够在一大早安静地参观这里。海滩的一端散落着诺森伯兰小屋（Northumberland House）的遗迹，那是 1852 年由贝尔彻船长率领的、派去寻找富兰克林的远征队北极星号（North Star）的船员们建造的。建造这个小屋的目的是万一富兰克林的船员们回来,能为他们提供住处和补给。现在它已成一片废墟,依稀可见部分木隔板和几根柱子挺立着,周围断断续续还有几道坚固的石墙。到处都是木板和生锈的桶箍,还有压在石灰石瓦片上的铁罐。附近有来自约翰·罗斯爵士搜寻幸运者时所乘坐的玛丽号上的一根桅杆和一些木板。我和拉塞尔小心翼翼地在现场徘徊,靴子踩在布满碎石的海滩上嘎吱作响。此刻我终于明白为什么我们被警告不要移动任何我们看到的东西。这些在希望中建造的小据点遗迹虽然凌乱不堪,但那是一种自然的混乱。它们建造之初是为了遮风挡雨,而大自然却正在慢慢地把它们回收。这是一种活生生的历史。时间和破败正在执行任务,我们不应该去打扰它们。

我们走向那几个坟墓。它们看起来很不起眼:坚硬的地面上露出三个低矮的小丘,每个小丘上都有一堆较大的石头,重得足以保护尸体免受食肉动物的破坏,但也未能赋予它们任何庄严或高贵的气质。我想到遍布世界各地的富兰克林半身像和雕像,再看看眼下这些粗糙的石堆,它们是威廉·布雷恩、约翰·托林顿和约翰·哈特内尔三人唯一的纪念碑。故乡的纪念碑使我们得以了解约翰·富兰克林壮年时的模样;这片海滩上的挖掘成果使得我们知道了威廉·布雷恩、约翰·托林顿和约翰·哈特内尔死时的景象。

荣耀与灾难并存。

我很高兴有时间在人群到来之前可以向探险队的遇难者致敬。站在那里,我想象着他们的船只有时屹立在海湾中,被长长的、寂静的海岸线包围着;想象着他们的尸体被安置在船里带上岸，入土为安。墓地可能是提前挖好的（有些挖得相对更深一些），在永久冻土层中挖出两倍于棺材的深度是一项艰巨的工作。富兰克林爵士会进行祷告，也许还会发表自己的演讲——大概就是这样了。我还有一些疑问，为什么他们没有被葬在海里？为什么这三个人这么早就死了，而且相隔只有几周时间？我向外望去，那里是以幽冥号和恐怖号命名的海湾，是一片在极区和它的名字一样荒凉和孤寂的地方。现在聚集了更多的浮冰，比我们刚到时多得多。再过几周，这片毫无特色的灰褐色将全变成白茫茫的一片，仿佛是为尸体盖上一张白色床单。我不知道托林顿、布雷恩和哈特内尔什么时候会最终腐烂，但可以肯定的是，一定是在我之后的很长一段时间。

> 啊，哪怕只有一次，我也愿意走西北航道
> 发现富兰克林的手伸向波弗特海。

回到瓦维洛夫号，穿过兰开斯特海峡，来到利奥波德王子岛（Prince Leopold Island）的陡峭悬崖。这里的一切都让人觉得自己很渺小。转乘橡皮艇后，我们停靠在了露出海面的高耸岩石的底部。这里栖息着成千上万的鸟类：海鸠、暴雪鹱、三趾鸥、青海鸥，它们俯冲到富饶的水面上觅食时，不断地发出尖叫声。但有时，它们就没那么幸运了。我们曾亲眼目睹一只正在游泳的北极熊在水中捕杀一只海鸠的过程。事实上，我们看到太多次北极熊，以至于北极熊的常驻解说员马丁·奥巴德不得不在又发现北极熊的时候，取消关于北极熊的重复解说。

尾声　重返西北航道

我喜欢在下午晚些时候回到瓦维洛夫号，这样可以做点准备工作。我坐在驾驶舱靠窗的小桌旁，有时写写笔记，有时看看书。根据我所记得的《伦敦新闻画报》的那篇文章来看，我的舱室只比菲茨詹姆斯上尉在幽冥号上的舱室小一点点。

晚上，我会久久地望着窗外。在永恒的北极黄昏的玫瑰色余晖中，窗外的景色显得分外宁静，摄政王湾的水面随着我们的经过微微泛起涟漪。

唱完歌的第二天早上，排队吃早餐的人们都充满了期待，因为我们被批准可以通过贝洛特海峡，再回到富兰克林在半岛西侧的路线上。天气预期也很吉利。风速零级，贝洛特海峡也没有危险。但是青春热情、富有感染力的探险队队长鲍里斯看起来却不像平时那么高兴。他让我看一下每天早晨贴在餐厅外面的冰图。在维多利亚海峡那里有一大片红色的斑点，把整个威廉国王岛都包围了起来。红色代表厚度最强、最坚不可摧的冰层，怪不得他看起来不太高兴。但我们最想去的是沉船地点，所以我们按照计划一定要穿过海峡，看看我们在对岸能够有什么发现。毕竟，情况随时可能会发生变化。虽然目前一切都很顺利，但是周围一点风没有，这可能要成为我们的障碍，因为没有风，冰层就不会移动。

贝洛特海峡是一条狭窄但非常重要的海峡，有强烈的潮汐流，船长必须确保航行安全。我们穿过冰川时领略到了令人难忘的冰川景色。富兰克林当初对该海峡一无所知。直到1852年，法国探险家约瑟夫·雷内·贝洛特发现了这里，他在帮助寻找富兰克林的过程中坠入破碎的冰层不幸去世。如果富兰克林知道这处海峡，他就会有另一个选择，既能来往于皮尔海峡，也能让队员免遭不幸。

当鲍里斯指出贝洛特海峡的南岸就是美洲大陆的最北端时，我异常兴奋。这可真了不起：我正在手捧着一杯咖啡，沿着美洲的最北端巡航。我之前还曾去过好望角的最南端，现在我可以骄傲地说美洲大陆的两端我都来过了。

没过多久，我们进入皮尔海峡。情况看起来有些不妙——除了沿着海岸的一小片开阔水域外，冰面一直延伸到隐约可见的威尔士亲王岛周围。气温明显下降了很多。就像当初幽冥号和恐怖号被围困并在那里滞留多年时一样，我们在同一个地方遇到了相似的冰层。

全球变暖的话题已经被人们讨论了很久，我本以为情况会变得有所不同，不会再遇到冰层造成的问题了。我向另一位常驻解说员马克·纳塔尔请教气候变暖浮冰却依然不减的原因。他告诉我，现在普遍的观点是，北极的全球变暖在1999年跨过了一个临界点。从那时起，全球变暖不再是一种暂时的、反复无常的现象。例如，最近几年里，西格陵兰岛的滑雪和狩猎季节已经从12月至次年6月缩减为3月至6月。然而，事情并没有表面那么简单。由于气温上升，冰川崩解的速度加快导致更多而不是更少的浮冰出现。在北极群岛有很多海湾和小海峡，浮冰很可能被困在那里，出现这种情况时，人们所面临的困境就与富兰克林时代没有太大的不同了。

掉头沿着贝洛特海峡向安全的东岸保护区驶去时，我觉得自己被骗了——错过了看到富兰克林探险队队员逐渐崩溃的地点的机会，我非常难过。但我所看到的这一切，足以强化我对他们以及他们所面对的自然力量的敬畏之情。

希望有一天，如果上帝允许的话，我能再次回到西北航道，这次我要穿上水肺潜水服，亲自去看看我心底的那艘船。

> 沿着温暖的航线穿过广袤的荒土
> 开辟一条通往大海的西北航道。

附录　事件年表

1815 年，滑铁卢战役之后，拿破仑战争结束。

1818 年，约翰·罗斯探险队在寻找西北通道时返航，错误地将云层看成了"克罗克山"。

1819—1820 年，威廉·爱德华·帕里带领两艘船，赫克拉号和格力珀号，通过兰开斯特湾到达梅尔维尔岛。

1819—1822 年，约翰·富兰克林近乎灾难性的北极探险历程给他赢得了"敢于吃自己靴子的勇士"的绰号。

1826 年，幽冥号在彭布罗克码头完工。

1828—1829 年，幽冥号在乔治·海伊中校的指挥下在地中海巡逻。

1829—1830 年，幽冥号在菲利普·布洛克中校的指挥下继续在地中海巡逻。

1829—1833 年，约翰·罗斯进行第二次北极探险。1831 年 6 月 1 日，詹姆斯·克拉克·罗斯到达北极点，但他和他叔叔被困在那里几乎饿死，最后被一艘捕鲸船救回。

1839 年，为了詹姆斯·克拉克·罗斯的南极探险，整修幽冥号，和恐怖号一同起航。

1840年，幽冥号到达范迪门斯地，约翰·富兰克林爵士正在那里任职副总督。11月12日起航前往南极。

1841年，幽冥号穿越南极圈（1月1日），然后沿着南极大屏障航行，在返回范迪门斯地岛（4月6日）之前，它创下了船只到达最南处的纪录。

1842年，詹姆斯·克拉克·罗斯第二次前往南极考察，并在2月23日到达西经161°南纬78°9′30″，最后抵达福克兰群岛。罗斯的第三次南极考察于12月17日起航，但却因厚重的冰层而被迫返航。

1843年，幽冥号途经阿森松岛和里约热内卢返回英格兰。9月7日抵达伍尔维奇。詹姆斯·克拉克·罗斯被授予爵位。

1845年，为约翰·富兰克林爵士的北极探险专门改装幽冥号。5月19日和恐怖号一同从格林希特起航。最后一次出现是在7月末穿过巴芬湾。

1845—1846年，幽冥号在比奇岛附近过冬，三名船员在那里死去并被埋葬（1846年1—4月）。

1846年，幽冥号被困在威廉国王岛附近的冰层上（9月12日），船员们一直在船上直到1848年。

1847年，胜利角笔记确认了"一切顺利"（5月28日）。约翰·富兰克林爵士去世（6月11日）。

1847—1848年，英国派出三支救援探险队，其中一支由詹姆斯·克拉克·罗斯爵士率领，但最终都一无所获。更多的救援活动陆续展开。

1848年，幽冥号被遗弃（4月22日）。4月25日的胜利角笔记证实有 24 人死亡，幸存者将出发前往背鱼河。这些人后来分开了，有一些人又回到了船上。

1854 年，约翰·雷在考察北极海岸时从当地因纽特人那里得知，截至 1850 年年底，富兰克林探险队的所有成员都已死亡。

1859 年，狐狸号的威廉·霍布森上尉发现胜利角笔记。

1866 年，约翰·富兰克林爵士雕像在伦敦滑铁卢广场揭幕。

1984 年，约翰·托林顿和约翰·哈特内尔的尸体在比奇岛被挖掘。

2014 年，幽冥号沉船被发现。

2016 年，恐怖号沉船被发现。

致　谢

　　幽冥号的故事与它的姊妹船恐怖号密切相关。令人惊讶的是，2016年9月3日，恐怖号在距离幽冥号沉没地点以北不到50英里（80千米）的地方被发现。它位于79英尺（24米）深的海底，状况良好。船沉的位置在一个叫恐怖湾的地方。搭载富兰克林远征队的两艘船现在都可以进行勘测，这确实让人们兴奋不已。我确信，目前还没有打捞这两艘船的具体计划，海洋考古学家会优先考虑打捞幽冥号，因为它所处的位置更浅，也更容易受到侵蚀。虽然恐怖号是由北极研究基金会发现的，但目前由加拿大公园管理局来负责两艘沉船的修复工作。

　　我觉得这里可以开始列出我的感谢清单了。加拿大公园管理局的瑞恩·哈里斯和乔纳森·穆尔给了我很大的帮助，让我得以了解两艘沉船的发现过程和工作进展。

　　从项目一开始，约翰·基格就给予我极大的鼓励和支持。在此，我要特别感谢拉塞尔·波特，感谢他提供有关北极网站的最新进展，感谢他帮我校对文本，感谢他在整个冒险过程中的一路陪伴。马修·贝茨慷慨而不遗余力地回答了我那些无休止的关于船的技术细节和船上生活的疑问。玛丽·威廉姆森，富兰克林侄女的曾曾孙女，给我寄来了一组珍贵的家庭信件和其他细节。还要感谢幽冥号的极地专家詹姆斯·里德的曾曾孙里克·布罗斯。伦敦国家海事博物馆的克莱尔·沃里尔和杰里米·米歇尔花了大量宝贵的时间为我们提供建议，剑桥斯科特极地研究所的赛琳·皮卡德和朱利安·道德斯韦尔也提供了很多帮助。安在她的小屋热情地招待了我，并向我提供了大量的资料，后来还定期给我写信补充其他信息。基思·米勒为我提供了非常有用的最新情报。我非常感谢贝卡·哈里斯、萨维奇、莱尼·沙普顿、安德鲁·吉姆森、琳达·戴维斯、亨利·贝克尔和鲍勃·克拉克的鼓励和热情，他们的曾曾祖父亨利·汤姆斯曾经和利奥波德·麦克林托克一起乘坐狐狸号。皇家地理学会图书馆、雅典娜俱乐部、皇家植物园和邱园国家档案馆的工作人员也都一直在提供帮助。

我还必须感谢以下人员，他们花费了大量时间和精力来分享他们的知识和热情，同时为我挖掘出很多重要的信息：彭布罗克造船厂的约翰·埃文斯和泰德·戈达；霍巴特镇的艾莉森·亚历山大、罗娜·霍林斯沃思安娜·雅各布斯、伊恩·特里和大卫·欧文；福克兰群岛的艾莉森·巴顿、梅兰妮·吉尔丁、琼·斯普鲁奇和坦西·毕晓普；斯特罗姆内斯的诺曼·希勒；还有 2017 年 8 月，西北航道之行谢尔盖·瓦维洛夫院士号的船长、船员、讲解员、旅游组织者和其他乘客。非常感谢我办公室的史蒂夫·阿博特、保罗·伯德和米米·罗宾逊，在他们的指导下我读完了许多书，不过我这本书和那些书都不一样。

路易·卡姆卡可的名字在我为这本书所做的研究中反复出现，但令我深感遗憾的是，我未能见到他。这位因纽特历史学家于 2018 年 3 月去世，享年 58 岁。他一直非常渴望找到富兰克林的墓，时间无情流逝，对他来说是一个巨大的悲哀。但他不会被遗忘。每一个对富兰克林探险队的命运感到好奇的人都要感谢他执着而深入的研究。

最后，我要非常感谢企鹅兰登书屋的苏珊·桑多鼓励我写这本书，还要感谢我的编辑奈杰尔·威尔考森，感谢他在我们共同经历的漫长旅程中一直如此细心、周密、热情和富有同理心地对我进行督促。

重要的是我还借鉴了很多以前发表过文章的作者和研究人员的辛勤工作。我无法亲自感谢其中每一个人，有些已经不在人世了，但我对他们所有人表示谦卑和衷心的感谢，没有他们的出色工作，我不可能开启这本书，更不用说完成它。

参考书目

Alison Alexander: *The Ambitions of Jane Franklin: Victorian Lady Adventurer*, Allen & Unwin, 2013

William Battersby: *James Fitzjames: The Mystery Man of the Franklin Expedition*, Dundurn, 2010

Owen Beattie and John Geiger: *Frozen in Time: The Fate of the Franklin Expedition*, Bloomsbury, 2004

Captain Richard Campbell, RN (ed.): *The Journal of Sergeant William K. Cunningham, R.M. of HMS Terror*, Hakluyt Society, 2009; https://www. hakluyt. com/PDF/Campbell_Part1_Introduction.pdf

Scott Cookman: *Ice Blink: The Tragic Fate of Sir John Franklin's Lost Polar Expedition*, Wiley, 2001

Richard J. Cyriax: *Sir John Franklin's Last Arctic Expedition*, Arctic Press, 1997 [1939]

J. E. Davis: *A Letter from the Antarctic*, W. Clowes, 1901

Ernest S. Dodge: *The Polar Rosses*, Faber & Faber, 1973

J. C. Drummond et al.: *Historic Tinned Foods*, Publication no. 85, International Tin Development and Research Council, 1939

Jim Endersby: *Imperial Nature: Joseph Hooker and the Practices of Victorian Science*, University of Chicago Press, 2008

Fergus Fleming: *Barrow's Boys*, Granta Books, 2001

John Geiger and Alanna Mitchell: *Franklin's Lost Ship*, HarperCollins, 2017

Barry Gough: *The Falkland Islands/Malvinas: The Contest for Empire in the*

参考书目

South Atlantic, Athlone Press, 1992
Pat Griggs: *Joseph Hooker: Botanical Trailblazer*, Royal Botanic Gardens, 2011
Alice Jane Hamilton: *Finding John Rae*, Ronsdale Press, 2017
Joseph Hooker: Correspondence Project, Royal Botanic Gardens, Kew; http://jdhooker.kew.org/p/jdh
Dean King with John B. Hattendorf and J. Worth Estes: *A Sea of Words: A Lexicon and Companion for Patrick O'Brian Seafaring Tales*, Henry Holt, 1995
Andrew Lambert: *Franklin: Tragic Hero of Polar Navigation*, Faber & Faber, 2010
Brian Lavery: *Royal Tars*, Conway, 2010
Robert McCormick: *Voyages of Discovery in the Arctic and Antarctic Seas, and Round The World*, vols 1 and 2, Cambridge University Press, 2014 [1884]
Ken McGoogan: *Fatal Passage*, Bantam, 2002
Granville Allen Mawer: *South by Northwest*, Wakefield Press, 2006
E. A. (Ted) Michener: *Ice in the Rigging*, Maritime Museum of Tasmania, 2015
Mrs Stuart Peters: *The History of Pembroke Dock*, Elliot Stock, 1905
Russell A. Potter: *Finding Franklin: The Untold Story of a 165 Year Search*, McGill-Queen's University Press, 2016
James Clark Ross: *Voyage of Discovery and Research in the Southern and Antarctic Regions*, vols 1 and 2, Cambridge University Press, 2011 [1847]
John Ross, *Narrative of a Second Voyage in Search of a North-west Passage and of a Residence in the Arctic Regions*, A. M. Webster, 1835.
M. J. Ross: *Polar Pioneers: John Ross and James Clark Ross*, McGill-Queen's University Press, 1994
M. J. Ross: *Ross in the Antarctic*, Caedmon of Whitby, 1982
Ann Savours: *The Search for the North West Passage*, St Martin's Press, 2007
Michael Smith: *Captain Francis Crozier: Last Man Standing?*, The Collins Press, 2014
Tony Soper: *Antarctica*, Bradt Travel Guides, 2013
Tony Soper: *The Northwest Passage*, Bradt Travel Guides, 2012
Barbara Tomlinson: *Commemorating the Seafarer: Monuments, Memorials and*

Memory, Boydell Press, 2015

Hugh N. Wallace: *The Navy, The Company and Richard King*, McGill-Queen's University Press, 1980

Chris Ware: *The Bomb Vessel*, Conway Maritime Press, 1994

Paul Watson: *Ice Ghosts: The Epic Hunt for the Lost Franklin Expedition*, W. W. Norton, 2018

David C. Woodman: *Unravelling the Franklin Mystery*, McGill-Queen's University Press, 2015

参考文章

William Battersby: 'Identification of the Probable Source of the Lead Poisoning Observed in Members of the Franklin Expedition', *Journal of the Hakluyt Society*, September 2008

William Battersby and Peter Carney, 'Equipping HM Ships *Erebus* and *Terror*, 1845', Newcomen Society, vol. 81, July 2011

Peter Carney: 'Further Light on the Source of the Lead in Human Remains from the 1845 Franklin Expedition', *Journal of the Hakluyt Society*, September 2016

Frank Debenham: 'The *Erebus* and *Terror* at Hobart', *Polar Record*, vol. 3, 1942

Michael Durey: 'Exploration at the Edge', *Great Circle*, vol. 30, no. 2 Ralph Lloyd-Jones: 'The Men Who Sailed with Franklin', *Polar Record*, vol. 41, 2005

Ralph Lloyd-Jones: 'The Royal Marines on Franklin's Last Expedition', *Polar Record*, vol. 40, 2004

Keith Millar, Adrian W. Bowman and William Battersby: 'A Re-analysis of the Supposed Role of Lead Poisoning in Sir John Franklin's Last Expedition, 1845–1848', *Polar Record*, vol. 51, 2015

Keith Millar, Adrian W. Bowman, William Battersby and Richard R. Welbury: 'The Health of Nine Royal Naval Arctic Crews, 1848 to 1854: Implications for the Lost Franklin Expedition', *Polar Record*, vol. 52, 2016

Ann Savours: 'The North West Passage in the Nineteenth Century: Perils and Pastimes of a Winter in the Ice', Hakluyt Society, 2003

Douglas R. Stenton: 'A Most Inhospitable Coast: The Report of Lieutenant William Hobson's 1859 Search for the Franklin Expedition on King William

Island', *Arctic*, vol. 67, December 2014

D. Stenton, A. Keenleyside, S. Fratpietro and R. Park: 'DNA analysis of Human Skeletal Remains from the 1845 Franklin Expedition', *Journal of Archaeological Science: Reports*, 2017

Hugh N. Wallace: 'Richard King (1810–1876)', *Arctic* Profiles, vol. 40, 1987

图书在版编目（CIP）数据

幽冥号：致命航路的历史之旅 /（英）迈克尔·佩林著；冯永勇，王大鹏，郭鹏程译. — 北京：商务印书馆，2024
（地平线系列）
ISBN 978-7-100-23528-0

Ⅰ.①幽… Ⅱ.①迈… ②冯… ③王… ④郭… Ⅲ.①航海—史料—英国—近代 Ⅳ.① U675-095.61

中国国家版本馆CIP数据核字（2024）第061712号

权利保留，侵权必究。

地平线系列
幽冥号
致命航路的历史之旅
〔英〕迈克尔·佩林 著
冯永勇 王大鹏 郭鹏程 译

商 务 印 书 馆 出 版
（北京王府井大街36号 邮政编码100710）
商 务 印 书 馆 发 行
北京市艺辉印刷有限公司印刷
ISBN 978-7-100-23528-0
审图号：GS京（2024）0711号

2024年9月第1版　　开本 880×1230　1/32
2024年9月北京第1次印刷　印张 11 插页 8
定价：58.00元

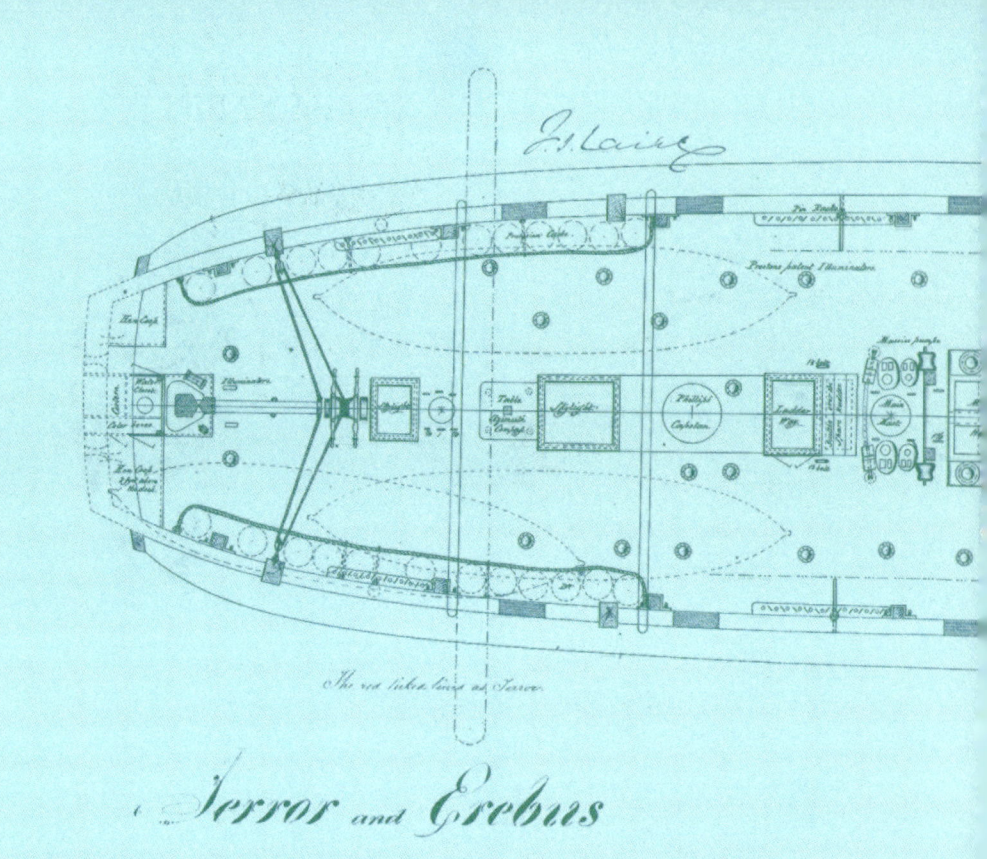

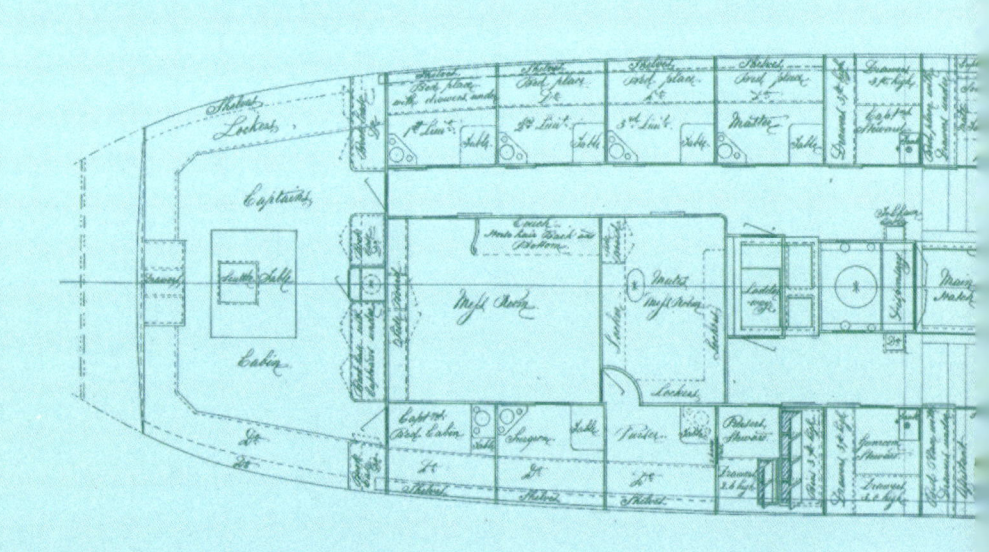

Terror and *Erebus*